"新时代为政修身"系列

为政鉴古百坛

石志刚 著

中国出版集团
中国民主法制出版社

全国百佳图书
出版单位

图书在版编目（CIP）数据

为政鉴古百坛 / 石志刚著 . — 北京：中国民主法制出版社，2024.5
ISBN 978-7-5162-3679-6

Ⅰ . ①为… Ⅱ . ①石… Ⅲ . ①政治制度史 – 研究 – 中国 – 古代
Ⅳ . ① D691.2

中国国家版本馆 CIP 数据核字（2024）第 101406 号

图书出品人：刘海涛
出 版 统 筹：石　松
责 任 编 辑：刘险涛
文 字 编 辑：高文鹏

书　　名 / 为政鉴古百坛
作　　者 / 石志刚　著

出版·发行 / 中国民主法制出版社
地址 / 北京市丰台区右安门外玉林里 7 号（100069）
电话 /（010）63055259（总编室）　63058068　63057714（营销中心）
传真 /（010）63055259
http: // www.npcpub.com
E-mail: mzfz@npcpub.com
经销 / 新华书店
开本 / 16 开　710 毫米 × 1000 毫米
印张 / 17　字数 / 248 千字
版本 / 2024 年 6 月第 1 版　　2024 年 6 月第 1 次印刷
印刷 / 三河市宏图印务有限公司

书号 / ISBN 978-7-5162-3679-6
定价 / 58.00 元

自 序

中国历史文化博大精深，其内容取之不尽、用之不竭。习近平总书记强调："历史是一面镜子，鉴古知今，学史明智。重视历史、研究历史、借鉴历史是中华民族5000多年文明史的一个优良传统。"新时代新征程，作为党员干部，要想提升治政能力和治政本领，必须从中华优秀传统文化中汲取养料，坚定历史自信、文化自信，在实现中华民族伟大复兴的道路上砥砺前行。

《为政鉴古百坛》聚焦古代一百种类型官员的为官要义，涵盖了为官从政的诸多方面。每一种类型官员篇章的撰写都保持相对独立性和独特性。以第一种到第六种类型官员为例进行简要说明。第一种官员类型是"爱读书之官"，阐释古人对读书价值的分析以及古代官员如何在读书过程中实现成长、建立功业。第二种官员类型是"爱人才之官"，阐释古人如何拥有一双慧眼，在众多官员中选拔优秀人才，为官员队伍注入活力。第三种官员类型是"常谏言之官",讲述了古代谏官代表具有怎样的智慧和勇气,提出富有卓见的谏言,起到以补朝失的作用。第四种官员类型是"持清心之官",讲述了古代清廉之官如何持有清心,勤政为民,受到百姓支持和尊敬。第五种官员类型是"传家风之官",讲述古代官员如何将自己为人做官之道,毫无保留地传给家中晚辈,让他们少走弯路,尽快走上人生正途。第六种官员类型是"明公私之官",讲述古代官员如何做到一心为公,从公的角度去对待工作。限于篇幅,对第七种类型官员到第一百种类型官员就不展开说明了,等待广大读者朋友去阅读和体会。

本书在撰写过程中,限于个人水平和能力,会有许多不足之处,希望广大读者朋友能够提出宝贵意见和建议。

是以为序。

目　录

1. 爱读书之官 …………………… 001

2. 爱人才之官 …………………… 004

3. 常谏言之官 …………………… 008

4. 持清心之官 …………………… 011

5. 传家风之官 …………………… 014

6. 明公私之官 …………………… 017

7. 守忍字之官 …………………… 021

8. 器晚成之官 …………………… 024

9. 勿钓誉之官 …………………… 027

10. 行仗义之官 …………………… 029

11. 爱讲学之官 …………………… 031

12. 不言利之官 …………………… 034

13. 讲清廉之官 …………………… 036

14. 究其源之官 …………………… 038

15. 能顺时之官 …………………… 040

16. 日精进之官 …………………… 043

17. 修文武之官 …………………… 046

18. 远博饮之官 …………………… 050

19. 知行合之官 …………………… 053

20. 重历练之官 …………………… 056

21. 懂自爱之官 …………………… 060

22. 进忠言之官 …………………… 062

23. 宽严济之官 …………………… 065

24. 隆恩师之官 …………………… 067

25. 求奇才之官 …………………… 070

26. 屈一时之官 …………………… 073

27. 善接物之官 …………………… 075

28. 尚熟虑之官 …………………… 076

29. **慎言语**之官 ·············· 078

30. **安淡欲**之官 ·············· 081

31. **别上下**之官 ·············· 084

32. **采善议**之官 ·············· 086

33. **陈计策**之官 ·············· 088

34. **持正直**之官 ·············· 093

35. **尚敬业**之官 ·············· 096

36. **益于人**之官 ·············· 098

37. **有诚意**之官 ·············· 101

38. **重行动**之官 ·············· 104

39. **做好事**之官 ·············· 106

40. **崇豪迈**之官 ·············· 108

41. **肯任事**之官 ·············· 110

42. **立气节**之官 ·············· 113

43. **能服众**之官 ·············· 116

44. **能知足**之官 ·············· 118

45. **守忠厚**之官 ·············· 121

46. **说诤言**之官 ·············· 123

47. **勿苟且**之官 ·············· 127

48. **信实字**之官 ·············· 129

49. **有恒心**之官 ·············· 131

50. **爱奇隽**之官 ·············· 133

51. **善作史**之官 ·············· 136

52. **有定志**之官 ·············· 138

53. **利社稷**之官 ·············· 140

54. **亲爱民**之官 ·············· 143

55. **尚无我**之官 ·············· 146

56. **勿求速**之官 ·············· 151

57. **勿沽名**之官 ·············· 153

58. **勤反思**之官 ·············· 156

59. **行教化**之官 ·············· 158

60. **正邪风**之官 ·············· 160

61. **可进退**之官 ·············· 162

62. **多经验**之官 ·············· 165

63. **履好职**之官 ·············· 167

64. **全能型**之官 ·············· 169

65. **勿躁进**之官 ·············· 172

66. **消弊病**之官 ·············· 174

67. **勿纵欲**之官 ·············· 176

68. **耐困境**之官 ·············· 178

69. **会治狱**之官 ·············· 180

70. **守坚正**之官 ·············· 182

71. **奉敬勤**之官 ·············· 185

72. **善自修**之官 ·············· 187

73. **重始终**之官 ·············· 189

74. **先正己**之官 ·············· 193

75. **无喜怒**之官 ·············· 196

76. **除盗贼**之官 ·············· 199

77. **心忧民**之官 ·············· 201

78. **持定力**之官 ·············· 203

79. **别轻重**之官 ·············· 205

80. **施仁政**之官 ·············· 207

81. **明爱憎**之官 ·············· 209

82. **勤思变**之官 ·············· 211

83. **善去弊**之官 ·············· 213

84. **顺人心**之官 ·············· 215

85. **制不满**之官 ·············· 218

86. **行宽容**之官 ·············· 222

87. **有儒风**之官 ·············· 224

88. **尚踏实**之官 ·············· 226

89. **有铮骨**之官 ·············· 228

90. **善直言**之官 ·············· 230

91. **明慎动**之官 ·············· 232

92. **简告示**之官 ·············· 234

93. **取大义**之官 ·············· 236

94. **拒私恩**之官 ·············· 239

95. **危转安**之官 ·············· 241

96. **事上练**之官 ·············· 243

97. **善守成**之官 ·············· 246

98. **无官威**之官 ·············· 249

99. **问风俗**之官 ·············· 252

100. **循张弛**之官 ·············· 254

后　记 ·············· 259

1. 爱读书之官

读书很重要。通过读书，可以提高素养、开阔视野、增加识见、陶冶情操、培养能力。官员读书，可以更有效地分析、思考、解决问题。清代官员陆陇其在其撰写的《自箴铭》中强调："所贵读书，变化气质。"[①] 通过读书带来的气质变化，对个体成长、事业成功具有重要的价值和意义。

明代名臣公鼐，出身于名门世家。"曾祖奎跻，湖广副使。父家臣，翰林编修。"[②] 公鼐的父亲公家臣在 26 岁时喜得公鼐，因对其子寄予厚望，故取名为鼐，意思是大鼎。良好的家庭氛围，帮助公鼐迅速地成长起来。公鼐自幼喜欢读书，"生有异才，龆龄能诗，读书一目即记，载籍靡不腹笥之"[③]。因他勤奋好学，被推选参加山东的童子试"毛公试"，大获成功。此后，他随父入京，拜访翰林学士文英，见识大长。

公鼐因热爱读书，才华得以彰显，声名得以鹊起。在他成长历程中，尤其在他的仕宦生涯中，虽遭受许多磨难和挫折，他却没有因此而被吓倒，而是采取了从容的态度，勇敢地接受，并且能够从精神层面蔑视这些磨难和挫折。因公鼐之父无辜受牵累，被张居正贬出朝廷；又逢祖母去世，公鼐随父回故里守孝尽哀。从京城归来的失落，加之亲人离世带来的痛感，以及科考途中的不顺，让公鼐的愁绪不自觉地增加了许多。他在一首诗歌中写道："谁能收骏骨，空自泣牛衣？"[④] 此诗虽给人一种怀才不遇之感，但其中的悲痛之情，亦是让人容易产生怜爱之意。读书，成为他避免滑入消极境地的良药，治愈了公鼐的苦痛。他通过读书，登蒙

① （清）陆陇其：《陆陇其集》，浙江古籍出版社 2018 年版，第 82 页。

② 章培恒、喻遂生：《二十四史全译：明史》（全十册）第七册，汉语大词典出版社 2004 年版，第 4380 页。

③ 公丕勤、公绪论：《大明进士公鼐》，吉林文史出版社 2021 年版，第 43 页。

④ 公丕勤、公绪论：《大明进士公鼐》，吉林文史出版社 2021 年版，第 50 页。

山，将一己之痛转化为对祖国壮丽山河的热爱，并于此时，专注精力，写出了文采飞扬的巨作《东蒙山赋》，成为中国赋史上的杰作。

公鼐之父公家臣守孝期满，转任多地为官，最后在滁州病逝。此时的公鼐才26岁，正当年富力强、宏图大展之际。想起父亲对自己的教诲和告诫，公鼐陷入了深深的丧父之痛中，自己亦得了肺病，身体状况堪忧。读书，再次治愈了他，给了他成长的力量和底气。他在家乡，坚持务农，维持家庭生计；广泛结交各路诗文朋友，思路大开，佳作不断；积极教导晚辈认真读书，做好知识的储备。他的人生亦得以由此而充盈。读书给了他不断前行的动力，让他的拼搏和奋斗，有了存在的价值。他在31岁的时候，当年科考未中，之后写下《戊子元日》，其中一首，这样写道："三十初过第一辰，恍然疑是梦中身。殷侯自信宁为我，邓禹如何得笑人。驹隙岂能留白日，蚁杯莫使负青春。横行意气他年事，不向迷途忆旧津。"[1] 时光荏苒、岁月如梭。对于公鼐来说，岁岁流逝，不知不觉，已过30，然而自己功名未取、功业未立，或许有些许的人生遗憾。公鼐从历史的角度去对待自己，提出要像古代殷侯、邓禹那样，不负年华，要建功立业。这种历史自信、才华自信，促使他在年过30、功名未立的情形下，仍然坚持读书，将学习作为一种习惯，孜孜以求。

安逸的生活，年纪的增长，没有消磨公鼐奋发的意志。在他44岁时，"举万历二十九年进士，改庶吉士，授编修"[2]。从他44岁考中进士，走上仕途，到69岁生命结束，经历明神宗、光宗、熹宗三朝，宦历25年，为政清廉、持论公正、光明磊落，在青史留名。这种为官之品，是通过读书，塑造升华了他的品性。公鼐被誉为两代帝师，担任东宫讲官期间，教过朱常洛、朱由校。当时，朝政纷繁复杂，有担当之臣日益稀少，年纪渐大的公鼐在力所能及的范围内，履行了一位儒臣应尽的职责。他负责朝中编修皇帝实录撰写任务，举论适当，评价中肯，有当正直史官之能，却未有当正直史官之环境。在其回乡期间，看到家乡人民深处饥灾之中，他慷慨上疏，为民请命，获准救民，开仓发粮，帮助灾民渡过难关。明熹宗时期，宦官魏忠贤受到宠幸和重用。当时，奸佞被用，贤臣被斥，言路更是

---

① 公丕勤、公绪论：《大明进士公鼐》，吉林文史出版社 2021 年版，第 58 页。

② 章培恒、喻遂生：《二十四史全译：明史》（全十册）第七册，汉语大词典出版社 2004 年版，第 4380 页。

被阻断。"朝廷成了魏忠贤的一言堂,他麾下的阉党肆无忌惮,当中有个拍马屁的甚至尊称魏忠贤堪比圣人孔子,结果引出了更多拍马屁的说魏忠贤圣过孔子,给他立像建庙,全国都有魏忠贤祠,俨然一副活菩萨的样子。"[1] 言路被堵塞,进谏者被罢黜,忧心如焚的公鼐"上疏切谏,并规讽辅臣"[2]。他向皇帝谏言,不要打击直言进谏的人,同时,规劝宰相要积极地发挥作用,阻止奸佞打击贤良。公鼐的话,得罪了皇帝,由此受到了谴责。加之,公鼐看不惯魏忠贤所为,以生病为由回家了。"见魏忠贤乱政,引疾归。"[3] 他的同僚杨大洪目睹此事后,发出了感慨:"事事从君父,大处起见、微处着心,有古大臣风,而拂衣而归,为可惜也!"[4] 公鼐还能做到为国举贤,他认为李三才十分有才华,向朝廷作了推荐,却因此而受到阉党的政治打击和迫害。"为朝廷举荐贤才,本为大臣之职责,且公鼐效古风以'内举不避亲',属无可指责之举。但政治斗争之需,驱使阉党叶有声于后来拾起旧科,以'徇私妄荐'而劾议公鼐,此亦乃明朝政治黑暗之一志也。"[5] 公鼐由此被削职闲住在家,不久之后去世。"崇祯初,复官赐恤,谥文介。"[6] 崇祯在下谕中高度评价公鼐:"惟尔性结忠贞,功昭启沃。"[7]

支撑公鼐人生成长包括仕宦历程的是深厚的知识积淀,是读书过后的气质变化:"鼐(公鼐。括号内容为作者所注,以便读者理解,下同)好学博闻,磊落有器识。"[8] 长期的儒学学习、知识沉淀、修身养性,培养了他终身读书学习的良好习惯,塑造了他为人正直、办事认真、为国谋忠的儒臣风范。他所处的黑暗政治时期已经随着历史的车轮逝去,但其铮铮铁骨的正义风采作为宝贵精神财富,被传承了下来。

---

① [日]三田村泰助:《宦官:侧近政治的构造》,吴昊阳译,江苏人民出版社2021年版,第198页。

② 章培恒、喻遂生:《二十四史全译:明史》(全十册)第七册,汉语大词典出版社2004年版,第4381页。

③ 章培恒、喻遂生:《二十四史全译:明史》(全十册)第七册,汉语大词典出版社2004年版,第4381页。

④ 公丕勤、公绪论:《大明进士公鼐》,吉林文史出版社2021年版,第351页。

⑤ 公丕勤、公绪论:《大明进士公鼐》,吉林文史出版社2021年版,第353页。

⑥ 章培恒、喻遂生:《二十四史全译:明史》(全十册)第七册,汉语大词典出版社2004年版,第4381页。

⑦ 公丕勤、公绪论:《大明进士公鼐》,吉林文史出版社2021年版,第99页。

⑧ 章培恒、喻遂生:《二十四史全译:明史》(全十册)第七册,汉语大词典出版社2004年版,第4381页。

2. 爱人才之官

千里马常有，而伯乐不常有。伯乐非常重要，承担了赏识、挖掘、支持、鼓励人才的职责。在明代归有光看来，如果一个官员能够有爱才之心、爱才之举，那绝对是一个好官："夫能爱惜天下之人材，不得进而成就之，使致其功，抑使退而成就之使，不失其名，此为阁下知己之大赐也。"①

唐代名臣房玄龄，出身仕宦之家，熟读经史，通贯古今，对天下大势看得非常清楚，是难得的贤臣。"房玄龄世事洞明，人情练达。"②房玄龄的"洞明"，让其看清隋灭唐兴的历史发展趋势；房玄龄的"练达"，让其熟稔人才规律，将贤才用到治政中。房玄龄是幸运的，因其遇上了唐太宗李世民。贤臣遇明主，自古是佳话。二人皆欲造一个"治世"，促成了贞观之治的出现。治世的出现，人才是关键。二人皆能从治政的高度优待人才，进而积极地将人才纳入官僚统治队伍中，为治世的出现奠定扎实的人才基础。

李世民为秦王的时候，就在府中延揽各方俊杰，其中就有房玄龄。房玄龄积极地为李世民推荐选拔优秀人才。"在为秦王府笼络才俊、储备人才方面，房玄龄是李世民的主要心腹。"③房玄龄在随李世民征战过程中，对人才延揽工作十分上心。"贼寇每平，众人竞求珍玩，玄龄独先收人物，致之幕府。及有谋臣猛将，皆与之潜相申结，各尽其死力。"④在秦王府中，房玄龄识人的本领就显示出来了。他非常欣赏有大才的杜如晦，且对李世民说："府僚去者虽多，盖不足惜。杜如晦聪

---

① 杨峰、张伟辑：《震川先生集汇评》，凤凰出版社 2021 年版，第 118 页。

② 吴鹏：《大唐二十一帝》，上海人民出版社 2021 年版，第 74 页。

③ 孟宪实：《从玄武门之变到贞观之治》，浙江人民出版社 2021 年版，第 90 页。

④ 黄永年：《二十四史全译：旧唐书》（全六册）第三册，汉语大词典出版社 2004 年版，第 1966 页。

明识达，王佐才也。若大王守藩端拱，无所用之；必欲经营四方，非此人莫可。"①
房玄龄的这句话提醒了李世民，杜如晦由此被李世民看重，一起共创伟业，成就
事功。

房玄龄"不以求备取人，不以己长格物，随能收叙，无隔卑贱。论者称为良
相焉"②。他之所以被称为"良相"，标志之一就是在识人用人方面胜人一筹。当时
有一个青年军官叫李大亮，作战英勇，且富有仁爱之心。充分了解了李大亮的情
况后，房玄龄向李世民作了推荐："他（李大亮）生活简朴，忠于职守。"③ 从此，
李大亮深受唐太宗信赖和重用。李大亮在担任凉州都督时，一位朝廷委派的台使
劝说他上献名鹰，被他所拒绝。李大亮在给唐太宗的密奏中写道："陛下久绝畋
猎，而使者求鹰。若是陛下之意，深乖昔旨；如其自擅，便是使非其人。"④ 唐太
宗在看到李大亮的密奏后，非常欣慰，对其发出了由衷的赞叹："有臣若此，朕复
何忧！"⑤ 李大亮职位越高，政绩越大，越是俭朴和谦虚，深受唐太宗的欣赏。李
大亮去世的时候，唐太宗十分悲痛，"哭之甚恸，废朝三日，赠兵部尚书、秦州都
督，谥曰懿，陪葬昭陵"⑥。房玄龄、唐太宗是李大亮的伯乐，愿为李大亮的发展提
供更好的平台。作为一代武将，李大亮在新的平台上，不仅展示出战场能杀敌的
风采，而且还有儒臣谦虚不骄的品质，殊为难得。

隋朝官员薛道衡的儿子叫薛收，非常有才华，被房玄龄所知。"秦府记室房玄
龄荐之于太宗，即日召见，问以经略，收（薛收）辩对纵横，皆合旨要。"⑦ 房玄龄
将薛收推荐给唐太宗。唐太宗经过询问一番后，十分满意，对其委以重任。唐太
宗征伐时所发布的檄书，大部分出自秦府主簿薛收之手。薛收的文章写得好，里
面有他对形势和未来的准确分析和判断。君臣关系十分要好。为了报答唐太宗的
知遇之恩，薛收亦经常谏言唐太宗。薛收写文章谏言唐太宗不要沉迷于打猎，被

① 黄永年：《二十四史全译：旧唐书》（全六册）第三册，汉语大词典出版社 2004 年版，第 1974 页。
② 黄永年：《二十四史全译：旧唐书》（全六册）第三册，汉语大词典出版社 2004 年版，第 1967 页。
③ 赵宁：《房玄龄：贞观第一谋臣名相》，辽宁人民出版社 2021 年版，第 122 页。
④ 黄永年：《二十四史全译：旧唐书》（全六册）第三册，汉语大词典出版社 2004 年版，第 1902 页。
⑤ 黄永年：《二十四史全译：旧唐书》（全六册）第三册，汉语大词典出版社 2004 年版，第 1902 页。
⑥ 黄永年：《二十四史全译：旧唐书》（全六册）第三册，汉语大词典出版社 2004 年版，第 1905 页。
⑦ 黄永年：《二十四史全译：旧唐书》（全六册）第三册，汉语大词典出版社 2004 年版，第 2085 页。

唐太宗所认可："览读所陈，实悟心胆，今日成我，卿之力也。明珠兼乘，岂比来言，当以诚心，书何能尽。今赐卿黄金四十铤，以酬雅意。"[1] 可惜，薛收英年早逝，33 岁就病逝了。"太宗亲自临哭，哀恸左右。"[2]

唐代名臣狄仁杰，既娴熟于治理国家各项事务，又富有长远的战略眼光，是难得的能臣。他受知于唐高宗、武则天，竭尽其忠诚之心，为其服务和效劳。他生逢在伟大的大唐时代，沐浴在人才涌现的社会氛围中，不仅让自己受到重用，而且还能积极地推荐人才，让那些被推荐的人才成为朝廷的栋梁。

"仁杰常以举贤为意，其所引拔桓彦范、敬晖、窦怀贞、姚崇等，至公卿者数十人。"[3] 狄仁杰对人才是十分重视的，因而能在治政中积极地向武则天推荐优秀人才。在这些优秀人才中，桓彦范、敬晖、窦怀贞、姚崇等人，皆在当时名重一时，并青史留名。

桓彦范为人正直，慷慨豪爽，做事公正，坚持原则。桓彦范年轻的时候，就受到狄仁杰的礼遇和推崇："足下才识如是，必能自致远大。"[4] 他在担任司刑少卿时，看到张昌宗有罪却得不到惩罚的现象，便谏言武则天："昌宗无德无才，谬承恩宠，自宜粉骨碎肌，以答殊造，岂得苞（通'包'）藏祸心，有此占相？陛下以簪履恩久，不忍先刑；昌宗以逆乱罪多，自招其咎。此是皇天降怒，非唯陛下故诛。违天不祥，乞陛下裁择。"[5] 武则天虽然没有采纳他的建议，却也钦服于他的光明磊落。因其有铮铮铁骨之气，故在随后诛杀张易之、张昌宗中发挥了十分重要的作用。

敬晖是当时的名将。他在担任卫州刺史期间，河北边境经常面临突厥的骚扰。当时，"整个战区只有敬晖按照当年狄仁杰在魏州抵抗契丹的做法去做战争准备，不是抓丁拉夫去修城守城，而是让百姓回家种地，从而使得卫州粮食生产没有受到太大影响，从根本上确保了社会稳定"[6]。在狄仁杰的赏识和推荐之下，敬晖来到

① 黄永年：《二十四史全译：旧唐书》（全六册）第三册，汉语大词典出版社 2004 年版，第 2086 页。

② 黄永年：《二十四史全译：旧唐书》（全六册）第三册，汉语大词典出版社 2004 年版，第 2086 页。

③ 黄永年：《二十四史全译：旧唐书》（全六册）第四册，汉语大词典出版社 2004 年版，第 2364 页。

④ 黄永年：《二十四史全译：旧唐书》（全六册）第四册，汉语大词典出版社 2004 年版，第 2395 页。

⑤ 黄永年：《二十四史全译：旧唐书》（全六册）第四册，汉语大词典出版社 2004 年版，第 2395 页。

⑥ 吴鹏：《大唐二十一帝》，上海人民出版社 2021 年版，第 221—222 页。

朝中任职，兢兢业业，颇有政声。

窦怀贞出生名门，自幼受过系统的教育，且能在优裕的生活中保持高度的自省，能够做到"折节自修，衣服俭素"①。在基层为官的时候，他能够做到清正廉明，颇得百姓支持和赞赏。这也是狄仁杰欣赏他的地方。然而，他步入政治高层后，因依附太平公主而使自己名誉尽毁，甚为可惜。

姚崇通过认真读书，"以文华著名"②。走上仕途后，每当重大事件发生之时，他都能够保持清晰的头脑，对事物作出客观冷静的分析。当时，契丹攻陷河北数州，姚崇"剖析若流，皆有条贯。"③从姚崇的表现来看，显示出他独树一帜的分析才华。当武则天处死酷臣来俊臣后，质疑没有谋反案件时，姚崇理性地分析了酷吏为恶的危害及铲除酷吏后净化的政治环境来之不易，受到武则天的赞赏。他临危不惧，且能深入地剖析事物的本质，并提出富有建设性的建议。姚崇受到狄仁杰的赏识和引荐，也就顺理成章了。

当然，狄仁杰最为欣赏的是张柬之，认为其是有宰相之才的，向武则天作了积极的推荐："荆州长史张柬之，其人虽老，真宰相才也。且久不遇，若用之，必尽节于国家矣。"④张柬之在年轻的时候，广泛涉猎经史书籍，才华横溢，考中进士后，走上仕途。他既有基层为官经历，又被赏识在朝中任职，一直做到宰相高位，成为众臣瞩望的政治明星。他没有辜负狄仁杰的期待，在恢复李唐王统过程中，发挥了至关重要的作用。

---

① 黄永年：《二十四史全译：旧唐书》（全六册）第六册，汉语大词典出版社 2004 年版，第 4059 页。

② 周勋初：《唐人轶事汇编》（全四册）第二册，上海古籍出版社 2016 年版，第 511 页。

③ 黄永年：《二十四史全译：旧唐书》（全六册）第四册，汉语大词典出版社 2004 年版，第 2483 页。

④ 黄永年：《二十四史全译：旧唐书》（全六册）第四册，汉语大词典出版社 2004 年版，第 2364 页。

3. 常谏言之官

传统中国，统治者为了广开言路，听取各方建议，为科学决策打下扎实基础，采取的一个重要举措就是设立谏官官职，鼓励其为朝政多出谋，献其策，言其思。谏官因敢于直言，而名垂青史；与谏官相联系的统治者或因善于纳谏，亦名垂青史，或因不善纳谏，而留骂名于青史。在历史中，谏官因某事而提出好的建议，且被采纳，社会反响良好，这已经是不容易的事情了。更何况，谏官能长年累月地对统治者进行谏言，更显难能可贵。

唐代名臣魏征就是这样的人。他向唐太宗谏言无数，为"贞观之治"的出现提供了智力支持。魏征于生命的终点，仍不忘谏言唐太宗，希望其言能裨益于政。"魏征既死，太宗使人至其家，得书一纸，如半稿，其可识者：'天下之事，有善有恶，任善人则国兴，用恶人则国敝。'公卿之内，情有爱憎，憎者惟见其恶，爱者惟见其善。爱憎之间，所宜详审。"① 唐太宗从魏征遗言中，看到的是一颗为国之心。

魏征既富有才华，又有丰富的阅历。他受到唐太宗的礼遇与重用。他的谏言在促使"贞观之治"出现方面贡献颇大。一方面，这与魏征的个性是相关的。魏征虽然长相普通，"而素有胆气"②，"雅有经国之才，性又抗直，无所屈挠"③。魏征有才且敢于谏言，这为他成为知名谏臣奠定了基础。另一方面，这与唐太宗善于纳谏的胸怀紧密相关。"太宗与之（魏征）言，未尝不欣然纳受。"④ 唐太宗为何欣然接受魏征的谏言呢？原因在于唐太宗能够认识到魏征所提谏言，是有利于治国理政的，是为了维护大唐政权长治久安的。唐太宗看到隋朝皇帝就是因为不善纳

---

① （明）张岱：《古今义烈传·史阙》，凤凰出版社 2020 年版，第 197 页。

② 周勋初：《唐人轶事汇编》（全四册）第一册，上海古籍出版社 2016 年版，第 247 页。

③ 黄永年：《二十四史全译·旧唐书》（全六册）第三册，汉语大词典出版社 2004 年版，第 2047 页。

④ 黄永年：《二十四史全译·旧唐书》（全六册）第三册，汉语大词典出版社 2004 年版，第 2047 页。

谏，最终出现臣散国亡的现象。故唐太宗告诫群臣："前事不远，公等每看事有不利于人，必须极言规谏。"① 为了促使魏征更好地发挥其提谏言的作用，唐太宗在升迁其职的过程中，一直赋予他参与朝政、提出建议之权，这保障了魏征提谏言的顺利进行。

唐太宗不图虚名，不涉虚欲，为魏征提供谏言创造良好环境。人君为何不愿意纳谏呢？"人君拒谏有二：一曰生于爱名，二曰不能去欲。"② 为了虚名，为了满足贪欲，使人君不接受谏言，这是两个非常重要的原因。唐太宗主政期间，在一定程度上，较好地剔除了这两个因素，真心实意地恳求众臣包括魏征，能够为朝廷提出富有建设性的意见和建议。魏征在这样的背景之下，竭尽自己的个人才华，为唐太宗建言献策，贡献自己的智慧。

唐太宗刚做皇帝时，魏征攒足精力，认真地履职。然而，他却遭受了一些臣僚的非议，批评他偏护亲戚。当唐太宗派温彦博去责备魏征时，魏征向唐太宗上谏言："臣闻君臣协契，义同一体。不存公道，唯事形迹，若君臣上下，同遵此路，则邦之兴丧，或未可知。"③ 这番话让唐太宗动容。魏征认为，只有君臣同心，才能共同开创事业；如果产生怀疑之心，心中没有公道，光注意个人言行谨慎，恐怕国家兴衰就很难预料了。魏征因其正直敢言，必定会得罪部分利益集团，遭受其释放的舆论攻击，就成为必然。他希望唐太宗能够坚持君臣一心，为他能够继续正直履职、公平做事、认真谏言，做坚强后盾。

贞观八年，陕县县丞皇甫德参因在上疏中言辞激烈，冒犯了唐太宗。唐太宗打算以讪谤之罪定之。魏征听闻后，积极地向唐太宗谏言："昔贾谊当汉文帝上书云云'可为痛哭者一，可为长叹息者六'。自古上书，率多激切。若不激切，则不能起人主之心。激切即似讪谤，惟陛下详其可否。"④ 唐太宗十分赞同魏征之言，为此还奖励了敢于直言的皇甫德参。想必皇甫德参在上书中，言辞确有激切之处，让唐太宗不舒服。魏征以汉代贾谊上书汉文帝为例，通过贾谊上书可以看出，为皇帝痛哭的事情有一件，为皇帝叹息的事情有六件，来阐明臣子上书之语多有激

---

① 骈宇骞译注：《贞观政要》，中华书局 2011 年版，第 95 页。
② （唐）李德裕：《李德裕文集校笺》（全三册）下册，中华书局 2018 年版，第 780 页。
③ 黄永年：《二十四史全译：旧唐书》（全六册）第三册，汉语大词典出版社 2004 年版，第 2047 页。
④ 骈宇骞译注：《贞观政要》，中华书局 2011 年版，第 125 页。

切之态，如若以激切为讪谤，以后谁还敢上书提建议呢？魏征的话打动了唐太宗，皇甫德参的谏言被唐太宗所采纳。

贞观十四年，司门员外郎韦元方绕过自己的直接上司，去见左右仆射，因此惹怒了自己的直接上司，被自己的直接上司所告。唐太宗听闻此事后，十分生气，"出元方（韦元方）为华阴令"[1]。魏征听说此事后，向唐太宗谏言："帝王震怒，动若雷霆，何可妄发。为前给使（韦元方的直接上司）一言，夜出敕书，事似军机，外人谁不惊骇！但宦省之徒，古来难近，轻为言语，易生患害。独行远使，深非事宜。渐不可长，所宜深甚。"[2]唐太宗深以为然，遂罢之前之举。魏征认为，帝王一旦发火，有如雷霆，对下面的官员影响极大。他告诫唐太宗不要轻易发火，不要为小事示雷霆之怒，否则作出不冷静的决策，悔之晚矣。

魏征从贞观之初，一直到贞观十七年去世之前，为唐太宗提供谏言有 200 余条，成为常谏言之官的代表。他以谏言的方式，力促唐太宗成为一代明君，为"贞观之治"的出现贡献了自己的智慧和力量。唐太宗曾说："汉之太子，四皓为助，我之赖公（魏征），即其义也。"[3]唐太宗以魏征为自己的股肱之臣来对待，可见其对魏征的信任之深。魏征去世后，唐太宗"亲临恸哭，废朝五日，赠司空、相州都督，谥曰文贞，给羽葆、鼓吹、班剑四十人，赙绢布千段、米粟千石，陪葬昭陵"[4]。之所以隆重地祭奠魏征，根本原因在于魏征的谏言对唐太宗和唐政权有良药之效。

---

① 周勋初：《唐人轶事汇编》（全四册）第一册，上海古籍出版社 2016 年版，第 249 页。

② 周勋初：《唐人轶事汇编》（全四册）第一册，上海古籍出版社 2016 年版，第 249 页。

③ 黄永年：《二十四史全译：旧唐书》（全六册）第三册，汉语大词典出版社 2004 年版，第 2061 页。

④ 黄永年：《二十四史全译：旧唐书》（全六册）第三册，汉语大词典出版社 2004 年版，第 2061 页。

4. 持清心之官

南宋吕本中在《官箴》中指出："当官之法，唯有三事：曰清，曰慎，曰勤。知此三者，可以保禄位，可以远耻辱，可以得上之知，可以得下之援。"[1] 其中，"清"为官者首先要遵循的基本法则之一。可见，作为官员，保持清心之态何其重要。"清则清白，一心不敢自私自利"[2]。古代官员中，能够给人留下深刻的印象，很大程度上，"清"是一个重要的因素。

曹魏时期的毛玠以"清"而知名。他在年轻的时候，"少为县吏，以清公称"[3]。他在做地方官的时候，就葆有一颗清心。名声渐显后，被曹操所用。他因为曹操提出富有远见卓识的建议，进一步得到曹操的信赖和重用。曹操派他主管选举工作，他能做到公平公正，选出的人才皆具有清廉之特征。"其所举用，皆清正之士，虽于时有盛名而行不由本者，终莫得进。"[4] 毛玠选人时，注重考察备选对象的清廉；如果徒有虚名、没有做到实际上的清廉，一定会对徒有虚名者进行罢黜。毛玠难能可贵的一点在于他不仅具备选人的眼光，而且还能够以身作则。毛玠首先做到清廉方正，然后影响当时的风气。"务以俭率人，由是天下之士莫不以廉节自励，虽贵宠之臣，舆服不敢过度。"[5] 在他的示范作用之下，显贵之臣的车马服饰不敢逾越法度，甚至那些去职还归的长吏，衣着破旧，乘坐柴车出行，军士吏员入府穿着朝服徒步行走。"吏洁于上，俗移于下"[6]。曹操看到之后，十分欣慰

① （宋）李元弼等：《宋代官箴书五种》，中华书局 2019 年版，第 75 页。
② 楼含松：《中国历代家训集成》（全十二册）第六册，浙江古籍出版社 2017 年版，第 3932 页。
③ 许嘉璐：《二十四史全译：三国志》（全二册）第一册，汉语大词典出版社 2004 年版，第 196 页。
④ 许嘉璐：《二十四史全译：三国志》（全二册）第一册，汉语大词典出版社 2004 年版，第 197 页。
⑤ 许嘉璐：《二十四史全译：三国志》（全二册）第一册，汉语大词典出版社 2004 年版，第 197 页。
⑥ 张仲裁译注：《廉吏传》，中华书局 2020 年版，第 169 页。

地说："用人如此，使天下人自治，吾复何为哉！"① 因为毛玠富有清心，故能做到刚正无私，哪怕是遇到干扰，也全力排除。当曹丕想要安排自己亲信担任重要职务时，向毛玠求情，被毛玠所拒绝："老臣以能守职，幸得免戾，今所说人非迁次，是以不敢奉命。"② 毛玠以曹丕所要提拔之人不符合提拔要求加以拒绝，可见其称于其职。

"袁聿修为尚书郎十年，未尝受斗酒之遗，尚书邢邵每呼为清郎。"③ 李贽叙述中的袁聿修是北魏中书令袁翻的儿子。从小他的行为举止皆合礼法，像成年人。袁聿修"性深沉有鉴识，清净寡欲，与物无竞"④。个人品性的修炼和阅历的逐渐丰富，使得他在仕途上走得更为顺利些。他在担任信州刺史期间，"为政清靖，不言而治，长吏以下，爱逮鳏寡孤幼，皆得其欢心"⑤。他的政绩，上受朝廷肯定，下为百姓赞赏。为何他能够在地方为政期间做出这么大的政绩呢？这与他有清心、施清政、得清誉是紧密相关的。当他离任信州时，当地百姓带着酒肉，挤满了道路，痛哭流涕地挽留他、送别他。大宁初，袁聿修以太常少卿的身份巡察各地，考核地方官员的功过得失。当时，袁聿修来到兖州，检查时任兖州刺史邢邵的工作。二人分别后，邢邵派人送他一些白绸，被袁聿修给退了回来。袁聿修还专门修书一封，寄给邢邵。袁聿修在信中说："今日仰过，有异常行，瓜田李下，古人所慎，多言可畏，譬之防川，愿得此心，不贻厚责。"⑥ 邢邵收到这封信后，欣然领悟了袁聿修的告诫，修书一封致给袁聿修："一日之赠，率尔不思，老夫忽忽，意不及此，敬承来旨，吾无间然。弟昔为清郎，今日复作清卿矣。"⑦ 邢邵曾与袁聿修在尚书省共过事。邢邵曾以清郎称誉袁聿修。当时，朝政败坏，他以清廉自守，尽力与权贵周旋，实属不易。"袁尚书（袁聿修）清明在躬，以器能见任"⑧，这个评价可谓

---

① 许嘉璐：《二十四史全译：三国志》（全二册）第一册，汉语大词典出版社 2004 年版，第 197 页。

② 许嘉璐：《二十四史全译：三国志》（全二册）第一册，汉语大词典出版社 2004 年版，第 197 页。

③ （明）李贽：《初潭集；道古录》，商务印书馆 2020 年版，第 242 页。

④ 许嘉璐：《二十四史全译：北齐书》（全一册），汉语大词典出版社 2004 年版，第 436 页。

⑤ 许嘉璐：《二十四史全译：北齐书》（全一册），汉语大词典出版社 2004 年版，第 436 页。

⑥ 许嘉璐：《二十四史全译：北齐书》（全一册），汉语大词典出版社 2004 年版，第 437 页。

⑦ 许嘉璐：《二十四史全译：北齐书》（全一册），汉语大词典出版社 2004 年版，第 437 页。

⑧ 许嘉璐：《二十四史全译：北齐书》（全一册），汉语大词典出版社 2004 年版，第 438 页。

准矣。

南朝的顾协，勤奋好学，博览群书，志向高远，以廉洁而名。"协（顾协）少清介，有志操，初为廷尉正，冬服单薄，寺卿蔡法度欲解襦与之，惮其清严，不敢发口，谓人曰：'我愿解身上襦与顾郎，顾郎难衣食者。'"① 顾协为官的时候，在官场有清廉之名。顾协的同僚蔡法度听说顾协的冬服十分单薄，打算将自己身上的短袄赠予他，却顾虑他的清严，最终未能实现赠予行为。"有门生始来事协，知其廉洁，不敢厚饷，止送钱二千。协发怒，杖二十。"② 他的门生没想多送钱财以尽心意，却遭受到他的怒斥，表明了他清廉的态度与决心。

清是为官的基本条件。古代社会中，一些官员能够做到以清自持，从生活，到工作，再到应酬，以清的严格标准对待和要求自己。有的时候，他们会做出一些不近人情的事情。但是，正因他们做出这种看似不近人情的事情，才会在复杂混乱的朝局中，成为难得的清流，给那些有志于为官，有志于为好官的人树立了良好榜样。

① 杨忠：《二十四史全译：南史》（全二册）第二册，汉语大词典出版社 2004 年版，第 1291—1292 页。

② 张仲裁译注：《廉吏传》，中华书局 2020 年版，第 364—365 页。

5. 传家风之官

古人很重视家风建设。为官家庭中，长辈对晚辈寄予厚望，一般会从读书、厚德、交友等方面润物细无声地点拨、启发晚辈，希望他们在自己的教诲之下，健康稳当地成长起来，做一个对社会和国家有用的人。"子弟之贤否，六分本于天生，四分由于家教。"① 好的家风家教，对于培养贤良之才，具有重要的作用。

从读书来看，官员鼓励家中晚辈自幼要养成勤奋好学的习惯。对知识的推崇和科举制度的逐渐完善，使人们越来越意识到读书的重要性。许多官员均是通过勤奋读书，考中进士，走上仕途，改变了自己的人生。欧阳修的父亲欧阳观对欧阳修的未来十分期待，希望他能够多读书。欧阳观去世后，欧阳修的母亲郑氏鼓励和支持欧阳修多读书，长知识，开眼界。欧阳修没有辜负家人的期望，通过读书，学有所成，不仅高中进士，如愿地走上仕途；而且还成为当时的文坛领袖，社会影响力极大。欧阳修希望把书香之家风传承下去。他在给儿子的家书中，告诫自己的孩子："人之性，因物则迁，不学，则舍君子而为小人，可不念哉？"② 读书之风在欧阳家得以传承。

从厚德来看，官员希望家中晚辈拥有节俭、勤劳、廉洁的良好品行。古代中国是农业社会。农民辛苦耕耘，才会有收获。这就促使人们思考，如何才能使得自己家境富裕、家业兴旺。其中一个重要因素就是节俭持家。有了节俭的理念，并付诸实践，才会让家庭有积蓄，家庭生活更宽裕，还能备不时之需。宋代的苏洵告诫儿子要节俭："省使俭用过世，粗衣淡饭为主。"③ 苏洵从生活的角度，告诫孩子只有节俭，方可有安康的生活。官员还将节俭的理念提升到治国理政的高度，

---

① 刘云生:《中国家法：家风家教》，中国民主法制出版社 2017 年版，第 2 页。

② 中共江西省纪律检查委员会等:《江西家训家风》，江西高校出版社 2019 年版，第 197 页。

③ 本书编写组:《中华家风文化通论》，中国方正出版社 2021 年版，第 94 页。

告诫孩子要有节俭的良好习惯，树立清白的家风。欧阳修在《与十二侄》中强调："昨书中言欲买朱砂来，吾不缺此物。汝于官下宜守廉，何得买官下物？吾在官所，除饮食物外，不曾买一物，汝可安此为戒也。"①欧阳修以自己节俭为官为例，告诫家中晚辈，若想走好仕途每一步，首先要把好节俭关，以俭约束和要求自己。仕宦生涯中，廉洁从政是十分重要的一点。许多官员能够做到以廉自持，认为这是从政之基，还将此以家训的方式，传给后代，希望晚辈能够悉心领悟。

治家讲究勤劳，治国讲究勤政，都在突出一个勤字。从家的角度看，只有勤劳从业，才能致富，否则就陷于荒废懒散之境了。曾国藩治家十分严格，要求男子下地耕田，女子亲自纺织。曾国藩说："凡菜茹手植而手撷者，其味弥甘，凡物亲历艰苦而得者，食之弥安也。"②自己动手，不仅可以丰衣足食，而且还能感受创业之艰难，更加感恩先辈奋斗之艰辛不易，确保自己始终葆有一颗敬畏之心、奋斗之心。

走上仕途，要过廉洁关。官员要面对许多诱惑，其中一项诱惑就是为了满足贪欲而大肆敛财。清官良吏都很重视家风建设，尤其希望家中晚辈在廉洁自律方面能够作出表率，不要在这方面栽跟头。清朝名臣张廷玉为了训诫子侄，撰写家书《澄怀园语》，其中就有对家中晚辈廉洁从政的期盼和要求。张廷玉说："居官清廉乃分内之事。每见清官多刻，且盛气凌人，盖其心以清为异人之能，是犹未忘乎货贿之见也。"③张廷玉认为，廉洁是为官的基本要求，是分内之事。他针对人们的困惑进行了释疑。有人认为清官往往不近人情、盛气凌人，张廷玉对此进行了解释。他认为人们印象中的清官，之所以执着追求清廉，在于对"货贿"的痛恨，因痛恨之深，故时常引以为戒，给人一种疏离之感。从张廷玉的分析中，可以看出他对清官的欣赏和推崇，也希望家中晚辈如果走上仕途，也要做到廉洁从政。

从交友来看，官员希望晚辈能够慎交友、交好友。为何要慎交友呢？在社会中，各种习气存在，不好的习气会对人的思想和精神带来负面作用。清代的蒋伊，在康熙十二年中了进士，后来官至河南提学副使。他在家训中，告诫晚辈要慎交

---

① 本书编写组：《中华家风文化通论》，中国方正出版社 2021 年版，第 94 页。

② 本书编写组：《中华家风文化通论》，中国方正出版社 2021 年版，第 125 页。

③ 楼含松：《中国历代家训集成》（全十二册）第八册，浙江古籍出版社 2017 年版，第 4501 页。

友："宜慎交游，不可与便佞之人相与。少年心性，把握不定，或落赌局，或游狎邪，渐入下流矣。"① 作为官员，蒋伊洞悉人的成长规律。他认为，少年心性不定，最易受周围环境影响，如遇奸佞或恶人，定会染上恶习，走上歧途。当然，凡事不能绝对。在慎交的时候，还要注意与那些有操守有知识有本领的朋友学习、相交。正如清代担任过河道总督的靳辅在《庭训》中所言："世趋日下，安能尽得贤士而友之？但令寻常朋友中，有稍存信行，不失恒心者，即为端人。当至诚相与，以厚道先施。"② 靳辅对晚辈在成长中不可避免要交友没有提过高的要求，只是希望他们能够与讲信用、有恒心之人认识，且怀着真诚厚道的态度去结交，就是成功的交友行为。东汉有一个人叫范式，年轻的时候来到太学游学，当太学生，"与汝南张劭为友"③。范式自身素养较高，又能在太学这样良好的学习环境中就学。在太学中，范式遇到学识相当、品性相当、志向相当的人，结为朋友，亦是常理常情。学有所获后，范式与张劭各自返乡。临别前，范式与张劭相约，两年后，赴张劭家，与张劭见面，尽相谈之欢。两年转瞬即逝。在约定的日子即将到来之前，张劭告诉母亲好友范式要来，提前准备饭菜。张劭之母质疑范式来的可能性："二年之别，千里结言，尔何相信之审邪？"④ 对范式的品性十分了解的张劭回答母亲说："巨卿（范式）信士，必不乖违。"⑤ 张劭母亲被其说服，为范式之来，进行准备。果不其然，范式如约而来，"升堂拜饮，尽欢而别"⑥。范式讲信用，张劭示厚道，二人之交，值得推崇。

---

① 楼含松：《中国历代家训集成》（全十二册）第六册，浙江古籍出版社 2017 年版，第 3919 页。

② 楼含松：《中国历代家训集成》（全十二册）第六册，浙江古籍出版社 2017 年版，第 3932 页。

③ 许嘉璐：《二十四史全译：后汉书》（全三册）第三册，汉语大词典出版社 2004 年版，第 1621 页。

④ 许嘉璐：《二十四史全译：后汉书》（全三册）第三册，汉语大词典出版社 2004 年版，第 1621 页。

⑤ 许嘉璐：《二十四史全译：后汉书》（全三册）第三册，汉语大词典出版社 2004 年版，第 1621 页。

⑥ 许嘉璐：《二十四史全译：后汉书》（全三册）第三册，汉语大词典出版社 2004 年版，第 1621 页。

6. 明公私之官

对"公与私"这对关系，作为官员，要有一个正确的认识和判断。简单来讲，官员要明公私。所谓明公私，是指既要清楚各自的指向，还要做到向公离私，甚至要做到公而忘私。只有这样，官府才会有公信力，官员才会有威信。宋朝官员杜范说："公则正大而明远，私则偏狭而滞暗。公则兼听广览，而是非洞见；私则好异恶同，而利害莫察；公则刚毅有执，而果于徙义；私则依违不决，而制于两可；公则确意倚实，以图事功；私则苟焉徇名，以为观美；公则随其所施，而人情允协；私则一有所为，而异议并兴。"①

杜范对"公私"二字理解颇深。这二字对官员的影响极大。有公心之官，光明正大地做事；有私心之官，偏颇狭隘地做事。北宋的冯元，性格淳朴，才华横溢，为官做事光明正大，从不行沽名钓誉之事。冯元"非庆吊未尝过谒二府"②。按照功利的想法，如果有机会经常光顾中书省和枢密院这二府，肯定会得到相应的好处和回报。冯元虽有便利的条件，可以自由地出入二府，却没有发挥其便利条件的作用，只不过是为了工作，不得不去二府，才会选择拜谒二府。他因有公心，故不以得二府之利为处世之初衷。北宋的胥偃虽政绩卓越、名声较高，但因有私心，做了一件错事，因而被降职。他与御史高升主持府级贡举人才考试，打开已经封好的试卷，挑选有名之人，使之位于榜首。胥偃的这个从政污点，反映出其偏狭的人才观。

有公心之官，可以广泛听取不同方面的建议，做到从善如流；有私心之官，追求标新立异，使得决策出现不切实际的后果。唐太宗时期有一个中郎将叫常何，

---

① （宋）杜范：《杜清献公集》，上海古籍出版社 2021 年版，第 108 页。

② 倪其心：《二十四史全译：宋史》（全十六册）第十册，汉语大词典出版社 2004 年版，第 6673 页。

虽没有文化积淀，但是能够听取睿智之言。贫寒家出身的马周，写得一手好文章，寄居在长安的常何家。"周（马周）陈便宜二十条事"[①]。常何按照马周所陈条款，在朝堂上回答唐太宗所提问题，受到唐太宗的赏识。详细盘问之下，常何实话实说，说出寄居在自己家的马周，为自己陈言。唐太宗于是召见马周，与之聊天，发现了马周的才华，不久之后就提拔了马周。常何亦以善知人而闻名。宋朝有一个官员叫贾伟节，进士及第，响应蔡京的号召，利用职权，催收各地税赋，"造巨船二千四百艘"[②]，通过标新立异之举，来运输朝廷所需花石，实则加重了百姓的赋税和负担。

有公心之官，能够彰显果敢之风，执着地推动工作顺利展开；有私心之官，通过各种手段，干扰工作正常进行。唐玄宗十分欣赏的苏颋，为官办事雷厉风行，执行力非常强，处理问题十分有效率。担任左台监察御史期间，受皇帝诏令，苏颋审察来俊臣等人遗留的旧案，"皆申明其枉，由此雪冤者甚众"[③]。他若没有以果敢之风来推动工作的魄力，是不能在短时间内取得极大的工作成效的。后来，苏颋与宋璟共同主持政事，配合十分默契。宋璟曾对人讲："若献可替否，罄尽臣节，断割吏事，至公无私，即颋（苏颋）过其父也。"[④]从中可见苏颋不辞艰辛，果敢地解决繁杂的各类行政事务，是颇有成效的。宋徽宗时期，有一个叫许敦仁的官员，因与权臣蔡京是同乡故旧这层关系，被提拔为监察御史，成为蔡京的心腹。许敦仁受蔡京影响，"凡所建请，悉受京（蔡京）旨"[⑤]。蔡京是奸佞，是欺上瞒下之主。许敦仁追随蔡京，听从蔡京的调度，心中焉能有公义存在？故其所为皆是祸国殃民之举。许敦仁担任御史中丞后，"即上章请五日一视朝"[⑥]。他在上疏中谏言皇帝每五天临朝听政一次，这是让皇帝行息政荒政的前奏。如果真按照许敦仁所言，政事不及时处理，出现堆积如山的现象，必将产生人心涣散、百姓离德的严重后果。

---

① 周勋初：《唐人轶事汇编》（全四册）第一册，上海古籍出版社 2016 年版，第 275—276 页。

② 倪其心：《二十四史全译·宋史》（全十六册）第十二册，汉语大词典出版社 2004 年版，第 7909 页。

③ 黄永年：《二十四史全译·旧唐书》（全六册）第四册，汉语大词典出版社 2004 年版，第 2350 页。

④ 黄永年：《二十四史全译·旧唐书》（全六册）第四册，汉语大词典出版社 2004 年版，第 2351 页。

⑤ 倪其心：《二十四史全译·宋史》（全十六册）第十二册，汉语大词典出版社 2004 年版，第 7902 页。

⑥ 倪其心：《二十四史全译·宋史》（全十六册）第十二册，汉语大词典出版社 2004 年版，第 7903 页。

有公心之官，能够按照实际情况，建立事功；有私心之官，做一些空架子的形象工程、面子工程。东汉名臣孟尝，被任命为合浦太守。合浦在广西境内，不产粮食，却出珍珠。商旅往往在紧挨合浦的交趾郡与合浦百姓进行物资交换。当地百姓以珍珠换取商旅的粮食来维持生计。孟尝之前的合浦太守，为了一己之私，大肆开采当地珍珠，然后派人带上珍珠赴交趾郡进行交易，来谋取暴利。这就导致合浦百姓没有机会通过珍珠换取粮食，出现"贫者死饿于道"①的现象。孟尝了解实际情况后，革除旧弊，严禁官府之人参与当地珍珠的开采，这就使得当地百姓又可以重拾旧业，有机会以珍珠换取粮食，实现安康生活。宋朝的吕源，"倾赀赂梁师成"②，在担任地方官时，"奏请量添六路酒税以为造舟之费"③，为了让自己多出所谓的"政绩"，打造一些形象工程、政绩工程，却让百姓不堪其扰。

有公心之官，能够照顾到舆论，做到事解舆息；有私之官，做事之后，会遭受舆论的抨击。汉灵帝时期，交趾郡刺史、合浦太守被当地叛军活捉。朝廷通过审察，派出精明强干的贾琮赴交趾郡出任刺史一职，解决当地叛乱问题。贾琮到任后，深入地询问当地叛乱之因，得到的回答是赋税太重，百姓负担不起；又因京城遥远、告状无门，遂聚集起来发动叛乱。贾琮"即移书告示，各使安其资业，招抚荒散，蠲复徭役，诛斩渠帅为大害者。"④贾琮一方面为百姓提供安居乐业的良好环境，另一方面诛杀了叛军首领。很快，当地叛乱就被平定了，社会秩序随之恢复。经过贾琮的努力，当地出现了民富居安的良好局面。当地百姓编之为歌："贾父来晚，使我先反；今见清平，吏不敢饭。"⑤贾琮在交趾郡干了三年，其政绩为十三州之首。他在做出政绩的同时，也把百姓哭诉无门、被逼梁山的冤屈进行化解，合理地回应了舆论。宋朝的钱遹，不可谓不博学，不可谓没有能力。说其博学，钱遹"自少强敏，记问过人"⑥，"无所不学，晚尤深于历书。为文章明白

---

① 张仲裁译注：《廉吏传》，中华书局 2020 年版，第 149 页。

② （清）陆心源：《宋史翼》（全三册）下册，浙江古籍出版社 2016 年版，第 1067 页。

③ （清）陆心源：《宋史翼》（全三册）下册，浙江古籍出版社 2016 年版，第 1068 页。

④ 张仲裁译注：《廉吏传》，中华书局 2020 年版，第 155 页。

⑤ 张仲裁译注：《廉吏传》，中华书局 2020 年版，第 155 页。

⑥ （清）陆心源：《宋史翼》（全三册）下册，浙江古籍出版社 2016 年版，第 1054 页。

简切，自成一家。学者从之，多为名儒"[1]。说其有能力，钱遹在通判越州的时候，"摄府事才二日，狱为一空"[2]，清理了大量积攒的狱案；在担任夔、峡转运判官的时候，"兴利除害，发摘奸伏，风采凛然，人畏之如神明"[3]。然而，他攀附奸佞，打击贤良，亦被人所诟病。宋徽宗即位之时，中丞丰稷"论其（钱遹）回邪不可任风宪"[4]，对他的为人处世提出尖锐的批评。为何他的同僚和舆论对他批评不断，原因在于他在处理一些问题的时候，没有站到公的角度去思考，故得罪了公议和民意，遭受持续不断的批评就成为必然了。

---

[1] （清）陆心源：《宋史翼》（全三册）下册，浙江古籍出版社 2016 年版，第 1056 页。

[2] （清）陆心源：《宋史翼》（全三册）下册，浙江古籍出版社 2016 年版，第 1054 页。

[3] （清）陆心源：《宋史翼》（全三册）下册，浙江古籍出版社 2016 年版，第 1054 页。

[4] 倪其心：《二十四史全译：宋史》（全十六册）第十二册，汉语大词典出版社 2004 年版，第 7900 页。

7. 守忍字之官

明代学人陈献章年轻时，因科考不第，退而与好友吴与弼一起讲学，"居半载归，读书穷日夜不辍。筑阳春台，静坐其中，数年无户外迹"[1]。从此，陈献章声名鹊起。他被屡屡荐官，均拒绝之。但他与官场中人，来往颇多，感悟颇多。他写有《忍字赞》，对官员之忍，有深刻的认识和见解。

他在《忍字赞》中指出："七情之发，惟怒为遽。众逆之加，惟忍为是。绝情实难，处逆非易。当怒火炎，以忍水制。忍之又忍，愈忍愈厉。过一百忍，为张公艺。不乱大谋，其乃有济。如其不忍，倾败立至。"[2] 抛开忍字逆来顺受之意，从自强不息的角度去分析，可以感受到在历史长河中，中国人为了求生存、谋发展、显拼搏、图富强，会形成许多宝贵的精神经验，其中就有这个"忍"字。

陈献章在《忍字赞》中对"忍"的深刻内涵和巨大价值进行了全方位的阐释，给人以思想启迪。

首先，陈献章叙说了发怒是人的情感显露的一种方式和表现。如何管理包括发怒在内的各种不良情绪，是需要智慧在其中发挥作用的。忍就是这种智慧的具体显现。个体在治家、交友、游学过程中，如遇到麻烦、困难，就会动怒，小则伤身，大则坏事。如能在头脑中，闪过一个忍字，平息一下自己的情绪，理性地分析一下产生麻烦或困难的原因，找到解决问题的应对之策，方为上计。个体身在官场，在处理与民生、吏治、文教等事业相关的各种问题时，如果遇到各种羁绊和掣肘，以破口大骂来彰显自己的怒气之状，可能是较为容易的事情，但不利于问题的分析与解决。此时，如果能够以忍节制约束自己的言行，以一种从容镇

① 王蘧常：《中国历代思想家传记汇诠》（全四册）第四册，复旦大学出版社 2021 年版，第 1869 页。
② （明）陈献章：《陈献章全集》（全三册）上册，上海古籍出版社 2019 年版，第 118 页。

静的心态面对所出现的各种问题，一定会想出良策，最终推动问题解决。北宋名臣李沆为相时，沉稳安静，常以忍来待人事、息纠纷、制愤怒。当时，有一个狂生，扣马献书，面诋李沆为相之短。李沆谦逊地回答："俟归家当得详览。"① 该狂生没有罢休，仍然大放厥词："居大位，不能康济天下，又不能引退，久妨贤路，宁不愧于心乎？"② 对堂堂宰相，说出如此不敬之语，可见该狂生之狂。作为官员，尤其是宰相，该如何面对狂生之语呢？是以怒制怒，以恶言还之，还是派人收拾，以解心中之不平。贵为宰相的李沆，没有选择上述做法，而是以忍来待之："屡求退，以主上未赐允。"③ 光明磊落的回答，充满智慧的回答，在回答过程中，李沆始终没有愠色。在李沆看来，忍是一种历经大事后的成熟，是一种不与普通人计较的大度，是一种为官尽忠的坦荡。

其次，陈献章以张公艺百忍为例，告诫世人在面对各种困难时，一定以忍为先，和平协商，积极地推动问题的解决。郓州寿张人张公艺善于治家，即使出现"九代同居"④ 的情况，仍然将其家治理得井井有条，家族关系呈现和睦之状。九世同堂，一家之中，人口众多，如何进行合理分工，共同致力于男耕女织，实现各有所获、家族和睦、安居乐业的目标，考验着张公艺的智慧。张公艺富有才学，善于分析事物，对各类问题的处置十分有经验，这样才会让张家出现兴旺的局面，才会受到统治者的嘉奖。"高宗有事泰山，路过郓州，亲幸其宅，问其义由。"⑤ 张公艺积累了丰富的治家经验和人生智慧。当唐高宗闻其大名而向其咨询成功之道时，张公艺请人拿来纸笔，"但书百余'忍'"⑥。唐高宗看了以后，"为之流涕，赐以缣帛"⑦。张公艺治家经验首推忍字，而且书写多遍，以示强调。为什么？家中不乏能力强的，不乏见解高明的，不乏实干的，如果都为了一己之利，每天争风吃醋、争权夺利，再大的家业也会败光。如果能在尊重各自分工的基础上，心中

---

① 周勋初：《宋人轶事汇编》（全五册）第二册，上海古籍出版社 2014 年版，第 449 页。

② 周勋初：《宋人轶事汇编》（全五册）第二册，上海古籍出版社 2014 年版，第 449 页。

③ 周勋初：《宋人轶事汇编》（全五册）第二册，上海古籍出版社 2014 年版，第 449 页。

④ 黄永年：《二十四史全译：旧唐书》（全六册）第六册，汉语大词典出版社 2004 年版，第 4229 页。

⑤ 黄永年：《二十四史全译：旧唐书》（全六册）第六册，汉语大词典出版社 2004 年版，第 4229 页。

⑥ 黄永年：《二十四史全译：旧唐书》（全六册）第六册，汉语大词典出版社 2004 年版，第 4229 页。

⑦ 黄永年：《二十四史全译：旧唐书》（全六册）第六册，汉语大词典出版社 2004 年版，第 4229 页。

有家庭意识，做事前还能考虑到其他人的处境和利益，甚至愿意牺牲个人的利益来帮助对方，家业何愁不兴。唐高宗为何看了这个忍字后，为之流涕？原因在于，唐高宗在张公艺的回答中找到了知音，引发了共鸣。性格偏柔的唐高宗在处理朝政过程中，会遇到来自亲戚、权臣、新兴地主阶级等力量的牵制和日常繁杂政务的羁绊。唐高宗以一忍换取时间，静观其变，最终为解决问题、摆脱牵制、消除羁绊奠定了基础。在唐高宗看来，"忍"是一种智慧，是一种处理问题的方式，是一种态度，可以磨炼自己的耐性，提高自己的素养，表明自己的态度，让问题更加精准地聚焦和解决。

8. 器晚成之官

中国历史上，不乏天资聪慧之人，不乏勤奋好学之人，也不乏干练精明之人。他们中的很多人较早地走上仕途，通过各自努力，为社会和百姓做贡献。然而，古代中国，也有这样一类人：他们学习较晚，成功较晚。所谓大器晚成之人，指的就是这类人。

西汉平民出身的公孙弘，就是这一类人的代表。他出身贫寒，没有任何背景，年轻时当过狱吏，因犯了错误，被免职。家中贫寒，加上稳定工作也丢了，如何维持生计呢？他的家乡在淄川薛县。他在薛县，选择了当猪倌，"牧豕海上"①，以之为生计。当猪倌，收入低、地位低，每天过着简单、单调、重复的生活。

公孙弘不满足于此。他在年复一年的放猪生涯中，或许被岁月磨平了棱角，或许被生活磨炼了意志，终于悟出来学习才是改变命运的不二法门，于是在其40多岁的时候，开始专注学习，拜齐地儒学大师胡毋生为师，"乃学《春秋》杂说"②。他自身长年对学问的钻研，以及赶上了那个逐渐开始重视儒学的社会氛围，最终帮助他脱颖而出，受到朝廷重视。汉朝初年，统治者看到秦朝末年的暴政与战乱带给百姓的灾难，于是采取了休养生息的政策，国力逐渐得以恢复，百姓生活逐渐富裕起来，与之相匹配的治国思想是以黄老学说为圭臬，适应了当时社会发展的规律和潮流。到了汉武帝时期，有所作为的思想逐渐兴盛起来，儒家思想逐渐取代了黄老思想，成为治国的主要理论源头。汉武帝刘彻当太子的时候，太子少傅王臧是大儒申公的门生，启蒙了刘彻的头脑。等到汉武帝即位时，就开始招选各方贤良之人。当时，已经60岁的公孙弘，"以贤良征为博士"③。汉武帝派遣

---

① 安平秋、张传玺：《二十四史全译：汉书》（全三册）第二册，汉语大词典出版社2004年版，第1237页。
② 安平秋、张传玺：《二十四史全译：汉书》（全三册）第二册，汉语大词典出版社2004年版，第1237页。
③ 安平秋、张传玺：《二十四史全译：汉书》（全三册）第二册，汉语大词典出版社2004年版，第1237页。

公孙弘出使匈奴。公孙弘回来汇报工作时，不符合汉武帝的心意，惹怒了汉武帝。识趣的公孙弘以生病的借口告老还乡了。若干年之后，汉武帝再次向全国各地发出征召贤良的倡议。淄川当地再次推选公孙弘，此时他已 70 岁了。

公孙弘来到长安，与全国 100 多名贤良之士共同考试。他的策论文章是最棒的。"天子擢弘（公孙弘）对为第一"[1]。公孙弘被汉武帝召见，"拜为博士，待诏金马门"[2]。汉武帝看过公孙弘的文章，见过公孙弘的谈吐，认为公孙弘正好是自己需要的人才。"公孙弘好学笃行，孝养闻名。对于汉武帝而言，他最需要的是把自己的制度改革、政策推行冠以响亮的名号，加以恰当的理论说明，既能很容易地说服大众，也不让那些识文断字的人找到缺陷。这些，用后人的概括就是'内法外儒，王霸道杂之'。"[3] 儒家学说成为汉武帝时期的主流学说。钻研儒家学说的公孙弘，已然成为当时的儒学名家，受到汉武帝的信任和赏识，推行汉武帝重视儒学的举措，成为必然。

公孙弘为官谨慎，忠厚朴实，谦虚低调，讲究孝义，深受汉武帝信赖。说他为官谨慎，每当朝议时，他将自己的意见陈述出来，让皇帝去选择，自己不在朝堂上当面反驳、争论；说他忠厚朴实，他与同僚汲黯面见皇帝，汲黯陈述观点，他则负责阐释观点背后的内容，做到各司其职；说他谦虚低调，当面对有人责备他搞两面派，他的回答是"夫知臣者以臣为忠，不知臣者以臣为不忠"[4]，谦虚地予以解释；说他讲究孝义，他的后母去世，他选择"服丧三年"[5]，以尽其情。公孙弘干了几年，干出了政绩。"公元前 124 年，武帝用公孙弘为丞相。"[6] 此时的公孙弘已经是 76 岁的老人了。他当时登上丞相高位，打破了一个惯例，就是汉朝一般以列侯为丞相的惯例。"至丞相封，自弘始也。"[7] 汉武帝为了提拔公孙弘为丞相，特意还封他为平津侯，官至丞相而封侯，是从公孙弘开始的。"自此以后，

---

[1] 安平秋、张传玺：《二十四史全译：汉书》（全三册）第二册，汉语大词典出版社 2004 年版，第 1240 页。

[2] 安平秋、张传玺：《二十四史全译：汉书》（全三册）第二册，汉语大词典出版社 2004 年版，第 1240 页。

[3] 孟宪实：《孟宪实读史漫记》，凤凰出版社 2021 年版，第 145 页。

[4] 安平秋、张传玺：《二十四史全译：汉书》（全三册）第二册，汉语大词典出版社 2004 年版，第 1241 页。

[5] 安平秋、张传玺：《二十四史全译：汉书》（全三册）第二册，汉语大词典出版社 2004 年版，第 1241 页。

[6] 汪篯：《汪篯汉唐史论稿》，北京大学出版社 2017 年版，第 193 页。

[7] 安平秋、张传玺：《二十四史全译：汉书》（全三册）第二册，汉语大词典出版社 2004 年版，第 1242 页。

汉朝的主要官员，从习经学出身的日益增多。"① 公孙弘开创了一条路。这条路就是通过勤奋读书，受到赏识，最终也可以改变命运，尽管改变命运的时间会滞后，但不会缺席。

---

① 汪篯：《汪篯汉唐史论稿》，北京大学出版社 2017 年版，第 193 页。

9. 勿钓誉之官

　　古代有一本指导基层官员为官之道的书，叫《州县提纲》。该书中有一节内容是"勿求虚誉"。所谓求虚誉之官，多指不干实事、沽名钓誉的官员。这种类型的官员对社会危害极大。作为官员，应避免走上求虚誉之途，做一个勿钓誉之官。

　　"勿求虚誉"这一节内容中指出："有实必有名，虚誉暴集，则毁言随至矣。"① 作为官员，要脚踏实地地工作，方能有事功之实，方能有事功之名。然而，一些官员，虚名盛传，超过了他实际的本领和才华，就会招致嫉妒或者诽谤之言。西晋时期的王济，出身名门，文能谈老庄，武能善骑射，"有名当世"②。靠着家族势力，与皇族结亲，巩固了他在政治上的地位。时人好清谈。清谈由清议而来。能够进行清议的人，一般是在民间，专指那些学识渊博且富有睿智眼光，在品人论世方面颇有建树之人。"不仅在晋代，清谈一辞还可当作清议了解，甚至从晋以后，那时清谈已专指虚玄之谈。"③ 实际上，时间上仍然可以往前看。早在曹魏时期，清谈侧重于清议，到了晋，清谈更多地侧重于虚玄之谈了，形式的味道更重一些。"西晋继承了魏时崇尚清谈的风气，作为文化人的重要特征就是经常谈论。不可否认，清谈已经转化成一种知识性游戏，作为一种社交工具，逐渐变得形式化，然后定型下来。"④ 王济就是当时较为著名的清谈派。"济（王济）善于清言，修饰辞令，讽议将顺，朝臣莫能尚焉，帝益亲贵之。"⑤ 从中可以想到王济的口才定然十分了得，甚至会在众臣之上。他的名誉是有了，而且还是非常高的，远远大

---

① （宋）李元弼等：《宋代官箴书五种》，中华书局 2019 年版，第 100 页。

② 许嘉璐：《二十四史全译：晋书》（全四册）第二册，汉语大词典出版社 2004 年版，第 965 页。

③ 唐长孺：《魏晋南北朝史论丛》，商务印书馆 2010 年版，第 289 页。

④ ［日］森鹿三：《魏晋南北朝》，陈健成译，四川人民出版社 2020 年版，第 72 页。

⑤ 许嘉璐：《二十四史全译：晋书》（全四册）第二册，汉语大词典出版社 2004 年版，第 965 页。

于他的实际能力，远远超出了他做事应享有的赞誉。他的事功不多，且自身缺失较多，舆论对他开始进行谴责。首先，他出言不逊，容易伤人。王济"外虽弘雅，而内多忌刻，好以言伤物，侪类以此少之。"①他的职位不是通过在基层为官，一步一个脚印走上去的，缺乏基层历练和官场磨炼，清谈的虚名加重了他自我的意识，在儒雅的外表之下，隐藏着嫉妒尖刻的本真，一旦显露，必将伤人。其次，他追求奢华，登峰造极。职位高、待遇高，自然无可厚非。王济的可怕之处在于刻意追求奢华，没有节制。王济"性豪侈，丽服玉食"②。王济购买土地作骑射的跑道之用，把钱编在一起，铺满跑道，时人称为"金沟"。皇帝曾去王济家赴宴，"供馔甚丰，悉贮琉璃器中"③。王济讲究饮食，追求奢华，连皇帝都知道了。王济在46岁的时候，人生就落下了帷幕。他的为人处世，受人讽刺和批评，或许是基于他心胸狭窄、精于算计且有嫉妒心。实际上，他的虚名太盛，远大于他为官的实际业绩和贡献，舆论抨击他或许还是轻的，没有深究他为官的失责，就算是他的幸运了。

工作中，如果官员做了实事，与其做实事相匹配的会形成一定的名誉，匹配得当，就会出现名实相副的现象，这是较好的一种为官状态，既干了事，又激励了干事者的积极性。如果官员得到的名誉远远大于其所干之事，形成名不副实的局面，就会出现诸多为政之弊："民本安静，必欲兴事改作，以祈上官之知；奸猾当治，必欲曲法庇护，以悦小人之意。"④宋代有个官员叫朱勔，为了逢迎宋徽宗喜欢奇花异石的爱好，花费大量钱财置办"花石纲"，极大地满足了皇帝的贪欲，加重了百姓的负担。百姓平静的生活被打破，朱勔这样的奸佞要承担重大责任。朱勔鱼肉百姓、巧取豪夺、讨好上级，肥了自己和上级，苦了下级和百姓。西汉有个官员叫周阳由，在其担任郡守期间，"所爱者，挠法活之；所憎者，曲法灭之"⑤。周阳由就是官场中的奸猾之人，对于自己所亲善之人，虽其违背法律，却也要想尽办法使之免受惩罚；对于自己所厌恶之人，即使没有犯死罪，也要想方设法地通过曲解法律，来判其死刑。因为作恶多端，周阳由最终亦没逃过被处死的命运。

① 许嘉璐：《二十四史全译：晋书》（全四册）第二册，汉语大词典出版社2004年版，第965页。
② 许嘉璐：《二十四史全译：晋书》（全四册）第二册，汉语大词典出版社2004年版，第965页。
③ 许嘉璐：《二十四史全译：晋书》（全四册）第二册，汉语大词典出版社2004年版，第965页。
④ （宋）李元弼等：《宋代官箴书五种》，中华书局2019年版，第100页。
⑤ 安平秋、张传玺：《二十四史全译：汉书》（全三册）第三册，汉语大词典出版社2004年版，第1805页。

10. 行仗义之官

古代社会中，不乏讲忠义之人，亦不乏讲仁义之人。忠义是指官员对国家的一种价值建构，仁义是指官员对百姓的一种价值建构。国家要维持自己的统治，需要忠义之官为其担当分责；百姓要解决自己的困难，需要仁义之官为其排忧解难。忠义、仁义都离不开一个"义"字。当然，从"义"的角度看，还有仗义，主要是对同事、同僚、亲戚、朋友而言，做了本不属于自己分内的事情。古代的官员，综合素养比较高的人，在行仗义的同时，亦能做到讲忠义、讲仁义。

唐代名臣狄仁杰就是其中的代表。他在担任并州法曹的时候，对同僚怀有感同之心，举起仗义之旗，为当时官场生态的净化提供了良好镜鉴。狄仁杰听说同僚郑崇质受命，要赴很远的地方，去完成一项重要工作。可惜，郑崇质的母亲年老且多病，需要郑崇质的照顾与陪伴。狄仁杰了解这个情况后，感叹道："彼母如此，岂可使之有万里之忧？"[1] 于是，狄仁杰主动去找长史蔺仁基，"请代行"[2]。狄仁杰的言行，是行仗义的具体体现。作为官员，都知道赴绝域，道路崎岖，路途遥远，加之对陌生环境带来的各种不确定性，会极大地增加人的思想负担。狄仁杰不仅能够替同僚郑崇质去考虑问题，而且还要克服自身的各种焦虑、担忧，没有行仗义的决心，是不会去这样做的。蔺仁基受狄仁杰的影响，因与司马李孝廉素不和睦，故发出自省之言："吾辈岂可不自愧乎？"[3] 同在官场为官，或因政见不同，或因关系亲疏不同，同僚之间有争论、分歧、矛盾等都属正常。如若能以包容的心态待之，已属不易，更不用说还能替同僚考虑，更是难得。久在官场的蔺仁基，看到狄仁杰为同僚行仗义之事，十分感动，对比自己仍然在纠结于与李孝

---

[1] （明）张岱：《古今义烈传；史阙》，凤凰出版社 2020 年版，第 114 页。

[2] （明）张岱：《古今义烈传；史阙》，凤凰出版社 2020 年版，第 114 页。

[3] （明）张岱：《古今义烈传；史阙》，凤凰出版社 2020 年版，第 114 页。

廉关系不睦的行为，顿觉胸襟太狭窄，遂与李孝廉改善了关系。

　　狄仁杰对同僚行仗义，同其对国家讲忠义、对百姓讲仁义是一致的。他担任大理丞的时候，审理裁判案件，公允无差错，让百姓受益。当时，武卫大将军权善才因误砍昭陵柏树，惹怒了唐高宗，唐高宗执意要处死他。狄仁杰上奏说权善才罪不当死。唐高宗以砍昭陵柏树是对皇家祖上的不肖为由，不听狄仁杰的解释。狄仁杰对唐高宗晓之以理、动之以情，以维护封建法纪为己任，回答道："且明主可以理夺，忠臣不可以威惧。"[①]从此话中可以看出，狄仁杰因其忠诚，故能坚持谏言，哪怕这种谏言对皇帝来说是十分不舒服的。冷静下来的唐高宗细细思量，认为狄仁杰说得有道理，其怒气由此消解，权善才由此被免死。此外，狄仁杰的战略思维十分突出，在避免与武则天发生正面冲突的情况下，竭尽所能，为李唐皇统的延续铺平了道路。这种忠义，岂能是常人所能做到的？

　　狄仁杰对上忠诚，讲忠义；对下爱民，讲仁义。狄仁杰在担任豫州刺史时，有六七百人无辜受越王李贞举兵牵连。狄仁杰同情这些人，上奏："臣欲显奏，似为逆人申理；知而不言，恐乖陛下存恤之旨。表成复毁，意不能定。此辈咸非本心，伏望哀其诖误。"[②]皇帝由此赦免了这些无辜之人。这些人对狄仁杰心存感恩之意。狄仁杰在担任魏州刺史期间，改变过去刺史做法，让百姓回家务农，让专门士兵守卫城门："贼犹在远，何必如是。万一贼来，吾自当之，必不关百姓也。"[③]百姓闻之，"咸歌诵之，相与立碑以纪恩惠"[④]。对百姓没有情怀，不怀仁义之心，焉能做出如此爱民之事？

---

①　黄永年：《二十四史全译：旧唐书》（全六册）第四册，汉语大词典出版社 2004 年版，第 2356 页。

②　黄永年：《二十四史全译：旧唐书》（全六册）第四册，汉语大词典出版社 2004 年版，第 2357 页。

③　黄永年：《二十四史全译：旧唐书》（全六册）第四册，汉语大词典出版社 2004 年版，第 2359 页。

④　黄永年：《二十四史全译：旧唐书》（全六册）第四册，汉语大词典出版社 2004 年版，第 2359 页。

11. 爱讲学之官

官员队伍中，有部分人喜欢做学问。他们怀着对学问的敬重，专心地研究古籍；怀着崇敬的心情去拜访名师，深化对学问的认识与了解。他们走仕途，亦是实干兴邦，实践学问中所蕴藏的真知灼见。他们在社会中有了一定的知名度后，就会聚徒讲学，让更多的人获得知识，让更多的人受益于学问。

宋代的杨时，就是爱讲学之官的代表。杨时"幼颖异，能属文，稍长，潜心经史"[①]。杨时4岁学诗书，7岁能写诗，8岁会撰赋，闻名于乡里。当时有一个叫邹尧叟的大学者，有文名，善辞赋，游历四方，研究百家之书，且考中过进士。少年时期，杨时慕邹尧叟之名，想拜其为师而未成。不过，在随后杨时家居的一段时间里，"邹尧叟适丁家难，寄居将乐杨时家乡，杨时始与邹交游，进而与邹成为朋友，殆一年，未尝一日相舍，讨论学术，研究学问"[②]。24岁之前，杨时用所有精力来研究学问，为其之后开展严谨的治学活动奠定了扎实的基础。熙宁九年，杨时不负众望，考中进士，走上仕途。

走上仕途后，杨时仍不忘钻研学问。他将追求学术作为自己的志向。他专门赴河南颖昌拜程颢为师。杨时应该是学有所获的。故程颢目送杨时归故里时曰："吾道南矣。"[③] 程颢去世，杨时"闻之，设位哭寝门，而以书赴告同学者"[④] 随后，杨时多次赴洛阳，拜程颐为师。为了表达对程颐的尊重，出现了历史上著名的"程门立雪"的故事。在跟随程颐学习请教过程中，充满了知识交流与切磋的充实与快乐。"关西张载尝著《西铭》，二程深推服之，时（杨时）疑其近于兼爱，与

---

① 倪其心：《二十四史全译：宋史》（全十六册）第十五册，汉语大词典出版社2004年版，第9297页。

② 杨渭生：《南宋理学一代宗师：杨时思想研究》，上海古籍出版社2018年版，第6页。

③ 倪其心：《二十四史全译：宋史》（全十六册）第十五册，汉语大词典出版社2004年版，第9297页。

④ （明）李贽：《藏书》（全三册）中册，商务印书馆2020年版，第574页。

其师颐（程颐）辨论往复，闻理一分殊之说，始豁然无疑。"① 从中可以看到他们师生相处甚为欢愉，还不乏对学术探讨的热情。杨时服膺二程（程颢、程颐）学说，以弘扬二程道学为己任，"沉浸经书，推广师说，穷探力索，务极其趣，涵蓄广大，而不敢轻自肆也"②。杨时在其仕途生涯中亦颇有政声。他在知浏阳县事期间，面对饥荒和灾民，加大力度推动开仓赈民活动的开展。他还向朝廷反映浏阳县实际灾情，做到了为民请命。后来，他在知杭州余杭县期间，关注农田水利，做到勤政为民。当时的权臣蔡京迷信风水，因葬母余杭，需开湖以应形势，遭到杨时的拒绝。杨时由此得罪了蔡京。为了维护当地百姓的合法权益，杨时不惜得罪权臣，可见他为官之品。"宋崇宁末杨时知县事，有遗爱于民，民请立书院以祀之，延师教子其中。"③ 当地百姓通过建立书院来祭奠杨时对当地的贡献。杨时在担任萧山知县期间，关心百姓，兴修水利，建立学校，政绩卓越，当地百姓画其像来纪念他。1114 年至 1124 年，杨时在江苏毗陵一带聚徒讲学和著书立说，影响力极大。晚年，他被引荐入朝，提出了系列为政主张，抨击时弊，提出救急方略。从官场退休后，他仍然笔耕不辍，致力于著书立说，传播二程理学。

  杨时一生是以讲学传道为重要生活主旨且取得重大成就、产生重大影响的人。他的求学经历和仕宦历练，只不过是为了让其讲学传道的事业更加充实而已。他以二程学说为自己讲学传道的基础，不仅系统整理了二程的著作，而且还出新意地推出自己的作品，让讲学传道工作有了抓手。"他（杨时）除以著书立说来传播道学外，其传道的主要途径就是收徒讲学。"④ 他辗转祖国东南之地，致力于聚徒讲学，将理学之道，循循善诱地传给前来学习之人。著名的东林书院，曾是他讲学的地方。顾宪成在《请复东林书院公启》中说："有宋龟山杨先生受业二程夫子，载道而南，一时学者翕然从之，尊为正宗。考锡乘，先生常讲学是邑，十有八年，建有东林书院。"⑤ 他通过书院聚徒讲学，培养了一大批学有所成的学生。他为人师表，望之以泰山，如之以春风，不仅教学生以知识，而且还培养学生的情操。朱

---

① 倪其心：《二十四史全译：宋史》（全十六册）第十五册，汉语大词典出版社 2004 年版，第 9297 页。
② 杨渭生：《南宋理学一代宗师：杨时思想研究》，上海古籍出版社 2018 年版，第 19 页。
③ 杨渭生：《南宋理学一代宗师：杨时思想研究》，上海古籍出版社 2018 年版，第 7 页。
④ 杨渭生：《南宋理学一代宗师：杨时思想研究》，上海古籍出版社 2018 年版，第 28 页。
⑤ 杨渭生：《南宋理学一代宗师：杨时思想研究》，上海古籍出版社 2018 年版，第 29 页。

熹评价他："龟山（杨时）天资高，朴实简易。然所见一定，更不须穷究。衣服也只据见定。终日坐门限上，人犯之，亦不校。其简易率皆如此。"[①] 杨时朴实谦逊的学风给人以深远的影响。他成为学术史上，连接伊洛道学和朱熹理学之间最为重要的桥梁和纽带，为推动道学传播做出了独特的贡献。

---

① （明）李贽：《藏书》（全三册）中册，商务印书馆 2020 年版，第 575 页。

12. **不言利**之官

作为官员，每天遇到的问题有许多。怀有一颗为民排忧解难之心的官员，会及时地梳理这些问题，剖析产生这些问题的原因，找到解决这些问题的对策，最终推动问题的解决。他们作为官员，代表官府形象，所作所为，皆是公事，不涉个人私利。如若在所做事情后面，以个人私利作为解决问题的前提或筹码，那就变味了。中国需要不言利的官员。不言利之官"可以一出而救人之厄，一言而解人之纷，此亦不必过为退避也。"[1] 如果将功利心过多地置于做工作之中，亦会得不偿失，"但因以为利，则市道矣。"[2]

五代至宋初名臣刘温叟，经历过多个朝代更迭，可谓是饱经沧桑。然而刘温叟为官公正廉洁，一直被人所称道。"建隆间，拜御史中丞，兼判吏部铨。"[3] 当时，按照御史府的旧例，每月是要赏给公用茶钱的。御史中丞可得钱一万。如果这个钱不够发，就会把赃款没收来充抵。"温叟恶其名，不取。"[4] 刘温叟因不喜欢这个旧例和不良的习俗，坚决不纳公用茶钱。他保持了中国知识分子的骨气和底线，哪怕是正当理由给他赏钱，他都要拒绝，这种不言利的慎独精神，激励了许多官员。在晋邸的赵光义（宋太宗）"知其（刘温叟）清介，遣吏遗钱五百千，温叟受之，贮厅西舍中，令府吏封署而去"[5]。赵光义未登皇位前，还是晋王的时候，十分注意拉拢有名望之人，以便日后为他所用。此时，赵光义对刘温叟的廉洁正直十分欣赏，为了拉拢他，不惜用钱财来诱惑刘温叟。刘温叟的做法十分高明。他既

---

① （清）陈宏谋：《五种遗规——在官法戒录》，团结出版社 2019 年版，第 49 页。

② （清）陈宏谋：《五种遗规——在官法戒录》，团结出版社 2019 年版，第 49 页。

③ 张仲裁译注：《廉吏传》，中华书局 2020 年版，第 596 页。

④ 张仲裁译注：《廉吏传》，中华书局 2020 年版，第 596 页。

⑤ 张仲裁译注：《廉吏传》，中华书局 2020 年版，第 596 页。

不能得罪赵光义，又不能真正地收受钱财。于是，刘温叟暂时将赵光义所送钱财放到西舍，命令府吏添加封条后不加妄动。第二年的端午节，赵光义又派人送角黍、纨扇给刘温叟。所派之人即是去年送钱之人。此人带着礼物来到刘温叟住处，看到西舍置放着去年送的钱财被添加封条，回去向赵光义作了汇报。赵光义慨叹曰："我钱尚不用，况他人乎？昔日纳之，是不欲拒我也。今周岁不启封，其苦节愈见。"[①] 总体来说，赵光义是懂刘温叟为人的，知刘温叟封存其钱财而未动，是受其情而却其财，更不可能再收受其他礼物。于是，赵光义派人将送给刘温叟的物品全部载回，既全了刘温叟之名，又彰显了赵光义之胸怀。

宋初的贾黄中，为官清廉，有仁爱之心。担任宣州知州期间，看到当地百姓穷困潦倒，被逼上梁山，走偷盗之路，"出己奉造糜粥，赖全活者以千数"[②]。贾黄中从自己的俸禄中拿出钱财接济贫穷的老百姓。这就是不言利官员的本色。他对百姓十分慷慨，有救济之心；对自己要求严格，有廉洁之志。他在担任昇州知州时，发现府中的一个屋子里藏有价值数百万钱的金银珠宝，是南唐李氏宫中遗物。贾黄中将此财物上缴给朝廷，并上疏予以说明。皇帝看了后非常高兴："非黄中廉恪，则亡国之宝，将污法而害人矣。"[③] 如若不是遇到贾黄中这样不言利之官，这些巨大财富，对官员的诱惑是存在的，说不定就会使贪婪之人纳财为己用，而越过法律红线，最终害人害己。

---

① 张仲裁译注：《廉吏传》，中华书局 2020 年版，第 596 页。

② 张仲裁译注：《廉吏传》，中华书局 2020 年版，第 598 页。

③ 张仲裁译注：《廉吏传》，中华书局 2020 年版，第 598 页。

13. 讲清廉之官

清代理学名臣李光地在《榕村语录》中强调："课官且先讲清廉，已得要领。"[①]作为官员，其素养构成要素有许多，其中之一是廉洁，而且是非常关键的一点。

明代官员陈大濩以清廉自持，得到了民众认可。他出身于仕宦之家，自幼受到良好的教育。陈大濩"读书经目辄成诵，九岁通经义，十三补邑诸生，十九应乡试"[②]。通过努力，他考中进士，走入仕途。在他的仕宦生涯中，以廉洁自持始，以廉洁自守终，做到廉洁始终如一。他的仕途起点是在上虞，担任上虞令。当时，上虞这个地方有很多富商巨贾，多行不法之事。陈大濩通过简静的治政方略来改变当地的不良习俗："公（陈大濩）用简静镇之，三尺斤斤如也。"[③]他致力于打击当地豪强势力、亲近基层百姓、探察百姓所痛恶的现象，"其大指务在抑豪右、席单赤，单赤欲恶察之"[④]。他品性高尚，以廉立于时。"而行毋所阿上官，亦毋所容黠奸吏。"[⑤]他既不奉承上官，又不容奸猾贪婪之下官，做到了"节廉自守，不悔不渝"[⑥]。

在为政中，陈大濩对廉洁从政有深刻的认识，其能做到以廉约束自己，且将廉洁之风传给家人。他说："吾廉吏，靡所遗。独以吾学遗若曹，俾成大器耳。"[⑦]他以廉吏立世，又以廉之风范传给后人。在他86岁高龄临终之际，对自己的孩子

---

① （清）李光地：《榕村语录；榕村语录续集》（全二册）上册，商务印书馆 2019 年版，第 382 页。

② （明）庄履丰：《庄梅谷先生文集》，商务印书馆 2018 年版，第 243 页。

③ （明）庄履丰：《庄梅谷先生文集》，商务印书馆 2018 年版，第 243 页。

④ （明）庄履丰：《庄梅谷先生文集》，商务印书馆 2018 年版，第 243 页。

⑤ （明）庄履丰：《庄梅谷先生文集》，商务印书馆 2018 年版，第 243 页。

⑥ （明）庄履丰：《庄梅谷先生文集》，商务印书馆 2018 年版，第 244 页。

⑦ （明）庄履丰：《庄梅谷先生文集》，商务印书馆 2018 年版，第 245 页。

讲:"吾归矣!生无益县官,无烦县官。治方中如汝母殁时也。生不妄过人饮,不名人一钱,无受亲戚奠赗。"[1] 人之将死,其言也善。更何况陈大濩一生以正气示人,其临终之言,更能代表他一贯的思想。从他临终之言中,可以看到他的廉洁观,从来不占别人便宜,哪怕是面临死之大事,亦在强调不用他人钱财来祭奠。作为廉吏,陈大濩没有给子孙留下丰厚的家产,却留给子孙丰厚的廉洁思想财富,而且是巨大的精神资产,给人以深远的影响。

---

① (明)庄履丰:《庄梅谷先生文集》,商务印书馆 2018 年版,第 245 页。

14. 究其源之官

古代官员喜欢思考，对出现的问题，会深入地剖析其背后的原因，追根溯源，探寻产生问题最早的那个起因。这些官员致力于梳理问题产生的来龙去脉，在捋清逻辑演变的基础上，找到解决问题的根本之策。而且，这个根本之策是从问题产生的源头去考虑。宋朝官员杜范在一次奏劄中指出："致弊必有源，救弊必有本。本源之不究，而漫曰革故而图新，是以弊易弊也。"[①]杜范在为官中发现，一旦出现弊政，就要追溯源头，这是一项十分重要的工作。只有将这项工作做好，才能精准分析原因，方可精准施行对策。

元代名臣廉希宪不仅博学多闻，而且善于剖析问题，为最终解决问题提供清晰的路径。他在担任京兆宣抚使期间，能够准确地分析产生问题的原因，进而对症下药，制定合理解决问题的方案。京兆之地控制陇蜀一带，"诸王贵藩分布左右，民杂羌戎，尤号难治"[②]。困难摆在廉希宪面前。他应该如何整顿权贵，如何治理多个民族，成为考验他能力的重要内容。廉希宪善于剖决问题之因，从问题产生之因上去思考如何解决问题。他认为，之所以这个地方出现诸多乱象，在于王法不施、人才不用、文化不兴。找到了产生问题的原因，那么顺藤摸瓜，依据这些发现的原因，去思考解决之策，就顺理成章了。首先，廉希宪严明王法。当时一个占卜之人因谋害人命而妄图逃避惩罚。廉希宪"议当伏法"[③]。廉希宪按照法律规定，最终让该占卜之人接受法律的制裁。这样，当地民众的法纪意识得以提升，王法施行没有了障碍。其次，廉希宪重视人才。他认为人才是治国之本。于是，他花了很多精力，致力于挖掘推荐人才，让优秀人才发挥积极作用。"少暇，则延

---

① （宋）杜范：《杜清献公集》，上海古籍出版社2021年版，第108页。

② 李修生：《二十四史全译：元史》（全六册）第四册，汉语大词典出版社2004年版，第2369页。

③ 李修生：《二十四史全译：元史》（全六册）第四册，汉语大词典出版社2004年版，第2369页。

访耆宿，如鲁斋许公、雪斋姚公，咸待以师友，荐许公于潜邸，充京兆提学，俾教育人材，为根本计。"① 许衡、姚枢等均为当时社会贤达，聘请他们出任要职，可以为朝廷多做贡献。最后，振兴文化建设。文化氛围的营造是长期的。廉希宪召集众人，"明经读史，凡义理精粗，事务得失，研究织密，必归于是而后已"②。他积极引导当地人去读书明理，学习读书氛围渐成，使当地逐渐有了文化气息。人们在这种浓厚的文化氛围中，逐渐知礼节、明事理、讲义气。当地的许多陋习在良好的文化氛围中得以戒除和改正。

① （元）苏天爵：《元朝名臣事略》，中华书局 2019 年版，第 131 页。
② （元）苏天爵：《元朝名臣事略》，中华书局 2019 年版，第 131 页。

15. 能顺时之官

　　古代社会中，有这样的官员。他们饱读诗书，洞悉社会发展规律。在他们未被赏识的时候，以智养己，能够避开祸患；在他们被赏识的时候，能够把握社会发展趋势和时代需要，进而顺势顺时而为，充分发挥自己的才智，辅助国君制定出符合社会发展需要的措施，推动社会进步。

　　秦末汉初的叔孙通是闻名于世的大儒。他不是固守章句的学究，而是通达国家大势的学者，且阅历丰富。从他的履历中可以看出，他经历了秦二世、项梁、项羽，均未能见用。他最终投到了刘邦的麾下，从此，再也没有更换过。这表明了他的政治眼光和政治期待。叔孙通是富有大智慧的人，懂得事物变化的规律，能够精准把握做事的时机，不遗余力地促成相关事项朝着自己规划的目标迈进，这是一种了不起的功夫。在追随刘邦的早期，叔孙通穿上儒生之服，被刘邦所厌弃，于是改变穿衣习惯，"乃变其服，服短衣楚制，汉王（刘邦）喜，拜通为博士，号稷嗣君"①。叔孙通本是儒生，穿儒服方可显其本色，为何遭到刘邦的厌弃呢？叔孙通深知刘邦忙于征伐，其实力还不突出，其政权还不稳固，此时露出儒者本性，让刘邦会认为无用，不如暂时改变服装，穿朴素简单之衣，更容易得到务实的刘邦之认可。他比一般儒生的认识和觉悟高出许多。当他归顺汉王刘邦时，追随叔孙通的儒生弟子有100多人。这些儒生弟子埋怨叔孙通不在刘邦面前推荐他们，而是推荐一些壮士之类的人。叔孙通开导他们说："汉王方蒙矢石争天下，诸生宁能斗乎？故先言斩将搴旗之士。诸生且待我，我不忘矣。"②从这段话中，又可以看出叔孙通具备通时变的能力。叔孙通认为，刘邦当时的任务还在打仗，儒

---

① （明）李贽：《藏书》（全三册）上册，商务印书馆2020年版，第157页。

② 安平秋：《二十四史全译：史记》（全二册）第二册，汉语大词典出版社2004年版，第1223页。

生的作用有限，待战争结束后，方是儒生显身手之时。

　　等到刘邦统一天下，叔孙通的地位和作用更加凸显。由乱到治，需要儒生通过礼仪制度的建立，来促使官员和百姓遵守一定的规范，有序推动各项社会事业走上正轨。当了皇帝的刘邦没有感受到至尊地位带来的快感，反而在繁杂的行政事务和争功无度的朝臣争辩中艰难度日。叔孙通适时地向刘邦进言："夫儒者难与进取，可与守成。臣愿征鲁诸生，与臣弟子共起朝仪。"[①] 刘邦犹豫地质问叔孙通，健全礼仪制度是不是很烦琐。叔孙通给刘邦吃了定心丸，告诉刘邦，自己会根据古代的礼仪遗产和当前的实际情况，做一个有机结合，既有礼仪之威，又去礼仪之繁。刘邦同意了叔孙通的建议。叔孙通于是征鲁地儒生30余人。当然，也有鲁地的儒生质疑叔孙通，认为礼仪制度的建立和完善需要在经济高度发展基础之上，而不是国家在刚刚稳定之初。叔孙通笑着说："若真鄙儒也，不知时变。"[②] 叔孙通笑话不通"时变"的儒生。于是，他带着30余名儒生，与朝廷派来学习礼仪的人，共同演练如何遵守礼仪。等到长乐宫落成后，诸侯大臣在十月来朝会。按照叔孙通的设计，所有觐见之人，都要遵守参拜之礼仪。在参拜过程中，众人秩序井然地践行礼仪之规，让刘邦发出了感慨："吾乃今日知为皇帝之贵也。"[③] 叔孙通由此被升官和被赏赐五百斤金。难能可贵的一点是，叔孙通富贵后，没有忘记与他一起制定礼仪的鲁地儒生。为此，叔孙通特意向刘邦献言，希望授予这些儒生官职。刘邦听从了他的建议，让这些儒生皆为官。儒生们高兴地说："叔孙生诚圣人也，知当世之要务。"[④] 这里的"知当世之要务"，可谓对叔孙通的中肯评价。从此评价中可以看出，叔孙通能够顺应形势发展变化，知道什么时期需要什么政策，这就是顺时之官。清初学人陈轼在《叔孙通论》中对叔孙通有很高的评价，认为叔孙通是顺时之人，而非阿谀之人："惟知变之士，能识其所以然，故虽近于盘旋偃仰、智算迎合者之所为，而其议出于正而不诡，天下后世，卒不得而訾之。叔孙通可谓识时变者也。"[⑤]

① 安平秋：《二十四史全译：史记》（全二册）第二册，汉语大词典出版社2004年版，第1223页。

② 安平秋：《二十四史全译：史记》（全二册）第二册，汉语大词典出版社2004年版，第1224页。

③ 安平秋：《二十四史全译：史记》（全二册）第二册，汉语大词典出版社2004年版，第1224页。

④ 安平秋：《二十四史全译：史记》（全二册）第二册，汉语大词典出版社2004年版，第1225页。

⑤ （清）陈轼：《道山堂集》，广陵书社2016年版，第11页。

顺时之官，可不是没有底线地屈从长官意志，而是借顺应形势之东风，来让自身才华得以最大限度地彰显，致力于服务国家和社会。刘邦打算让赵王如意取代太子，被叔孙通所谏阻："今太子仁孝，天下皆闻之；吕后与陛下攻苦食啖，其可背哉！陛下必欲废适（嫡）立少，臣愿先伏诛，以颈血污地。"[①] 刘邦遂打消了废太子的念头。从中，又可以看出叔孙通的骨气和坚守。

---

① 安平秋：《二十四史全译：史记》（全二册）第二册，汉语大词典出版社 2004 年版，第 1225 页。

16. 日精进之官

官员走好仕途生涯，是一场修行，是一次历练，是一种塑造。官员不光要有过人的才华和治政的本领，而且还要有克服困难、解决问题的恒心和信心，更要有一种豁达的政治胸怀去包容和平息各种责难。经历磨难和历练的官员，每天都会遇到新的情况，通过积极应对，既解决了难题，又提升了自身素养，这就是日精进之官。

唐代官员李泌就是这样的人。李泌"少聪敏，博涉经史，精究《易象》，善属文，尤工于诗，以王佐自负"[1]。李泌天资过人，自幼勤奋好学，在同龄人中，才华自是十分突出的。家庭环境的培育，个人不懈的努力，唐玄宗的礼遇，太子的钟意，张九龄的提携，让李泌的成长之路在青少年时期，显得十分顺利。唐玄宗以观奕为题，让李泌围绕"方圆动静"进行阐释。具体而言，"方圆动静"是指："方若棋局，圆若棋子，动若棋生，静若棋死。"[2]李泌不假思索地回答道："方若行义，圆若用智，动若骋才，静若得意。"[3]唐玄宗听了之后，对李泌的才华十分赞赏。

越是受到最高统治者的欣赏，越会受到许多人的关注甚至是嫉妒。15岁的李泌，慷慨赋诗一首，其中写道："一丈夫兮一丈夫，平生志气是良图。"[4]李泌年少得志，意气风发，更易引发旁人的嫉妒。当时的名臣张九龄亦欣赏李泌的才华。基于好友的立场和情感，张九龄嘱托李泌要韬光养晦，保护好自己："君幼年获美名，并非益事。应当珍重，多存韬晦，以求尽善尽美。藏器于身，栖志于野，古今道

① 黄永年:《二十四史全译：旧唐书》（全六册）第四册，汉语大词典出版社 2004 年版，第 3032 页。

② （明）李贽:《藏书》（全三册）中册，商务印书馆 2020 年版，第 447 页。

③ （明）李贽:《藏书》（全三册）中册，商务印书馆 2020 年版，第 447 页。

④ 宁欣:《唐代奇相李泌》，河南人民出版社 2019 年版，第 23 页。

一。况君少年风华，写诗只可观花赏月，出入风景，咏赞吉贤，不可褒己过甚，方为上策。"①李泌虚心纳言，用别人的良好建议不断砥砺自己的品行、操守。深厚的才华底蕴，友朋的深情点拨，让李泌拥有了沉稳应对一切考验的品质和能力。

唐玄宗召见李泌，"帝忆其早慧，召讲《老子》，得待诏翰林，仍供奉东宫"②。唐玄宗对李泌的极度宠爱，遭到权臣杨国忠的嫉恨。"杨国忠忌其才辩，奏泌（李泌）尝为《感遇诗》，讽刺时政，诏于蕲春郡安置，乃潜遁名山，以习隐自适。"③玩弄权柄的杨国忠找了一个理由，将李泌罢退。李泌没有就此消沉，而是在游览名山中治愈自己、充实自己、提高自己，调适政治倾轧对自己带来的冲击。

李泌在寻找契机。恰逢安史之乱爆发，李泌有了报国的机会。唐肃宗在灵武即位后，派人寻访李泌。李泌长途跋涉，来到彭原谒见唐肃宗，"陈天下所以成败事"④。国家遭逢如此大的变故，虽是国家之不幸，却也是检验官员忠诚度的最佳时机。少负圣学的李泌，以报皇家知遇之恩为初衷；为唐肃宗分析当时复杂的局势，找准解决乱局的突破口。"泌（李泌）称山人，固辞官秩，特以散官宠之，解褐拜银青光禄大夫，俾掌枢务。至于四方文状、将相迁除，皆与泌参议，权逾宰相，仍判元帅广平王军司马事。"⑤唐肃宗对李泌的信赖和重用，达到了空前的地步。这为李泌才华的彰显提供了良好的外部环境。誉满则谤来。李泌被重用，遭到当时中书令崔圆和宠臣李辅国的嫉妒。计谋已出，功业已立。李泌敏锐地感受到潜在的对他的政治迫害感，于是选择游览衡山以遁害。唐代宗即位后，将其召入朝廷任翰林学士，"赐光福里第，强诏食肉"⑥，以示皇家之宠。然李泌不阿附权臣，遭到妒忌和排挤。唐德宗时期，想到在杭州担任刺史的李泌，派人急召征还，予以重用。"当德宗任命他（李泌）为宰相，令每日于宰相办公厅值日受理政务时，便一无推辞。朝野上下闻听李泌执政，都欢欣鼓舞，认为中兴有望。"⑦他在相

① 宁欣：《唐代奇相李泌》，河南人民出版社 2019 年版，第 23 页。
② （明）李贽：《藏书》（全三册）中册，商务印书馆 2020 年版，第 448 页。
③ 黄永年：《二十四史全译：旧唐书》（全六册）第四册，汉语大词典出版社 2004 年版，第 3032 页。
④ （明）李贽：《藏书》（全三册）中册，商务印书馆 2020 年版，第 448 页。
⑤ 黄永年：《二十四史全译：旧唐书》（全六册）第四册，汉语大词典出版社 2004 年版，第 3033 页。
⑥ （明）李贽：《藏书》（全三册）中册，商务印书馆 2020 年版，第 448 页。
⑦ 宁欣：《唐代奇相李泌》，河南人民出版社 2019 年版，第 92 页。

位，尽其职，完其任，得到唐德宗的信赖。故唐德宗说："朕即位以来，宰相皆须姑息，不得与其较量道理。自用卿以来，方豁朕意，是乃天授卿于朕耳！"[①] 李泌"出入中禁，事四君，数为权倖所疾，常以智免。好纵横大言，时时谠议，能寐移人主"[②]。

---

① 宁欣：《唐代奇相李泌》，河南人民出版社 2019 年版第 142 页。

② （明）李贽：《藏书》（全三册）中册，商务印书馆 2020 年版，第 449 页。

17. 修文武之官

　　文能安邦，武能卫国，自古以来是官员矢志奋斗的目标。古代社会中，不乏文臣，亦不缺武将。如果一个官员，既有文韬，又有武略，在实践中又能有所建树，难能可贵。

　　明朝末年，有一个官员叫卢象昇，既有儒臣之风范，又有武将之能力。他出生于传统的士大夫家庭，自幼受到严格的儒家教育和训练。"青少年时期的儒家教育，对他的一生有着极为深刻的影响。"[1] 在儒家思想的教育之下，他十分注重孝道。他对父母极为孝顺，亦得到舆论的良好评价。他喜欢古代历史英雄人物，被张巡、岳飞等英雄事迹所倾倒，发誓要成为那样的人。他热爱读书，不只读古代文臣治国之书，还广泛阅览军事名著，不断提高自己的学习能力。"独日究经史于古将相名臣之略，军国经治之规尤悉心焉。"[2] 务实的学风，塑造了卢象昇经世致用的为学之状："为学务博涉，讲求经济，不欲以文士名顾。偶一下笔，伉健有气名，能文章家不过也。"[3]

　　他经过努力，"举天启二年进士，授户部主事"[4]。他考中进士后，在户部开启了他的仕途生涯。"宣德中，增造临清仓，容三百万石。"[5] 临清仓是明朝十分重要的一个粮仓，由户部负责管理。在户部工作的卢象昇负责管理临清仓。管理临清仓工作虽堪称肥差，却也很考验官员的能力。

　　卢象昇上任后，以廉洁之风治理积弊："以其余间就贤士大夫，商确时政，并

---

① 龙腾:《明末名臣卢象昇研究》，九州出版社 2019 年版，第 24 页。

② 龙腾:《明末名臣卢象昇研究》，九州出版社 2019 年版，第 27 页。

③ 龙腾:《明末名臣卢象昇研究》，九州出版社 2019 年版，第 27 页。

④ 章培恒、喻遂生:《二十四史全译:明史》（全十册）第八册，汉语大词典出版社 2004 年版，第 5335 页。

⑤ 章培恒、喻遂生:《二十四史全译:明史》（全十册）第三册，汉语大词典出版社 2004 年版，第 1519 页。

釐剔主藏官吏之积弊，凡清出侵蚀本色若干石，银若干两以佐军兴，尔尤加意于支收。"① 他致力于清理临清仓过去遗留下来的弊政，注重营造清廉的政治风气和政治生态。他对百姓怀有一颗仁恕之心，力所能及地为百姓做实事。当时，恰逢河南等地大旱，百姓生活在水深火热之中。卢象昇采取了灵活机动的做法，为河南等受灾之地的百姓减轻负担。"请令中州（河南一带）纳米一石改折银一两，输之临清，以仓粟相抵。"② 卢象昇对河南等受灾之地的征粮任务的减轻，便是对百姓的变相救助。他的做法，得到皇帝称赞和百姓认可。

随后，卢象昇奉旨管直隶大名府事。大名府虽是交通要道，却随着经济发展的失调，城镇地位逐渐下滑，沦为冤狱较多、盗寇猖獗、民生凋敝之地。卢象昇上任后，以雷霆之势，迅速地投入到解决当地实际难题的工作中。首先，他集中处理了一批积案冤狱。"公（卢象昇）昼治公事，夜谳疑狱。期月之间刑清政简，吏民亲爱。"③ 因他体恤民众，积极地解决冤狱，使受了冤屈的百姓，得以平反，过上正常人的生活。当地百姓对他十分感激。其次，他认真系统地解决盗贼匪患问题。当时，朝廷腐败、赋税严苛，加之大规模的自然灾害，促使没有出路的贫苦百姓被逼无奈，走上了以抢盗为生的道路，严重危害社会治安。卢象昇制定了正确的策略。他秉持擒贼先擒王的原则，派间谍打入盗贼内部，侦察到了一手资料，最终智擒盗贼首领马翩翩。盗贼团伙见其首领被捉拿，于是偃旗息鼓。匪患由此解除。他给当地百姓带来了安居乐业。

当时，明政权处于内忧外患之际，朝廷正需要军事人才来保卫政权。在大名府任职的卢象昇，因其出色的能力，被朝廷所赏识，并且对他委以重任。从此，他走上了一条军事道路。恰逢后金入侵京城，身为大名知府的卢象昇率先招募勇士，进京勤王。因其勇敢忠诚，卢象昇被任命为大名兵备道，整顿大名、广平、顺德三府兵备，加强武装训练，实现保境安民。他训练的部队纪律严明，军事素养很高，被称为"天雄军"。卢象昇的军事才华逐渐被挖掘。卢象昇"虽文士，善射，娴将略"④。他的军事才华在实战中获得了验证。尤其是他升任宣大总督后，军

---

① 龙腾:《明末名臣卢象昇研究》，九州出版社 2019 年版，第 30 页。

② 龙腾:《明末名臣卢象昇研究》，九州出版社 2019 年版，第 31 页。

③ 龙腾:《明末名臣卢象昇研究》，九州出版社 2019 年版，第 33 页。

④ 章培恒、喻遂生:《二十四史全译:明史》（全十册）第八册，汉语大词典出版社 2004 年版，第 5335 页。

事才华更加凸显。在担任宣大总督后，他的主要职责是加强北部军事防务，防范辽东清兵进攻。经过一段时间的工作熟悉，他根据调查所得，制定了边镇防务条例，且公示该条例。他善于运用奖惩手段，让好的将士涌现出来，为他效命；罢免疏于防务的将领。有一次，卢象昇骑马巡视永宁路靖胡边堡，发现应有守军60名，实际上只有27名在岗，且在岗之人存在"怠玩异常"①的现象，遂产生"不胜痛恨"②之感。靖胡守备张燮、提边把总费自强百般抵赖。卢象昇经调查之后，发现费自强所犯之错俱属实，且拒不认错，过去还多次触犯军法，于是，将费自强斩首示众。同时，他还将张燮捆打百棍，且对他予以革职。自此之后，他的部队军容呈现出威严、富有战斗力的面貌。

崇祯十一年十月初三，崇祯命卢象昇进京勤王。当时，主和的力量占了上风。卢象昇叹曰："予受国恩，恨不得死所，有如万分一不幸，宁捐躯断脰耳。"③当崇祯召见卢象昇，询问其对清作战方略时卢象昇提出主战不主和的主张。崇祯闻之而侧容。随着朝廷对清决策的摇摆不定，加之朝中奸佞对卢象昇的猜疑和指责，主战的卢象昇逐渐被崇祯所疏远。卢象昇面临的敌人有三：一是强大的清军铁骑；二是朝中偏安之臣甚至崇祯的猜忌和疏远；三是缺乏充足及时的后勤补给。然而，自幼受儒家思想教育的卢象昇，怀着忠君报国之思，决定以自己的生命来奉献给国家——尽管他也预料到自己的部队会失败。卢象昇在《与某书》中说："昇（卢象昇）今日亦惟肝脑涂地，以自附于纯臣之末而已，成败利钝，毁誉是非，久已置之度外。"④卢象昇决心以残卒五千兵马，与清军展开战斗。崇祯十一年十二月十一日晨，卢象昇率军出征前，对着士兵说："吾与将士同受国恩，患不得死，不患不得生。"⑤出征后，卢象昇的兵马在蒿水桥遭遇清兵，激战了一天，双方伤亡人数相当。十二日晨，清兵以优势兵力团团包围卢象昇的兵马。卢象昇明知必死，仍坚持作战到最后一刻。"象昇麾兵疾战，呼声动天，自辰迄未，炮尽矢穷。奋身

---

① 龙腾：《明末名臣卢象昇研究》，九州出版社2019年版，第61页。

② 龙腾：《明末名臣卢象昇研究》，九州出版社2019年版，第61页。

③ 章培恒、喻遂生：《二十四史全译：明史》（全十册）第八册，汉语大词典出版社2004年版，第5338—5339页。

④ 龙腾：《明末名臣卢象昇研究》，九州出版社2019年版，第73页。

⑤ 龙腾：《明末名臣卢象昇研究》，九州出版社2019年版，第76页。

斗，后骑皆进，手击杀数十人，身中四矢三刃，遂仆。"①

任启运说："有殉国之忠，而才又足以相济，惟公一人。公一日不死，明一日不亡。而公年方强壮，死之者杨嗣昌也，悲夫！"②卢象昇由文起家，由文臣而转为武官。卢象昇文能尽职安民，武能守边冲锋，被称为文武兼备之官。他有谋国之忠、殉国之义，成为明朝有功勋之臣。他被奸佞所害，又被人所追思感叹。

---

① 章培恒、喻遂生：《二十四史全译：明史》（全十册）第八册，汉语大词典出版社 2004 年版，第 5340 页。

② 龙腾：《明末名臣卢象昇研究》，九州出版社 2019 年版，第 195 页。

18. 远博饮之官

　　清初有一个地方官叫黄六鸿，在《福惠全书》中写有"远博饮"一节内容，告诫为政者要远离博饮。博是指赌博，饮是指饮酒。家中打牌、亲朋饮酒，只要不违法，亦是一种生活状态的呈现。然而，为官者，负责民众福祉，统筹众多事务，其言行又关乎公家形象，如果将心思放在赌博、饮酒上，不仅会影响其公信力，而且还会耽误工作、影响事业。

　　黄六鸿认为主政一方的官员"是则朝夕之梦寐、饮食犹未遑安饱，而况博弈之嬉戏、杯筋之宴乐乎？"① 心中考虑百姓能够实现温饱，每天亦将时间放在为民奔波方面，焉能有时间去嬉戏博弈、宴乐饮酒；如果确有时间，可以去看书，去交友，去学习技艺，不是活得更充实更有价值吗？为官者倘若走上赌博的道路，触犯了法律，终将自食恶果；倘若过度饮酒玩乐，出现废时失事的严重后果，谁能承担起相应的责任呢？

　　赌博的危害是极大的。薛侃在一篇文章中讲："亦未有赌博而家不败者。如此，人亦何苦不欲安静久远而以贪得为也。"② 薛侃的认识是深刻的。他敏锐地分析出赌博会导致家败，为了避免这种结局出现，就要管理自己的欲望尤其是要远离贪欲。晋朝的陶侃当了荆州刺史后，对部下要求十分严格，不允许他们沾染赌博之恶习："诸参佐或以谈戏废事者，乃命取其酒器、蒲博之具，悉投之于江，吏将则加鞭扑，曰：'樗蒲者，牧猪奴戏耳！'。"③ 陶侃对赌博十分瞧不起，认为是低端游戏，将赌博之具全部投入江河中，如有涉赌者，严加鞭扑。故诸多官员、学者在给家中晚辈的家书中，强调不可沾染赌博之习气，否则将进行严厉惩罚。明代官

① （清）黄六鸿：《福惠全书》，广陵书社 2018 年版，第 70 页。

② （明）薛侃：《薛侃集》，上海古籍出版社 2014 年版，第 388 页。

③ 许嘉璐：《二十四史全译：晋书》（全四册）第三册，汉语大词典出版社 2004 年版，第 1494 页。

员曹端在《家规辑略》中强调:"子孙赌博无赖及一应违于礼法之事,家长度不可容,会众罚拜以愧之。"① 如果曹端的子孙中出现赌博之人,会以极严的家法处之。清代学人夏敬秀在《正家本论》中指出了赌博的巨大危害:"夫人一耽于赌,则本业日荒,祖产日耗,至受人吓诈,系累官司,不至破家不已,更极其弊,必为穷窭。俗语所谓'奸近杀,赌近贼'也。"② 夏敬秀阐释了赌博的巨大危害,进而警醒人们远离赌博。

适度饮酒或许可以容忍或接纳,但是过度饮酒,不仅会毁掉个体,而且还影响事业发展。战国时期,魏国的信陵君魏无忌建立了巨大的事功,名震诸侯国。然而,信陵君在其晚年,受到魏王的猜疑和敌人的反间,有些郁郁寡欢。信陵君通过什么来排遣自己的忧郁之情呢?他通过大量饮酒,来暂时麻痹自己而度日。他因见疑于魏王,"乃谢病不朝,与宾客为长夜饮,饮醇酒,多近妇女"③。信陵君因饮酒过度,最终而亡,岂不悲哉?"日夜为乐饮者四岁,竟病酒而卒。"④ 名震天下的信陵君最终死于过度饮酒,既是其个人的损失,也是国家的损失。魏国失去了能人,最终被秦国所灭。南朝齐梁时的名将萧颖达在当时混乱的朝局中,依靠着强大的军功,被当朝的统治者所信赖和重用,接连出任几个十分重要的职务。但是,他沉湎于安逸的生活中,"饮酒过度,颇以此伤生"⑤。天监九年,信威将军、右卫将军萧颖达去世了,年仅 34 岁。其中,他过度饮酒以伤其身,是其英年早逝的重要因素。唐初的刘文静,为人豪放,富有机变之心,在劝导李渊父子起兵方面,贡献颇多。他与裴寂在年轻时就成为好朋友,等到被李渊父子重用后,自己的地位和待遇却在裴寂之下,心中略有失落之情绪。刘文静未能正确认识自己的贡献及与其他同僚的对比。加之,刘文静喜欢饮酒,在喝酒过程中,大发牢骚之语。史书记载,刘文静与他的弟弟刘文起一起"酣宴,出言怨望,拔刀击柱曰:'必当斩裴寂耳!'"⑥ 结果,他酒后怨言被人告发,最终被唐高祖以谋反罪斩杀。

① 楼含松:《中国历代家训集成》(全十二册)第三册,浙江古籍出版社 2017 年版,第 1650 页。
② 楼含松:《中国历代家训集成》(全十二册)第十册,浙江古籍出版社 2017 年版,第 5731 页。
③ 安平秋:《二十四史全译:史记》(全二册)第二册,汉语大词典出版社 2004 年版,第 1024 页。
④ 安平秋:《二十四史全译:史记》(全二册)第二册,汉语大词典出版社 2004 年版,第 1024 页。
⑤ 杨忠:《二十四史全译:梁书》(全一册),汉语大词典出版社 2004 年版,第 162 页。
⑥ 黄永年:《二十四史全译:旧唐书》(全六册)第三册,汉语大词典出版社 2004 年版,第 1816 页。

宋初的李肃，熟读经史，擅长做诗，时有警句。他喜欢喝酒，往往过度，不能节制。在他刚被提拔时，"一夕与亲友会饮，酣寝而卒，年三十三"[1]。他富有才华，正当为国家尽力之际，因过度饮酒而亡，岂不可惜？

---

[1] 倪其心：《二十四史全译：宋史》（全十六册）第十册，汉语大词典出版社 2004 年版，第 6041 页。

19. 知行合之官

古人对知行之间的关系，探讨得很多，且卓有成效。对于为官者，更讲知行观。理论终须联系实际，在实践中方能发挥作用。只有理论不实践，沦为纸上谈兵；光有实践没有理论，实践亦会缺乏思想指引，终究不会走得太远。明朝的李贽在《道古录》中指出："圣人言知必言行，以见行不离知；言行必言知，以见知不离行。"[1] 为了将这个道理讲透彻，李贽举了一个例子。李贽说："世间一饮一食，莫不皆然。虽有嘉肴，不食不知其旨。非先行之，旨何由知？既知其旨，安肯不食乎？"[2]

元初名臣许衡，自幼出身贫寒之家，勤奋好学，博览群书，养成了独立思考的习惯。他对《易经》颇有研究，而且还将书中之理付诸实践，颇有知行合一的味道。"时兵乱中，衡（许衡）夜思昼诵，身体而力践之，言动必揆诸义而后发。"[3] 他对读书学习有很高的悟性，这种悟性体现在知行观上。他既能虚心学习书中之道，又能按照书中之道去指导实践，做到二者的融合，这是非常了不起的。许衡成为知与行能够"合"的典范。他对此也深信不疑。

此后，他学术视野大开，广泛阅读程颢、程颐兄弟和朱熹的著作，力求将自己所学知识用到治政活动中，且希望能够对政治活动有所益处。许衡说："纲常不可一日而亡于天下，苟在上者无以任之，则在下之任也。"[4] 学以致用的理念深入他的内心。他希望能够担当起传播有益政治理念、矫正不良习俗、促进政治良性发展的责任。他聚徒讲学，在弘扬文化方面，卓有成效。等到忽必烈召请许衡为京

---

① （明）李贽：《初谭集；道古录》，商务印书馆 2020 年版，第 338 页。
② （明）李贽：《初谭集；道古录》，商务印书馆 2020 年版，第 338 页。
③ 李修生：《二十四史全译：元史》（全六册）第五册，汉语大词典出版社 2004 年版，第 2932 页。
④ 李修生：《二十四史全译：元史》（全六册）第五册，汉语大词典出版社 2004 年版，第 2933 页。

兆提学，这为许衡大展才华提供了一个平台。关中之人身经战乱，没有学习的机会和平台。"秦人新脱于兵，欲学无师，闻衡（许衡）来，莫不喜。"[①] 关中各郡县"皆建学校，民大化之"[②]。许衡富有教学经验，在他的影响和带动下，关中之地通过建学校、育人才，营造尊学敬学之氛围。关中之地的文化氛围渐成。

许衡的好友窦默积极地向忽必烈推荐许衡："犯颜谏诤，刚毅不屈，则许衡其人也。"[③] 许衡既有宰辅之才，又敢于提出诤言。窦默欣赏许衡的关键在于许衡是一个知行能做到合一的人，殊为难得。忽必烈即位后，把许衡召入京师。许衡当时辅佐皇帝，坚持以义为本。政敌王文统通过奏请许衡为太子太保，试图将许衡调离皇帝身边，被许衡所谏阻："此不安于义也，姑勿论。"[④] 为什么对许衡等人的委任，被许衡看出了不符合"义"呢？原因在于委任许衡等人去太子身边任职，就存在老师和学生之间的礼仪遵守问题，但当时的形势和环境，又不能遵守这些礼仪规定，故许衡等人坚决辞之，换成了其他职务。从中可以看出，这是许衡对礼仪之道的坚守与践行，最后如其所愿，改换他职。

忽必烈让许衡等人制定朝廷礼仪和官制。许衡既通历代礼仪之规，又能根据元初的实际情况，制定出符合当时需求的礼仪制度，将心中所学和实践所需做到了很好的融合。许衡参与到朝廷官制制定工作中，能检验其所学内容是否扎实，是一次很好的历练。"先生（许衡）历考古今设官分职之本，沿革之由，与夫上下统属之序，其权摄增置、冗长倒置、行之有弊者，率皆不取，自省部郡县体统之正，左右台院辅弼之制，内外百司聊属控制之差，后妃储藩隆杀之防，悉图为定制以闻。"[⑤] 许衡是杰出的人才，既懂历代官制之知识，又能制定出符合元初实际情况的官制，其知其行高度统一，难矣。

一个官员，既能具有丰富的知识，有知的基础；又能在实践中完成规定任务，有行的过程，真正做到知行合一，这是很了不起的一点。许衡就是这样的官员。

---

① （明）李贽：《藏书》（全三册）中册，商务印书馆 2020 年版，第 790 页。

② 李修生：《二十四史全译：元史》（全六册）第五册，汉语大词典出版社 2004 年版，第 2933 页。

③ 杜改俊：《忽必烈潜邸幕僚形成研究》，商务印书馆 2021 年版，第 137 页。

④ 李修生：《二十四史全译：元史》（全六册）第五册，汉语大词典出版社 2004 年版，第 2934 页。

⑤ （元）苏天爵：《元朝名臣事略》，中华书局 2019 年版，第 177—178 页。

"许衡是一位理论家也是一位实践者。"[1] 从他的经历来看，他能说到做到，而且做得非常圆满。故其离世时，"怀人无贵贱少长，皆哭于门。四方学士闻讣，皆聚哭。有数千里来祭哭墓下者"[2]。

---

① 杜改俊：《忽必烈潜邸幕僚形成研究》，商务印书馆 2021 年版，第 131 页。

② 李修生：《二十四史全译：元史》（全六册）第五册，汉语大词典出版社 2004 年版，第 2946 页。

20. 重历练之官

从基层做起，是对官员的历练；经历多个岗位，是对官员的历练。古代社会中，有一批官员，国家重视培养他们，从制度设计上为他们的成长进行指导，让他们接受各种历练，使他们逐渐成长成熟起来。"汉法，郡县秀民，推择为吏。考行察廉，以次迁补。或至二千石，入为公卿。"① 按照汉朝的法律，从优秀的郡县平民中进行选拔，将其推选为官吏；考察他们的事迹，将其推选为孝廉，按照先后次序升官补缺；有的人升到了郡守，有的人进京当了公卿。"黄霸起于卒史，薛宣奋于书佐，朱邑选于啬夫，丙吉出于狱史，其余名臣循吏，由此而进者，不可胜数。"②

汉武帝晚年，有一个人叫黄霸，仕途的起点是官俸二百石的卒史。他负责沈黎郡钱、谷之事，烦琐庞杂，不好干又容易得罪人。然而，对于自幼喜好律令、有能力的黄霸来说，这是锻炼他磨砺他的好机会。他在记账的时候，讲诚信而不欺瞒，廉洁公正而无私，因干得好而屡屡被推荐。他从基层做起，积累了大量的丰富的为官经验，每每都能将事情解决好，问题处理好。黄霸"为人明察内敏，又习文法，然温良有让，足知，善御众"③。黄霸在为官中，提高了自己的能力，为官能力的提升又促进了他政声的传播与扩散，形成良性互动局面。

因为黄霸了解基层情况，又有为官之能，得到统治者信赖和重用就成为顺理成章之事。汉宣帝十分欣赏黄霸的才华，提拔他为颍川太守，俸禄每月二千石。他治理颍川非常有章法，且颇有成效。首先，他任用贤良，坚决贯彻皇帝的诏令。此举让皇帝的旨意能够落地，在基层贯彻到实处。其次，他张贴工作须知，让基

---

① （清）陈宏谋：《五种遗规——在官法戒录》，团结出版社 2019 年版，第 16 页。

② （清）陈宏谋：《五种遗规——在官法戒录》，团结出版社 2019 年版，第 17 页。

③ 安平秋、张传玺：《二十四史全译：汉书》（全三册）第三册，汉语大词典出版社 2004 年版，第 1791—1792 页。

层百姓工作生活有了规矩和依据。工作须知中强调要重视农桑、节用钱财、戒掉浪费等。这些工作虽然琐碎繁杂，但是黄霸以极强的毅力，积极地推动工作顺利开展。他将颍川治理得井井有条，"得吏民心，户口岁增，治为天下第一"①。

皇帝对他的业绩十分满意，赐封他为关内侯，黄金百斤，升迁他为御史大夫、丞相。在对黄霸进行物质奖励的同时，皇帝也从精神层面对他进行褒奖："颍川太守霸（黄霸），宣布诏令，百姓乡化，孝子弟弟贞妇顺孙日以众多，田者让畔，道不拾遗，养视鳏寡，赡助贫穷，狱或八年亡重罪囚，吏民乡于教化，兴于行谊，可谓贤人君子矣。"②在皇帝眼中，黄霸已经成为儒臣的典范。

薛宣，"少为廷尉书佐、都船狱史"③。薛宣在基层为官，业绩非常突出，故能被举为廉吏，成为不其县丞。琅邪太守赵贡巡视不其的时候，见到薛宣，"甚说其能"④。赵贡是有眼光的人，从薛宣的能力上看到其光明的发展前景。故赵贡让自己的妻子、儿子出来与薛宣见面，告诫说，"赣君（薛宣字赣君）至丞相，我两子亦中丞相史"⑤。从此之后，薛宣平步青云，仕途顺畅。

他出任临淮太守后，"政教大行"⑥。随后，他就任陈留太守，面对严重的匪患，采取果断措施，很快就平息了匪患，"吏民敬其威信"⑦。在担任左冯翊期间，治政有方，政绩卓著。当时，他了解到高陵令杨湛和栎阳令谢游均是贪婪狡诈之人。考核他们的官员均了解情况，但是始终没有追究他们的责任。薛宣暗中调查他们的违法之事，并且采取不同的方式方法，让他们接受法律的制裁。薛宣认为，杨湛是一个能够认识到自己的错误并愿意改正错误的人，就亲手在简牒上逐条书写杨湛的非法行径，密封后送给杨湛，希望杨湛能够自觉警醒。杨湛了解到薛宣的用意后，主动解下印信交给属吏，并且还感谢薛宣，始终没有怨恨和不满的话。对于不听话还很傲慢的谢游，薛宣则采取了另外一种方式和态度，直言其收取贿

① （明）李贽：《藏书》（全三册）上册，商务印书馆 2020 年版，第 346 页。

② 安平秋、张传玺：《二十四史全译：汉书》（全三册）第三册，汉语大词典出版社 2004 年版，第 1794 页。

③ 安平秋、张传玺：《二十四史全译：汉书》（全三册）第三册，汉语大词典出版社 2004 年版，第 1671 页。

④ 安平秋、张传玺：《二十四史全译：汉书》（全三册）第三册，汉语大词典出版社 2004 年版，第 1671 页。

⑤ 安平秋、张传玺：《二十四史全译：汉书》（全三册）第三册，汉语大词典出版社 2004 年版，第 1671 页。

⑥ 安平秋、张传玺：《二十四史全译：汉书》（全三册）第三册，汉语大词典出版社 2004 年版，第 1672 页。

⑦ 安平秋、张传玺：《二十四史全译：汉书》（全三册）第三册，汉语大词典出版社 2004 年版，第 1672 页。

赂之实，迫使谢游上交了印绶。通过一柔一刚的手段，薛宣成功地剔除了两大腐败毒瘤，净化了当地政治生态。居官时间长了，薛宣积累了大量为官经验，亦形成了独特的治政风格。"宣（薛宣）为吏，赏罚明，用法平，而必行。所居皆有条教可纪，多仁恕爱利。"① 因突出的政绩，薛宣被提拔为御史大夫、丞相。

朱邑，"少时为舒桐乡啬夫，廉平不苛，以爱利为行，未尝笞辱人，存问耆老孤寡，遇之有恩，所部吏爱敬焉"②。朱邑在基层为官，了解了基层事务，能够做到廉洁从政，善待弱势群体，得到当地百姓的信赖和爱戴。随后，他被提拔为太守卒史，又被"举贤良为大司农丞"③，再被升迁为北海太守、大司农。胶东相张敞致信朱邑，以历史上的名臣之所以能够建功立业在于有伯乐相助为例，告诫朱邑不仅自己要建立事功，而且还要充当伯乐，挖掘更多的千里马，帮助千里马建功立业。朱邑认为他的话很有道理，遂积极地推荐有才华的人出任要职。朱邑去世的时候，皇帝十分怜惜他，下诏褒奖他："大司农邑（朱邑），廉洁守节，退食自公，亡强外之交，束修之馈，可谓淑人君子。遭离凶灾，朕甚闵之。其赐邑（朱邑）子黄金百斤，以俸其祭祀。"④

丙吉，最早当过鲁国的狱史。因其勤政务实，功劳突出，职位得以逐渐升迁。丙吉做事认真，为官公平，富有一定的正义感，这些为官素养帮助他日后仕途亨通。汉武帝晚年，诏令丙吉追查巫蛊之事。丙吉十分同情汉武帝曾孙刘询，趁追查之机，极尽能力保护刘询，为后来刘询即位当皇帝打下了基础。丙吉虽出身小吏，却精明强干，又热爱学习，所以在职位升迁后，能很好地胜任。等到他当了丞相后，"上宽大，好礼让"⑤。他对待自己的下属，总是替他们掩过扬善。为丙吉驾车的一个小吏爱喝酒，一次酒醉后，吐在丞相车上。原本要打发他走，却被丙吉阻拦，最终留下了这个爱喝酒的小吏。而恰是这个小吏在随后边疆告危的情形下，率先给丙吉通风报信，促使丙吉在回答皇帝询问边疆之事中，做足了准

---

① （明）李贽：《藏书》（全三册）上册，商务印书馆 2020 年版，第 354 页。

② 安平秋、张传玺：《二十四史全译：汉书》（全三册）第三册，汉语大词典出版社 2004 年版，第 1796 页。

③ 安平秋、张传玺：《二十四史全译：汉书》（全三册）第三册，汉语大词典出版社 2004 年版，第 1796 页。

④ （明）李贽：《藏书》（全三册）上册，商务印书馆 2020 年版，第 333 页。

⑤ 安平秋、张传玺：《二十四史全译：汉书》（全三册）第三册，汉语大词典出版社 2004 年版，第 1531 页。

备，赢得了皇帝的好感和夸奖，认为他是善于管理下属官员的人。丙吉叹曰："士亡不可容，能各有所长。向使丞相不先闻驭吏（爱喝酒的小吏）言，何见劳勉之有？"①丙吉对下属的宽容，换来了下属的效忠。

---

① 安平秋、张传玺:《二十四史全译：汉书》（全三册）第三册，汉语大词典出版社 2004 年版，第 1532 页。

21.懂自爱之官

人要自尊自爱，官亦要自尊自爱，才会对得起自己和这份职业。明代的蔡清在《自箴》中说："善爱其身者，能以一生为万载之业，或一日而遗数百年之休；不知自爱者，以其聪明而际盛时，操名器，徒以就其一己之私而已矣。所谓如入宝山，空手回者也。"①

明代的葛守礼就是懂自爱之官。他为官清正廉洁、办事果敢、不拉帮结派，深得公赞。他在担任兵部主事期间，守山海关，十分注重廉洁问题。在他守山海关之前，有钱人通过打通关节、勾结官府后走私马来谋取暴利。他到山海关后，就改变了这种状况。"公（葛守礼）至，讥防唯谨，骑出而入者，非有符验，辄遮留之，私贩顿息。"②他自己不收受礼物，还制定了严厉的管控措施，除非有政府批文，方能放马通过，其他一概不允。这就导致走私贩卖马匹的现象大大减少。当时，朝鲜等国的使者要经过山海关赴京城，往往会给守关者钱财，目的是等他们回去经过山海关的时候，自己身上携带的许多珍贵物品，不被守关者搜查和没收。

葛守礼废除了这个陋习，不仅谢绝了入关使者的好意，而且还在使者出关的时候，对这些使者进行严查，防止他们携带不被允许的物品。由此，关内外之人对其肃然起敬。后来，他赴礼部任职，面对围猎诱惑，断然予以拒绝。王公宗族中，如果直系继承王位的子嗣断绝了，按照相关规定，其他宗族人士是不可以请求继承王位的。当时，一些王府的族人提交继承王位的申请到礼部，希望能够得到批准。葛守礼没有批准。这些宗族人士趁葛守礼休病假之际，大兴贿赂之事，最终得偿所愿，纷纷得到封爵王位。皇帝派人去调查。调查报告中显示，所登记

① （明）何炯：《清源文献》（全二册）上册，商务印书馆2019年版，第168页。

② 山右历史文化研究院：《山右丛书三编》（全十二册）第七册，上海古籍出版社2021年版，第459页。

的贿赂馈赠有十多万，唯独没有葛守礼的名字。他就是这样廉洁自持从而被皇帝赞扬。

他在担任山西参政、按察使期间，深入基层了解民忧，切实解决百姓遇到的难题，颇有政声。当时，晋地百姓大部分以耕田为生，土地是他们的命根子。然当地王府与民争利，强抢民田，占为己有，且官不能禁，百姓民不聊生。"公（葛守礼）法其首难者，而仍归其田，令有司岁收其租以抵宗禄，祸端始绝。"① 葛守礼用法律制裁了带头违法之人，将王府侵占之田退还给当地百姓，加大力度收缴王府之税，让他们知法之严、必遵守。这体现了葛守礼办事果敢、卓有成效的一面。

葛守礼为官所处的那个时期，恰好是严嵩、徐阶、高拱、张居正等斗争的时期。他为官持正，始终没有加入其中的任何一派，保持了为官的独立性。他被严嵩一党陷害，被强令退休。等到严党覆灭，葛守礼再度被重用，升迁为户部尚书，成为朝廷重臣。从此，葛守礼成为众多大臣拉拢的对象，但他始终没有加入任何派别，故其发表政治观点能够脱离派别的束缚。"阶（徐阶）、拱（高拱）、居正（张居正）更用事，交相轧。守礼（葛守礼）周旋其间，正色独立，人以为难。"②

---

① 山右历史文化研究院:《山右丛书三编》（全十二册）第七册，上海古籍出版社 2021 年版，第 460 页。

② 章培恒、喻遂生:《二十四史全译：明史》（全十册）第七册，汉语大词典出版社 2004 年版，第 4336 页。

22. 进忠言之官

忠言虽逆耳，但有利于朝政；良药虽苦口，却有利于身体。鉴别什么是忠言，进而以忠言献上，这是一种能力。如果以巧言为忠言，就会误国误民。明知是忠言，还存在敢不敢说的问题，这就涉及官员的胆识了。进忠言之官是能够发现什么是有利于朝政的忠言，进而敢于向上进言的官员。

唐初的虞世南就是这样一个敢于进忠言的官员，且得到了唐太宗的理解和赏识。唐太宗对虞世南评价很高："世南一人，有出世之才，遂兼'五绝'：一曰忠谠，二曰友悌，三曰博闻，四曰词藻，五曰书翰。有一于此，足谓名臣，而世南兼之。"① 虞世南有许多优秀的为官特质，其中第一条就是"忠谠"，指的就是敢于向皇帝进上自己的忠言。

虞世南出身名门，自幼享受着良好的教育，经历了三个朝代的更迭，对王朝兴衰有着深刻的认识和体验，其所献忠言，给统治者深刻的启迪和警醒。实际上，虞世南历经王朝更迭，更懂君主是否贤于世。他对唐太宗是十分赞赏的，将其置于古代明君队伍中亦毫不逊色。虞世南在《上圣德论表》中称赞古代先君名臣："窃观隆古之君，必得文章之士。"② 明君贤臣相互支持，方能成就功业盛德。唐太宗与他们相比，亦是有资本的。虞世南说："恭惟皇帝陛下，明明天日之表，巍巍龙凤之姿。"③ 唐太宗修文德，偃武功，赦囚徒，出怨女，分金以赎饥馑之人，散帛以收亡卒之人，建立了丰功伟绩。虞世南说："尊礼大臣，有汉高之度；保全勋旧，有光武之仁。"④ 基于对唐太宗的尊崇，虞世南敢于向其进忠言。

---

① （唐）虞世南：《虞世南诗文集》，浙江古籍出版社 2012 年版，第 218 页。

② （唐）虞世南：《虞世南诗文集》，浙江古籍出版社 2012 年版，第 109 页。

③ （唐）虞世南：《虞世南诗文集》，浙江古籍出版社 2012 年版，第 109 页。

④ （唐）虞世南：《虞世南诗文集》，浙江古籍出版社 2012 年版，第 110 页。

虞世南骨子里是一个文化人，博学多识，故唐太宗喜欢跟他谈论经史。虞世南在与唐太宗聊天的过程中，"每论及古先帝王为政得失，必存规讽，多所补益"①。在讲论经史中，虞世南将自己的思考以忠言的形式借机输送给唐太宗。他在《帝王略论》中谈到汉高祖的功过，有一段深刻的阐释。文中以虚拟人物"公子"发问："汉高祖拨乱反正，为一代英主，可谓尽善者乎？"文中以虚拟人物"先生"对前面的问题进行了回答。回答中肯定了汉高祖的功绩，同时也指出了汉高祖的缺点："然知吕后之邪辟而不能正，爱赵王如意而不能全，身没之后，几亡社稷。若无刘章、周勃，吕氏几代汉矣。"②汉高祖的功劳自不必说，其缺点，少有人论及。虞世南通过阐释汉高祖身上存在的缺点，是否还存在以古鉴今呢？应该是有的。通过对历史的阐释，他想传递给唐太宗一个深刻的哲理：家风搞不好，会影响下一代问题。虞世南谈话也好，写东西也罢，都很认真，常常有反省精神，担心自己的东西不够成为劝言皇帝的良好镜鉴。唐太宗对身边人讲："朕因暇日与虞世南商略古今，有一言之失，未尝不怅恨，其恳诚若此，朕用嘉焉。群臣皆若世南，天下何忧不理。"③唐太宗从虞世南身上看到了恳诚之心，这种品质对治政是非常有作用的。

唐高祖去世后，唐太宗打算把葬礼搞得丰厚隆重，期限很短，工役十分劳累。虞世南于是向唐太宗进忠言："臣闻古之圣帝明王所以薄葬者，非不欲崇高光显，珍宝具物，以厚其亲。然审而言之，高坟厚垅，珍物毕备，此适所以为亲之累，非曰孝也。是以深思远虑，安于菲薄，以为长久万代之计，割其常情以定耳。"④这种薄葬思想影响了唐太宗。

虞世南是一个心思极细的官员，大到国家礼制，小到文章风格，都能引发他一番政治高论，而唐太宗往往还能接受。虞世南在写诗文方面颇有造诣，唐太宗经常与他切磋。唐太宗写宫体诗，原本希望得到虞世南的赞美，没想到迎来的却是一番忠言："圣作虽工，体制非雅。上之所好，下必随之。此文一行，恐致风靡。轻薄成俗，非为国之利。赐令继和，辄申狂简，而今之后，更有斯文，断以死请，

①　黄永年：《二十四史全译：旧唐书》（全六册）第三册，汉语大词典出版社 2004 年版，第 2066 页。

②　（唐）虞世南：《虞世南诗文集》，浙江古籍出版社 2012 年版，第 148 页。

③　黄永年：《二十四史全译：旧唐书》（全六册）第三册，汉语大词典出版社 2004 年版，第 2066 页。

④　黄永年：《二十四史全译：旧唐书》（全六册）第三册，汉语大词典出版社 2004 年版，第 2067—2068 页。

不敢奉诏。"① 那个时候，虞世南就认识到宫廷诗流行会导致奢靡的文风兴盛，会对社会风气产生不良的影响。他给唐太宗的忠言就是戒掉奢靡的文风。

虞世南的忠言是言之有物的，不是凭空臆想出来的，且对朝政有着积极的正面影响作用，故唐太宗十分珍惜自己身边有这样能向他进献忠言之官。虞世南去世后，唐太宗十分悲痛。从唐太宗给魏王李泰的手札中，能看出唐太宗对虞世南的难忘之情："虞世南于我，犹一体也。拾遗补阙，无日暂忘，实当代名臣，人伦准的。吾有小失，必犯言而谏之。今其云亡，石渠、东观之中，无复人矣，痛惜岂可言耶！"② 唐太宗感觉很孤单，这种落寞的孤单心理，源于像虞世南这样敢于进忠言的大臣不多了或者没有了。虞世南去世后，谥号为"文懿"。为什么要给这个谥号呢？朝廷的敕书给出了答案："虞世南学综古今，行笃终始，至孝忠直，事多弘益。易名之典，抑有旧章，前虽谥'懿'，未尽其美，可谥曰：'文懿'。"③ 虞世南敢于进忠言，体现其"忠直"，是其赢得巨大声誉的重要原因。

① （唐）虞世南：《虞世南诗文集》，浙江古籍出版社 2012 年版，第 112 页。

② 黄永年：《二十四史全译：旧唐书》（全六册）第三册，汉语大词典出版社 2004 年版，第 2070 页。

③ （唐）虞世南：《虞世南诗文集》，浙江古籍出版社 2012 年版，第 220 页。

23. 宽严济之官

经历较多，对事情有长远的分析和判断，这样的官员有宽容之态。但是仅有宽容，会对下属失之于宽，产生意想不到的严重后果。所以，宽严相济是官员看待事物、解决问题的重要法则。清代名臣张廷玉所言："可知天下之道，宽则能容。能容，则物安而已亦适。虽然，宽之道亦难言矣！天下岂无有用宽而养奸贻患者乎？大抵内宽而外严，则庶几矣！"① 这段话讲得很透彻。官场中，如果对同僚或下属过于严厉而缺乏宽容之心，就会让身处其中的人感觉到很紧张且不舒服；如果太过宽容，就会出现纵容之后果。所谓，宽严相济，是为官的艺术。

明代有一个官员叫许国，是一个能做到宽严相济的官员。他是一个学富五车之人，考上进士后，走上仕途，颇得当朝者器重。他醉心于经世之学，担任日讲官，给皇帝传授儒家知识。儒学底蕴深厚的他，给人一种文质彬彬、如沐春风之感。"公（许国）貌温气和，襟宇冲旷，与人处，若溪若谷，靡所不涵茹，而其中介然有以自守。"② 他待人温和，有很强的包容心，同时，还有自己的原则坚守。宽严相济对于他的为官来说，是一个十分恰当的特征评价。

许国曾经担任国子祭酒一职，负责教育行政工作。他的教育理念是根据不同学子的不同特点，让他们独立宽松地去成长和学习。"教士务在长育成就之，士乐其宽，不督而劝。"③ 许国待人和善，在教育领域工作的时候，也在营造一种宽松的学习氛围，让学子们从内心认识到学习的重要性，进而不断地学习。许国的这种教育理念在实践中亦获得了成功，使得学子们自身认识到了学习的重要性，且积极认真地去学习。

---

① （清）张廷玉：《张廷玉全集》（全二册）上册，安徽大学出版社 2015 年版，第 321 页。

② 山右历史文化研究院：《山右丛书三编》（全十二册）第七册，上海古籍出版社 2021 年版，第 454 页。

③ 山右历史文化研究院：《山右丛书三编》（全十二册）第七册，上海古籍出版社 2021 年版，第 452 页。

如果说，许国在为官中一味讲究宽容，亦不符合他的性格。在涉及他的官品评价时，尤其出现诋毁他的言论时，他就体现出严厉的色彩，锱铢必较地去反驳。许国针对言官的批评，一般会报之以严词，故呈现出霹雳风貌，也就是史书所讲"性木强，遇事辄发"①。许国对大臣与言官有着深刻的认识。他说："大臣犹梗楠也，宜取其阅历，略其寸朽；言官犹江河也，宜导之疏通，戢其风波。"②他对言官批评他的回应，既有雷霆之怒，又有深层说理。他的说理旨在强调当大臣贵在他的治政经验而不在于他的沧桑经历，当言官贵在他能够疏导难题而不在于他挑起纷争。人们以为确言。

宽严相济，从实践层面看，有的时候比较难操作。但是，一个人在官场多年，早已培养出的高超政治智慧，定会让他能够很好地把握如何宽严相济。许国在运用宽严相济这个原则的过程中，凭着自己的政治智慧，很好地拿捏其中的尺寸，在该宽时，要示宽，使人觉得这是一种幸运，并且更加珍惜；在该严时，要示严，使人觉得这是一种期待，因而更加努力。

---

① 章培恒、喻遂生：《二十四史全译：明史》（全十册）第七册，汉语大词典出版社 2004 年版，第 4433 页。
② 山右历史文化研究院：《山右丛书三编》（全十二册）第七册，上海古籍出版社 2021 年版，第 453 页。

24. 隆恩师之官

古人非常尊师重道。他们能够认识到自己的老师在传道授业解惑方面，带给自己全新的认识，帮助自己不断地汲取知识、积极进取、获得成功。明代学人薛侃说："人家兴替系子孙，子孙之贤不肖系教养。不能隆师择友以教子孙，但知趱积家赀、吝财物以贻子孙，不知子孙不肖，一旦倾覆，回视向之趱积悭吝者，皆非己物矣。"[1]

一般而言，富贵之家或官宦之家十分重视对子女的教育，往往会聘请名师来传道授业解惑。薛侃的话很有哲理，他告诫家长要为孩子请名师，教授孩子各种知识，而不是仅留钱财给孩子，那样不长久。王阳明的父亲王华出生于书香世家，自幼勤奋好学、博览群书。年轻时的王华因博学多闻而被看好，名声大噪。对于王华来说，家境不宽裕，希望通过给别人当老师，赚点讲课费，以维持生计。因王华之名闻于远近，"故家世族争礼聘为子弟师"[2]。当时，浙江祁阳有一个姓宁的人，经打听后，请王华赴自己家为其孩子授课，接受教诲。为了显示对老师的尊重，姓宁之人，"亲造其馆，宾礼之，请为子师，延至祁阳"[3]。后来，王华北上京师，高中状元，走上仕途。虽然，王华自身才华横溢，教诲晚辈不成问题，但是，王华认识到老师的重要性，还是专门为儿子王阳明请了塾师，不断提高王阳明的学习能力。

晋江的蔡清，以精通《易经》而闻名，修身自持，品格自砥，家境贫穷而乐善好施，在乡党中有很好的名声。后来，蔡清考中进士，走上仕途。他为官期间，看问题一针见血，许多建议为朝廷所采纳。另外，他还抽时间授徒讲学，传播学

---

① （明）薛侃：《薛侃集》，上海古籍出版社 2014 年版，第 385 页。

② 束景南：《王阳明年谱长编》（全四册）第一册，上海古籍出版社 2017 年版，第 10 页。

③ 束景南：《王阳明年谱长编》（全四册）第一册，上海古籍出版社 2017 年版，第 10 页。

术思想。他的门生中最为知名的叫陈琛，也是晋江人。陈琛经过努力，亦考中进士，走上仕途，政绩卓越，还能做到不留恋官位，乞归而还。陈琛以蔡清为师。陈琛对蔡清的尊重之处体现在虚心地请教知识、认真地进行学习、以扎实的学习成绩回馈老师。

隆师之礼不仅体现在对老师的态度上、对老师服务的细节上，而且还体现在认真学习、传承老师学术"衣钵"方面。陈琛在这方面做得非常到位。蔡清和陈琛二人的见面也是因为互相欣赏对方而致。陈琛先学于李聪。蔡清从李聪处看到陈琛的文章，"嗟异久之"①。当李聪将陈琛带出来向蔡清作引荐，希望受学于蔡清时，蔡清谦虚地说："吾不敢为之师，得为友足矣。"②陈琛坚持要以对待老师的礼仪对待蔡清，遂拜师成功。十分高兴的蔡清对陈琛说："吾所为发愤沉潜，辛苦而仅得者以语人，常不解。不意子皆已自得之，今且尽以付子矣。"③蔡清对陈琛评价很高，认真地传授知识给陈琛，而且还带着陈琛赴江右，言行举止，均让陈琛能随身感悟学习。

在蔡清的栽培下，陈琛的学业有了很大的增进。陈琛通过自己的勤奋学习，来回报蔡清的师恩。"琛（陈琛）资禀朗迈，于世情无所倚涉，闭户独学，不苟同于人。读书每沉潜玩索，能得意于文词之表，笔力光动流转，不可端倪。"④陈琛在钻研学问方面下了苦功，也取得了显著成效。陈琛成为蔡清最为得意的门生。"始虚斋先生（蔡清）以深微践履之学教人，及门之士，率常数十百人。能得其言语者有矣，未必得其精微；或能并精微之意传之者，其于反躬履践，又未必能如其所言。至出处去就大节，其能悉合于义，无愧师门者，益鲜矣。"⑤蔡清对自己的门生要求很严，能符合他标准的门生很少。陈琛就是蔡清十分欣赏并且满意的门生之一，"清（蔡清）既没，所谓无愧师门，琛（陈琛）一人而已。"⑥

陈琛不光学问做得好，而且还能做到学以致用。在为官生涯中，他秉持理学

① （明）陈琛:《陈紫峰先生文集》，商务印书馆2020年版，第213页。

② （明）陈琛:《陈紫峰先生文集》，商务印书馆2020年版，第213页。

③ （明）陈琛:《陈紫峰先生文集》，商务印书馆2020年版，第210页。

④ （明）陈琛:《陈紫峰先生文集》，商务印书馆2020年版，第213页。

⑤ （明）陈琛:《陈紫峰先生文集》，商务印书馆2020年版，第208页。

⑥ （明）陈琛:《陈紫峰先生文集》，商务印书馆2020年版，第212页。

原则，处处为民考虑，给老百姓办了许多实事，赢得了百姓尊敬和拥护。后来，陈琛归乡侍母，尽孝道，耕耘学术，回归学术，以安其心。他的学术中还透露着实践味道，给人极深的启迪。故张岳评价他："有避世之深心而非玩世，无道学之门户而有实学。"①

_____

① （明）陈琛：《陈紫峰先生文集》，商务印书馆 2020 年版，第 214 页。

25. 求奇才之官

奇才难求难遇，需要耐心地寻找和挖掘。明代杨维桢写有《求奇才》一文，文中说："可缓而不必求者，天下之常才；不可缓而必求者，天下之奇才也。"[1] 常才可求，奇才难遇。正如杨维桢所言："盖事变出不测者，非常才之所能丁，而必济之以奇才。"[2] 奇才比常才发挥的作用更大，挖掘和寻找的时候，就需要付出更多的精力："奇才不可咄嗟而得也，必求之至、蓄之素也。"[3]

前秦的苻坚，在当皇帝之前，就注意对社会贤达的延访和挖掘。当时有个社会贤达叫王猛，自幼生活贫困，以卖畚箕为生。王猛喜欢读书，为人严谨，处事不拘小节。因他择友十分严格，不符合他心意和标准的人，不能够与他真正交朋友，故受到浅薄之人的轻视和嘲笑。

这或许是奇才所具备的"奇"的特质吧。然而，还是有欣赏他的人。当时，有一个叫徐统的人，"见而奇之，召为功曹"[4]。徐统的眼光是独特的，能够从世俗中见出独特之才，且对王猛这样的奇才报以欣赏的目光。天下变化之际，双向选择的氛围更浓厚一些。徐统看上王猛、选择王猛。同时，王猛也要审时度势地分析徐统、研究徐统。经过抉择后，王猛认为徐统不是自己要跟随的人，于是就归隐华阴山。随后，权臣桓温入关，拜访王猛。王猛谈笑风生，一面纵论天下大事，一面却随手在捉虱子。桓温认为他是一个不世出的奇才，对他很欣赏，赏赐给他车马，给予他高官职位，请求他一起南归，被王猛所拒绝。

苻坚即将起事，需要优秀人才辅佐，听闻王猛奇才之名，召王猛而来。二人

---

① （元）杨维桢：《杨维桢集》（全四册）第四册，浙江古籍出版社2017年版，第1120页。

② （元）杨维桢：《杨维桢集》（全四册）第四册，浙江古籍出版社2017年版，第1120页。

③ （元）杨维桢：《杨维桢集》（全四册）第四册，浙江古籍出版社2017年版，第1120页。

④ 许嘉璐：《二十四史全译：晋书》（全四册）第四册，汉语大词典出版社2004年版，第2518页。

一见如故，相谈甚欢。王猛的见识深契苻坚之心，王猛的风采亦符合苻坚之期。于是，苻坚重用王猛，对其态度始终不曾动摇过。王猛作为奇才被苻坚所赏识、挖掘，继而被信赖和重用。王猛亦为苻坚立下汗马功劳。王猛是杰出的奇才。奇才的作用是巨大的，奇才一出手，定会解决实际难题，贯彻上司决策，留下英明之见。王猛全部做到了。

王猛刚被苻坚所用，职位不是太重要。此时，苻坚有考察王猛的意思。王猛不负众望，以成绩说服苻坚。当时，王猛出任始平令。基层工作十分重要，亦是磨炼官员意志品质的平台，是检验官员办事能力的标尺。清代王阳明说："天下之大，州县之积也。州县无不治，则天下治矣。"① 州县是国家政权的基础，基础不牢，地动山摇。要想夯实基础，必须将最优秀的人才放到基层去干事。基层如果得到有效治理，天下就会实现大治。

王猛来到始平县后，发现当地豪强横行、匪患四起、民不聊生。于是，王猛采取严刑峻法，明善恶、遏豪强、除匪患。在这个过程中，他因执法趋严，将一个官员鞭打而死，被人告了。苻坚听后，召王猛，问其原因。王猛出于公心，回答以实。王猛告诉苻坚，采取激烈的手段，除掉奸猾之徒，不是为了地方出现祥和的环境吗？苻坚以之为理，将其视为管夷吾、子产之类的人物。始平也由此实现大治。

在基层历练之后，王猛被苻坚进一步重用。一年当中，王猛连升五级。到最后，王猛出任丞相一职，上贯彻苻坚之战略，下协调百官之关系。苻坚对王猛的欣赏之情溢于言表："自卿辅政，几将二纪，内厘百揆，外荡群凶，天下向定，彝伦始叙。"② 王猛十分勤政且富有规划，稳步有序推进事业向前发展。他崇尚儒学，劝课农桑，兴推教业，整顿武备，皆有成效。因他作为奇才被苻坚挖掘，示之以尊位，故他在尊位上，更能以慧眼去发现、挖掘、显扬奇才，让奇才在不同岗位上发挥最大作用。

王猛得重病，经苻坚祈福后，仍没有好转。王猛自知来日无多，给前来探望他病情的苻坚留下最后的遗言："晋虽僻陋吴、越，乃正朔相承。亲仁善邻，国之

---

① （明）王守仁：《王阳明集》（全二册）下册，中华书局 2016 年版，第 897 页。
② 许嘉璐：《二十四史全译：晋书》（全四册）第四册，汉语大词典出版社 2004 年版，第 2520—2521 页。

宝也。臣没之后，愿不以晋为图。鲜卑、羌虏，我之仇也，终为人患，宜渐除之，以便社稷。"[1] 王猛说完这些话后，就去世了，时年 51 岁。人以诸葛亮在隆中发出智慧之言为赏，殊不知还有王猛遗言亦是精准之言。王猛对天下大势的判断是准确的，为后来的发展所验证。

---

[1] 许嘉璐：《二十四史全译：晋书》（全四册）第四册，汉语大词典出版社 2004 年版，第 2522 页。

26. 屈一时之官

古代中国，宦海沉浮中的官员，经历诸多风雨坎坷之事，塑造了他们既能够在自己实力不足的情况下屈一时之状，又能够时刻不忘自己为什么要屈一时，进而加大马力，逼迫自己更加奋勇地向前迈进。这里的屈，不是懦弱逃避，而是智慧韬略，是衡量实力强弱后的现实考察。

清朝康熙时期的名臣张英，博学多才，为人稳重，处事低调，颇得康熙的信赖和赏识。张英钻研儒家书籍，被康熙引为日讲官员。所讲内容颇为翔实，对康熙主政天下大有裨益。"经筵有常期，上日御乾清门听政后，即适懋勤殿，召儒臣讲论经谊无期时。公（张英）率晨入暮出，暂退辄复宣召，或辍食趋宫门，小心慎密。久之，上益器重，每巡幸，辄以公从。一时典诰之文多出公手。"①康熙先以翰林院学士之职，让张英去担任。随后，康熙又让张英担任翰林院掌院学士，统筹管理翰林院具体事务。他在翰林院工作期间，与同在翰林院任职的徐乾学、高士奇等共事。徐乾学、高士奇等依附朝中权臣明珠，成为明珠一党的重要人物，经常干纳贿敛财、结党营私、固求上宠之事。张英每天要与这样的同僚共事，是与他们同流合污，还是对抗到底？其实，这两种选择均不是明智的选择。

如果选择同流合污，等被查出之时，将遭受灭顶之灾。如果选择对抗到底，刚入仕途、脚跟都未站稳的张英很有可能会被徐乾学、高士奇及背后的明珠所陷害和铲除。张英是聪明的、明智的、充满智慧的。他在翰林院的地位比徐乾学、高士奇高，却要在如何与二人相处上进行思考，反映了他的良苦用心。首先，张英没有参与他们结党纳贿之事。如果参与了，终究会被查出来。其次，张英没有与他们明争暗斗。实力是斗争的筹码。如果实力不够，还与对方硬碰硬，受损伤

---

① （清）张英：《张英全书》（全三册）下册，安徽大学出版社2013年版，第498页。

的还是自己。

张英采取了比较合理的做法。因他为人成熟、办事稳重，故在与徐乾学、高士奇等人相处时，在坚守廉政底线的前提下，以忍让的态度去面对，以折中的方式去对待。即在守好为官原则的基础上，对于为官的业绩、贡献，工作的思路、战略，均采取退让的态度，让他们去决定；均采取折中的方式，让他们去平衡。有的时候，从地位上来讲，张英还自愿甘居二人之下，以示柔弱。张英是十分睿智的。他这样做，既没有染上不良的习气，又能减轻明珠一党对自己迫害的压力。

高士奇等纳贿结党之事被揭发后，却始终没有牵连到张英。康熙更加信任张英，不断地升迁他的职位，最终使得张英位极人臣。在更高的职级和平台上，张英能够更加充分地发挥其作用。张英在与徐乾学、高士奇等同僚相处的过程中，在坚持原则底线的基础上，采取了"屈一时"的为官策略，缓解了同僚对他的政治压力。这也为张英积蓄力量、日后崛起提供了条件。一时的退让，是政治家的睿智，是衡量当时客观政治环境的必然选择。如果张英当时不选择退让，选择与徐乾学、高士奇等人正面冲突甚至对决，可能会遭到打击。他的精妙之见，他的政治才华，可能就不会有施展的机会。他的睿智宽容被康熙评价为有"古大臣之风"。

27. **善接物**之官

待人接物是一门艺术。用得好，可以起到事半功倍的效果；用得不好，会产生事倍功半的的后果。袁采在《世范》中告诫世人："处己接物，常怀慢心、伪心、妒心、疑心者，皆自取轻辱于人，君子不为也。"① 作为官员，如若能葆有一颗肃然起敬之心、真诚之心、祝福羡慕之心、信任之心，那一定会取信于民，做出更大业绩。

东汉的郭伋待人接物、为官治政，皆讲"信任"二字，这是其成功的密码。他在担任渔阳太守后，以信为治政之本，很快取得了治绩。渔阳的环境经王莽之乱、战争之创的打击后，出现了恶化的局面。他面临的首要之务就是面对刁滑之众，如何尽快平定贼寇。他与当地百姓订立信约，只要为其积极提供贼寇信息并且助力其剿灭贼寇，就会得到嘉奖。在民众的帮助下，郭伋率部很快捕杀贼寇首领，平定了贼寇之乱。郭伋内除贼寇，外抗匈奴，为渔阳百姓安居乐业提供了稳定的社会秩序。郭伋声名鹊起，被拜为颍川太守。当时颍川群盗危害当地民众安全。皇帝知晓其除寇之能，特意召见他进行嘱托："贤能太守，去帝城不远，河润九里，冀京师并蒙福也。君虽精于追捕，而山道险厄，自斗当一士耳，深宜慎之。"② 皇帝对郭伋的期待是很高的，且颇为其安全担心。郭伋来到颍川后，了解到山贼之人大部分是被逼而反的农民，如果信任他们，给他们以出路，这件事是能够处理好的。于是，郭伋安抚山贼数百人，将他们遣返回乡务农，既解决了山贼之患，又促进了农业生产。在地方为政时，郭伋因信任百姓，对百姓态度极好，又能施行仁政，得到百姓的认同。当他来到西河美稷，看到数百名儿童骑竹马在道旁欢迎。郭伋询问这些儿童欢迎之由时，儿童们回答："闻使君到，喜，故来奉迎。"③ 郭伋向他们表示感谢。他就是如此地受到百姓的拥戴。

---

① （清）陈宏谋：《五种遗规——训俗遗规》，团结出版社 2019 年版，第 90 页。

② 许嘉璐：《二十四史全译：后汉书》（全三册）第二册，汉语大词典出版社 2004 年版，第 779 页。

③ 许嘉璐：《二十四史全译：后汉书》（全三册）第二册，汉语大词典出版社 2004 年版，第 780 页。

28. 尚熟虑之官

明人林甫任在《感省篇》中说："以今论古，以此论彼，切不可容易下语。须是身处其地，与之熟虑，的见明白，然后可以下语断案。若只凭己见，立一个正大之论以压人，初不量其可行与否，则枉人多矣。"[1] 古代负责任的官员在遇到问题的时候，往往经过审慎的思考和分析，才会给出一个较为成熟的结论。

明代官员谢迁，是一个爱思考、善思考、会思考的官员。不论他遇到什么事情或难题，均会对其进行深入的思考，给出一个成熟的回答。明孝宗刚即位的时候，中官郭镛建议皇帝预选妃嫔以充任后宫。谢迁对这个问题很关注，深思熟虑后，上书明孝宗："山陵未毕，礼当有待。祥禫之期，岁亦不远。陛下富于春秋，请俟谅阴既终，徐议未晚。"[2] 谢迁的建议十分中肯，陈论有理有据，旨在告诫明孝宗不要在先帝丧礼还未完成，就迫不及待地选妃任嫔。明孝宗认为言之有理，听从了他的建议。

谢迁后来做了兵部尚书兼东阁大学士。因大同发生边防战事，导致军饷不足。官员马文升请求从江南加大征税力度。谢迁对这个问题进行过认真的思考，说："先朝以南方赋重，故折银以宽之。若复议加，恐民不堪命。且足国在节用，用度无节，虽加赋奚益？"[3] 如若增加南方税赋，会加重南方百姓负担，使之承受不起。如果能够秉持节俭的原则，好多问题就能解决。如果不秉持节俭原则，即使增加税赋，又能起到什么作用呢？谢迁的话一语中的，深得皇帝认同，加赋之议于是停息。

明孝宗晚年想革除弊政，提出要设立各种禁令，却没有具体抓手。谢迁却抓

---

① （明）何炯：《清源文献》（全二册）上册，商务印书馆 2019 年版，第 245 页。

② 章培恒、喻遂生：《二十四史全译：明史》（全十册）第六册，汉语大词典出版社 2004 年版，第 3567 页。

③ 章培恒、喻遂生：《二十四史全译：明史》（全十册）第六册，汉语大词典出版社 2004 年版，第 3567 页。

住献言之机，对皇帝说："虚言设禁无益，宜令曹司搜剔弊端，明白奏闻。然后严立条约，有犯必诛，庶积蠹可去。"[1] 为什么谢迁的话，体现出他是深思熟虑后的成熟的政治表达呢？原因在于他没有简单地赞同明孝宗提出的设立禁令，而是希望在了解基层事情的下官通过调查研究后，将调研报告汇总到朝廷，朝廷再分析研判后，出台条约规定，然后施行。如果单凭头脑中的印象，去作决策，一定会出现失误。谢迁的厉害之处在于，政策的制定要来源于基层实践。他的话得到了明孝宗的认可。

---

[1] 章培恒、喻遂生：《二十四史全译：明史》（全十册）第六册，汉语大词典出版社 2004 年版，第 3567 页。

29. 慎言语之官

宋代官员刘一止说："余惟不言，人或以我为简。余惟多言，则惧取谤而招讥。呜呼！其危矣哉！余将处夫言与不言之间，曰加思而已。"[1] 在宦海沉浮中艰难度日的刘一止，深刻了解到官员语言表达多少均会遭受到的误解。官员言语少，会被误解为简；官员言语多，会取谤招讥。经过权衡之后，官员在表达的时候需要注意一个问题，那就是学会慎言。言语少，固然会被误解为简，对工作没有大的负面影响；但言语多，就会取谤招讥，会对官员关系和工作推动造成巨大困扰。刘一止强调要在说话前"加思"，也就是要谨慎地去说话，做到慎言。

宋初的党进，出身行伍，形象魁梧，作战勇敢，却因不识字，文化底蕴不够，在言语表达的过程中，闹出许多笑话。他曾经受命巡视京城，看到有蓄养禽兽的，就要求放生，曰："买肉不将供父母，反以饲禽兽乎。"[2] 他的话一时传为笑谈。如果工作部署有要求，禽兽必须放生，去执行就可以了，何必多言惹人不快或沦为笑柄。如若党进能够虚心向学，提高自身文化修养，不仅会在军事上有诸多造诣，而且还会在政务处理上有很大的提升。当然，他虽为名将，疏于学习，故致讲话粗朴甚至搞笑，尽管会影响工作推进或遭致嘲笑，却终无大碍。

宋朝官员孔道辅，"性鲠挺特达，遇事弹劾无所避，出入风采肃然，及再执宪，权贵益忌之"[3]。性情耿直、敢于直言，这是一个官员的为官之品。如果在这个为官之品上，再加上能够深入理性地分析形势，配之以慎言的为官之态，官员就会在官场上游刃有余地处理相关问题。孔道辅虽性情耿介，却没有洞悉事物背后的官场逻辑，离取谤招讥就不远了。当时的参知政事程琳被牵连到冯士元案件中。

---

① （宋）刘一止：《刘一止集》（全二册）上册，浙江古籍出版社 2012 年版，第 255 页。

② 倪其心：《二十四史全译：宋史》（全十六册）第九册，汉语大词典出版社 2004 年版，第 5966 页。

③ 倪其心：《二十四史全译：宋史》（全十六册）第十一册，汉语大词典出版社 2004 年版，第 6730 页。

宰相张士逊素与程琳不合，又怨恨孔道辅不阿附自己，于是借这个案子给孔道辅下了一个套。张士逊已经觉察到皇帝对程琳已经不满，有没有罪已经不重要了，程琳接受惩罚是确定之事。张士逊对孔道辅说："上（皇帝）顾程公（程琳）厚，今为小人所诬，见上，为辨之。"①

张士逊对孔道辅说的话，表面上是说程琳为小人所诬陷，希望正直敢言的孔道辅能够向皇帝说明情况。"道辅入对，言琳（程琳）罪薄不足深治。"②不知其中缘由的孔道辅受正直风范的驱使去向皇帝为程琳求情，结果惹怒皇帝，被贬出朝廷，出知郓州。孔道辅在行路中，得知自己被张士逊所卖，"颇愤惋"③，走到韦城的时候，发病而亡。张士逊明知皇帝已不满程琳了，还鼓动孔道辅为程琳求情，孔道辅惹怒皇帝、被皇帝贬斥就成为必然了。如果孔道辅能够在觐见皇帝前，及时认清张士逊所设陷阱，认真思考自己的语言，有所取舍地去表达，或者以慎言的形式去对待，结果会发生非常大的变化。可惜，他贸然地发表观点，中了张士逊的圈套，岂不悔哉！

如果官员做不到慎言，反而在官场中造谣生事，中伤别人，会破坏与同僚之间的既定关系，自己也会受到伤害。宋朝有个官员叫张璪，为已故宰相刘沆起草赠官制书，"颇薄其为人"④，"颇言其（刘沆）附会取显位"⑤。张璪代表官方对刘沆作评价，应着眼宏观，评价中肯，而不应根据自己的臆测或偏见，借工作之便进行诋毁。张璪没有慎言，惹怒了刘沆的儿子刘瑾，遭到了刘瑾的反击。刘瑾说："诣阙，累章讼冤，称璪（张璪）挟私怨，至诋璪（张璪）云'祖奸，父赃，母秽，妻滥'。"⑥刘瑾与张璪陷入了互相诋毁对方的模式，对彼此伤害都很大。"执政褒赠乃朝廷恩典，璪（张璪）不当加贬黜之词。"⑦朝廷最终没有采纳张璪的建议，且将其调出了朝廷。

---

① 倪其心：《二十四史全译：宋史》（全十六册）第十一册，汉语大词典出版社 2004 年版，第 6731 页。

② 倪其心：《二十四史全译：宋史》（全十六册）第十一册，汉语大词典出版社 2004 年版，第 6731 页。

③ 倪其心：《二十四史全译：宋史》（全十六册）第十一册，汉语大词典出版社 2004 年版，第 6731 页。

④ 上海古籍出版社编：《宋元笔记小说大观》（全六册）第一册，上海古籍出版社 2007 年版，第 872 页。

⑤ 倪其心：《二十四史全译：宋史》（全十六册）第十二册，汉语大词典出版社 2004 年版，第 7388 页。

⑥ 上海古籍出版社编：《宋元笔记小说大观》（全六册）第一册，上海古籍出版社 2007 年版，第 872 页。

⑦ 上海古籍出版社编：《宋元笔记小说大观》（全六册）第一册，上海古籍出版社 2007 年版，第 872 页。

当然，慎言慎语也不是说为了明哲保身、践行好人哲学，发现了问题后少表达甚至不去表达，这也是不对的。那么，慎言慎语，是不是就是干脆不让官员说话了呢？也不是。而是说，让官员在慎重对待语言表达的情况下，负责任地合理地去呈现自己的观点，实现表达的目标。宋神宗熙宁八年，淮浙大饥，出现了人食人的恐怖现象。朝廷派皇帝近臣作为安抚使赴受灾地方，结果处置失当，表达失当，贻笑于地方民间。朝廷所派安抚使张贴文告，以示受灾地方官员和百姓。文告中强调受灾地方要以炒豆为口粮，开饥民胃口，以纸袄衣贫民，让富民拿钱赈济灾民以种福田。受灾地区官员编了一个段子来讽刺安抚使："安抚勿恤，东南饥民胃口以开，有纸袄为衣，而又得福田居之，安抚可无虑矣。"①安抚使听了很惭愧，朝廷听了之后对所派官员进行了惩罚。受灾地区官员编的段子，看似诙谐，却深刻揭示了上官的荒唐做法，直指弊政要害。这样的言语亦是值得倡导的。因其深刻中肯，切中要害，故能使决策者发现问题，进而进行调整，最终派出能解决实际问题的官员，岂不是利国利民之举？

当然，如果能够有过人的眼光，在品人论世方面有杰出的才华，那更应是值得推崇和鼓励的。北宋的谏议大夫姜遵，"素以刚严著名，与人不款曲"②。姜遵为人正派，轻易不会表态说话，但是一旦表态说话，皆为中肯之语，亦能反映其过人的智慧和超前的判断力。范仲淹自幼丧父，随母亲改嫁朱氏，自己由此更姓为朱，与朱氏兄弟一起学习。当时的谏议大夫姜遵见到了范仲淹等人，聊天过后，独留范仲淹，且将其引入中堂，对其夫人说："朱学究（范仲淹）年虽少，奇士也。他日不惟为显官，当立盛名于世。"③于是，姜遵待范仲淹如骨肉。范仲淹不负众望，终于声名显于一时。姜遵不爱说话，但每讲一言，均能透露出他的精准判断与分析。

①　上海古籍出版社编：《宋元笔记小说大观》（全六册）第二册，上海古籍出版社 2007 年版，第 1301 页。

②　上海古籍出版社编：《宋元笔记小说大观》（全六册）第一册，上海古籍出版社 2007 年版，第 873 页。

③　上海古籍出版社编：《宋元笔记小说大观》（全六册）第一册，上海古籍出版社 2007 年版，第 873 页。

30. 安淡欲之官

　　古人善于管理自己的欲望，将欲望节制在正常的范围之内，既能满足个人的需求，又能通过管理自己的欲望来实现个人素养的再提升。宋代何坦在《常言》中说："士能寡欲，安于清澹，不为富贵所淫，则其视外物也轻，自然进退不失其正。"[1] 如果官员能够节制欲望，安于平淡，不为富贵生活所钦羡，就能够从容地处理各种复杂关系和难题。

　　唐朝宰相李勉，为官期间，奉行实干精神，颇有政绩。他为官的一个特征就是能够有效管理自己的欲望，以廉洁严格要求对待自己。他的这种安于平淡的为官之道，使得他能够全身心地投入实际工作，为百姓做出实绩，而能免受各种利益关系和自身欲望的羁绊。当时，李辅国正受恩宠，希望有才华的李勉臣服于自己。如果李勉臣服于李辅国，甚至竭尽全力去巴结李辅国，那么，李勉的前途是"无限光明"的。但是，正直的李勉没有答应，因而受到短暂的压制。李勉不屈从李辅国，与管理自身欲望有什么必然的联系呢？如果为了追求一味地升迁，而不顾礼义廉耻，或者不择手段地去操作，升迁就会很快地实现。如果李勉答应了李辅国的要求，攀上了李辅国这条线，高官厚禄很快会出现在他的面前。这会满足他的各种欲望包括快速升迁等。如果李勉这样做了，心思花在攀附权贵身上，精力花在如何维系与权贵的关系上，哪里有心思和精力去做好本职工作呢？

　　李勉几经宦海沉浮，由地方官再度来到朝廷任职，出任御史大夫、京兆尹。当时的权宦叫鱼朝恩，正炙手可热，恃宠含威，好多事情都是他说了算。李勉的前任京兆尹极力攀附鱼朝恩，准备丰盛的宴席招待鱼朝恩，博得了鱼朝恩的欢心。等到李勉当了京兆尹后，没有讨好鱼朝恩，因而得罪了鱼朝恩，最终也丢了京兆

---

[1] （清）陈宏谋：《五种遗规——从政遗规》，团结出版社 2019 年版，第 22 页。

尹这个职位。

虽然丢了要职，但是可以抽出身来，更充分地扮演好官员的角色，发挥官员的作用。他被授予广州刺史兼岭南节度观察使。在广州为官，远离朝中权贵算计，安心于做好当地工作。他在广州为官期间，一举解决了多年存在的叛乱和匪患问题，给当地营造了和平安居的环境。同时，他为政简疏，对过往的商船不克扣、不加税，从西域渡海来广州的船舶由过去的每年四五艘增加到他任期满时的40多艘，可见他的用心。他在广州为官多年，因没有过多的欲望需要去满足，因而过着简单朴实的生活，所有器用、车服始终没有增加过。当时，在广州做过官的人，即使自己不敛财，家人也会在官员离任后，携带象牙等珍贵物品离开。李勉离任时自己没有携带，其家人携带象牙、犀牛角等珍贵物品，均被李勉发现。李勉将这些珍贵物品投入江中，以示廉洁之意。后来，李勉做过工部尚书、吏部尚书等，受到朝野的好评。李勉"坦率素淡，好古尚奇，清廉简易，为宗臣之表"[1]。他为什么能够成为"宗臣之表"呢？原因之一就在于他能够管理自己的欲望，安于平常人的生活，做到了清廉从政。

在古代社会中，一些官员能力很强，颇有政绩，但是在管理自己欲望方面做得不太好，实际上也影响了他们的官声。明朝有一个官员叫夏言，生性敏捷，善写文章，在处理政事方面，展示出其卓越的才华。他在担任言官的时候，能够积极地向皇帝建言献策："正德以来，壅蔽已极。今陛下维新庶政，请日视朝后，御文华殿阅章疏，召阁臣面决。或事关大利害，则下廷臣集议。不宜谋及亵近，径发中旨。圣意所予夺，亦必下内阁议而后行，绝壅蔽矫诈之弊。"[2]夏言给皇帝的谏言，希望皇帝广开言路，能够通过"集议"的方式，让更多的人参与到决策中，提高决策的民主性和科学性。夏言之言，可谓精准中肯矣。夏言随后被提拔为少詹事兼翰林学士，掌管翰林院事务。因其眉目舒朗，声音洪亮，每次为皇帝讲经的时候，总会受到皇帝的称赞。夏言在不同的岗位上，总能做出业绩，受到朝廷的认可和皇帝的称赞。夏言在朝廷掌权日久，越来越得到皇帝的信赖和重用。越集中的且没有受到监督的权力，越容易滋生腐败行为。夏言"久贵用事，家富厚，

---

① 黄永年：《二十四史全译：旧唐书》（全六册）第四册，汉语大词典出版社2004年版，第3046页。

② 章培恒、喻遂生：《二十四史全译：明史》（全十册）第六册，汉语大词典出版社2004年版，第3901页。

服用豪侈，多通问遗"。^①夏言越来越有权力，给他送礼的人越来越多。他皆纳之，用于豪华的穿着与日常开销方面。固然夏言能力很强，有的时候还敢于直言，给人以深刻的印象。然而，越处在高位，越需要谦虚低调俭朴，才能充抵高位带来的各种风险和隐患。夏言没有这样做，没有管理好自己的欲望，而是随着职位越来越高，用得来的钱财满足自己的虚荣心和各种欲望，这可谓他的一大缺点。

---

① 章培恒、喻遂生：《二十四史全译：明史》（全十册）第六册，汉语大词典出版社 2004 年版，第 3906 页。

31. 别上下之官

　　孔子讲人有君子和小人之分。官场亦有君子和小人之分。官场中的君子，对待上级以尊敬之心，对待下级以谦虚之态。"君子之事上也，必忠以敬。其接下也，必谦以和。"①官场中的小人，对待上级以谄媚之心，对待下级以傲慢之态。"小人之事上也，必谄以媚。其待下也，必傲以忽。"②如何看清官场中的君子和小人，其中一条标准就是看其对上对下之态度，做到心中有数。

　　北宋名臣韩琦对上持尊敬之心，对下有怀柔谦逊之心，是官员中的君子。他因有对上尊敬之心，故工作过程中能做到认真敬业。刚走上仕途的时候，其他科举高第的同年，好多人都担任显要职位，唯独他滞留在仓库中从事管理工作。好多人替他抱屈，但是韩琦处之泰然，认真地开展工作，没有一丝懈怠。韩琦发现内臣批下旨令来仓库中领取宫中需要的金帛，但是出现了无印可验的现象。

　　于是韩琦请求恢复旧制，设置传宣合同司，来专门防备监察。以前货物来了之后，一定要内臣在场，方能接收。如果内臣不在场，就会致使货物在廊坊下堆积。韩琦通过奏请，废除了这个不合理的规定。正是因为韩琦对上有尊敬之心，故能针对出现的各种问题，提出富有针对性的建议，达到解决问题的目标。"凡事有不便，未尝不言，每以明得失、正纪纲、亲忠直、远邪佞为急，前后七十余疏。"③当时，宰相王曾对他评价很高："今言者不激，则多畏顾，何补上德？如君言，可谓切而不迂矣。"④

　　韩琦对下属，又十分谦和有礼。韩琦担任安抚使期间，对于那些作战勇敢、

---

① （清）陈宏谋：《五种遗规——从政遗规》，团结出版社 2019 年版，第 24 页。

② （清）陈宏谋：《五种遗规——从政遗规》，团结出版社 2019 年版，第 24 页。

③ 倪其心：《二十四史全译：宋史》（全十六册）第十一册，汉语大词典出版社 2004 年版，第 7019 页。

④ 倪其心：《二十四史全译：宋史》（全十六册）第十一册，汉语大词典出版社 2004 年版，第 7019 页。

死于攻战的士兵，多赏赐其家人财物以办丧事，登记他们的孤儿寡妇信息，继续供应其粮饷。至于在地方为官期间，遇到自然灾害，对灾民进行赈济，显示出他济危扶困的精神风貌，更是待民若亲之举。

唐代酷吏来俊臣对上阿谀奉承，对下欺压官员，可谓是官员中的小人。武则天出于巩固统治的需要，刚开始时，对酷吏来俊臣颇为赏识和重用，赋予他很大的权力，而且还赏赐他许多财物。来俊臣对于武则天，极尽阿谀奉承之能事，甚至能够做到过度揣测其心意，打着皇权的帽子，执行偏严的政策。对来俊臣而言，他之所以执行偏严的政策，一方面是皇权压迫使然，另一方面也是自己善于钻营使然，同时也是他狐假虎威，借此谋取信任、权力和别人对自己的服从。

来俊臣对待百官是十分严苛甚至是残忍的。一方面，他与同党编写《告密罗织经》，细化告密步骤。这就从理论和细节方面，规定了其为恶的内容和手段。另一方面，他在审讯囚犯时，不问原因，将醋灌入鼻子中，拘禁在地牢中，或装到瓮中，用火围绕着烧烤，且断绝他们的饭食。他的行为使当时的政坛充满恐怖氛围。来俊臣在审讯狄仁杰的过程中，恶意施刑，让狄仁杰身受重伤。等到狄仁杰向武则天说明情况，真相才大白于天下。由此，来俊臣逐渐失去武则天的信赖。直到来俊臣激起众怒，最终受到了应有的惩罚。

32. 采善议之官

古人虽然还不能自觉地认为，向群众学习是提升为官本领的最佳途径，但亦能感受到群众的力量和作用。元代许衡说："任用人材，兴作事功，自己已有一定之见，然不可独用己意，则排沮者必多，吾事败矣。稽于众，取诸人以为善，然后可。"① 官员在做事过程中，会听取各方建议，从中选取善议，将其上升到决策高度，经过讨论优化，付诸实践。

古人的智慧是很多的。其中一条就是善于采纳众人的建议，形成科学合理的决策，这对于推动工作具有重要意义。曹魏时期有一个名臣叫刘晔。此人见多识广，对天下大势有自己清晰的判断和看法，是不可多得的谋才。曹操征讨张鲁的时候，任命刘晔为主簿。曹操率大军来到汉中后，看到山势险峻难以攀登，军队又缺乏粮食，动摇了其继续行军的决心。曹操是一个善于听取众议的历史人物。他在众议中，还是能够捕捉到较为正确的建议，使之转化为最后科学的决策。见遇到困难的曹操打算率大军返回，负责断后事宜的刘晔对曹操说，不要返回，要去进攻。刘晔判断张鲁可能会被打败，如果撤回，功亏一篑，不如趁机全力攻打。当时，有与曹操退兵想法一致的人。但是，曹操经过思考和分析，认为刘晔的话是正确的。最终的结果是张鲁被打败，汉中由此平定。人们称赞刘晔的计谋高超，却也少不了曹操的分析和推动。

曹丕询问众臣，刘备会不会因关羽被吴国杀害而出兵报复吴国。大部分人认为："蜀，小国耳，名将唯羽。羽死军破，国内忧惧，无缘复出。"② 刘晔的认识比大家高一些。他给出的分析是："蜀虽狭弱，而备之谋欲以威武自强，势必用众以示

---

① （清）陈宏谋：《五种遗规——从政遗规》，团结出版社 2019 年版，第 45 页。

② 许嘉璐：《二十四史全译·三国志》（全二册）第一册，汉语大词典出版社 2004 年版，第 249 页。

其有余。且关羽与备（刘备），义为君臣，恩犹父子；羽死不能为兴军报敌，于终始之分不足。"①刘晔的分析是正确的。后来形势的发展，亦如刘晔所预料的那样。曹丕对大家的分析，没有作出明确的表态，似乎倾向于众臣的想法，认为刘备不会出兵，这就为其后来的决策定下了一个基调。刘备出兵攻打吴国后，吴国积极备战，且派使者来到魏国称臣。曹丕召来群臣进行商议，众臣皆以为是喜事，值得庆贺。唯有刘晔提出了自己的观点："吴绝在江、汉之表，无内臣之心久。陛下虽齐德有虞，然丑虏之性，未有所感。因难求臣，必难信也。彼必外迫内困，然后发此使耳，可因其穷，袭而取之。夫一日纵敌，数世之患，不可不察也。"②刘晔认为吴国向魏称臣，是权宜之计，是实力对比后的现实选择，不是真心实意的。一旦吴国克服困难，恢复元气，定会改变对曹魏的态度。刘晔建议，趁吴国与蜀国交战之机，出兵吴国，建立不世之功。这个分析和建议是有识见的。然而，曹丕没有采纳这个建议。等到刘备兵败，孙权获胜，吴国对曹魏政权的尊崇礼仪逐渐淡化，引起了曹丕的不悦。待曹丕想在此时攻打吴国，吴国已经做好准备，曹丕只能作罢。因曹丕未能从众议中汲取有益的建议，尤其是未听取采纳刘晔的意见，错失了攻打吴国的最佳时机。

隋朝末年，隋炀帝游幸江都，征求百官意见，希望能够迁都丹阳，以便及时行乐。百官为了迎合隋炀帝的心理，说："江右黔黎，皆思望幸，巡狩吴会，勒石纪功，复禹之迹，今其时也。"③当时，独有一个正直的官员李桐客提出了自己的看法："江南卑湿，地狭州小，内奉万乘，外给三军，吴人力屈，恐不堪命。且逾越险阻，非社稷之福。"④因为李桐客之言违背了隋炀帝之意，被御史弹劾，以诽谤朝政之罪，离开了官场。隋炀帝也好，百官也好，虽有众多官员参与讨论，但声音趋于同质化，大部分是为了迎合皇帝。只有李桐客的见解是不同的，且是有用的。当时，皇帝和大臣们做到了众议，但是没有做到善众议。尽管遇到李桐客的直言，却没有有效采纳，反而李桐客之言被打压和消解。不久之后，隋朝就灭亡了。正确的意见没有被采纳，这种行为在某种程度上决定了隋朝的命运。

---

① 许嘉璐:《二十四史全译：三国志》（全二册）第一册，汉语大词典出版社 2004 年版，第 249 页。

② 许嘉璐:《二十四史全译：三国志》（全二册）第一册，汉语大词典出版社 2004 年版，第 249 页。

③ 黄永年:《二十四史全译：旧唐书》（全六册）第六册，汉语大词典出版社 2004 年版，第 4112 页。

④ 黄永年:《二十四史全译：旧唐书》（全六册）第六册，汉语大词典出版社 2004 年版，第 4112 页。

33. 陈计策之官

在古代社会中，有识见的官员会向统治者提出建议，以期有益于朝政。这些官员颇有文才，又具思想，能对社会中存在的问题进行深入的分析和精准的应对。他们为统治者提供了非常有价值的智慧参考报告，为科学决策打下了扎实的基础。

汉朝的贾谊，不仅写得一手好文章，而且对政务有自己的判断和想法。他年少有名，被河南郡守吴公欣赏，且被推荐给汉文帝。汉文帝将贾谊提拔为博士。他在当时博士队伍中是非常年轻的，且回答问题有自己的思路，才华很突出。其他博士很服气且敬佩他，汉文帝也是非常欣赏他，大力提拔他。一年之内，贾谊被提拔到太中大夫，可见朝廷对他的赏识。贾谊熟读诸子学说，通晓国家发展规律，适时地为汉文帝提出新的施政方略。汉文帝所处的时期，是由政权初建转向深入治理的时期。适合这一时期的政治主张也要调整，那就是要完善各项规章制度，使得国家发展有章法可依。汉文帝欣赏贾谊的才华，打算提拔他位列公卿的高位，但受到朝中权贵的抵触与诋毁。诋毁贾谊的言论影响了汉文帝对贾谊的进一步使用。于是，汉文帝就派贾谊去做长沙王的太傅，远离了朝廷。贾谊虽远离朝廷，心中仍关注国事，且有深刻的见地。一年以后，汉文帝因思念贾谊，遂将其召还，咨以国事，受益良多。汉文帝让贾谊担任小儿子刘胜的老师，让贾谊教其读书。汉文帝时期，外有匈奴之忧，内有诸侯之患。据此，贾谊"数上疏陈政事，多所欲匡建云"①。贾谊陈计策时，有一痛哭、二流涕、六太息之说。贾谊说："臣窃惟事势，可为痛哭者一，可为流涕者二，可为长太息者六。"②贾谊所陈计策中的"痛哭者一"是指当时诸侯王权力过大，威胁到了王朝安全。贾谊给出的建

---

① （明）李贽：《藏书》（全三册）中册，商务印书馆 2020 年版，第 654 页。

② 安平秋、张传玺：《二十四史全译：汉书》（全三册）第二册，汉语大词典出版社 2004 年版，第 1049 页。

议是"欲天下之治安，莫若众建诸侯而少其力"①。他的建议是通过弱化诸侯王的实力，来巩固中央集权制。他的陈辞有理有据，堪称治国良策，在实践中取得了成效。贾谊所陈计策中的"流涕者二"是指为匈奴骚扰边境带来的各种安全隐患和汉朝在对匈关系中所处弱势地位带来的弊端这二事而流泪，解决的办法就是主动出击匈奴，建立胜利优势，摆脱过去被动的应付态势。贾谊所陈计策中的"长太息者六"，分条来论述。一是社会风气的败坏，导致对上不尊，甚至冒犯皇帝。贾谊认为，应该规范社会秩序，净化社会风气。二是单纯的刑罚会产生追名逐利的不良风气。贾谊认为，应该改变秦朝体制中的刑罚要素。三是等级制度不建立，人们没有遵循的依据，就容易出现各种乱象。贾谊希望建立完善的等级制度，这样的话便于管理和监督，使得贤良无所隐，奸佞无所藏。四是对王位继承人不从小进行教育、栽培，就会对国家未来发展产生不利的影响。贾谊建议，在太子身上就要注入道德的力量，提前培养和教育，这样等到太子即位，就会施德政。五是礼仪制度不健全，导致没有形成良好的道德基础。贾谊希望通过礼仪秩序的构建，提高人们的道德感，对于以德治国、巩固政权具有重要意义。六是统治者对大臣不尊重，大臣就会做出各种违背礼节的事情。贾谊希望君王能够真诚对待大臣，让大臣心甘情愿地去做贡献。贾谊的上疏中论述的内容比较多，痛哭、流涕、太息的内容，只能作一个大概的梳理。不过，从大概的梳理中，亦能看到贾谊独到的政治见解和超前的政治分析预判能力，尽管这些见解和分析中也有不合时宜的内容，但不影响其蕴藏的积极价值。

唐朝谏臣魏征，对唐太宗十分忠诚，且多献谏言，颇有功劳。《旧唐书》记载，他辞去相位后，仍主持门下省事务，"频上四疏，以陈得失"②。为政所上四疏中的第二疏，就是历史上非常著名的谏文《谏太宗十思疏》。魏征的十思疏由此而来。魏征的思考是深刻的，他能够在政权初稳后提出居安思危的战略思想。经过梳理，魏征提出了"十思"："君人者，诚能见可欲则思知足以自戒，将有所作则思知止以安人，念高危则思谦冲而自牧，惧满溢则思江海而下百川，乐盘游则思三驱以为度，恐懈怠则思慎始而敬终，虑壅蔽则思虚心以纳下，想谗邪则思正身

---

① 安平秋、张传玺：《二十四史全译：汉书》（全三册）第二册，汉语大词典出版社 2004 年版，第 1053 页。

② 黄永年：《二十四史全译：旧唐书》（全六册）第三册，汉语大词典出版社 2004 年版，第 2050 页。

以黜恶，恩所加则思无因喜以谬赏，罚所及则思无因怒而滥刑。总此十思，弘兹九德，简能而任之，择善而从之。"①魏征从知足自戒、止以安人、谦冲自牧、海纳百川、知止而足、慎始敬终、虚心纳下、正身黜恶、赏赐要公、惩罚要正等十个方面入手进行谏言，希望唐太宗能够正身治政，兢兢业业，开创一个繁荣的治世局面。

唐朝贤臣姚崇，十分有治政智慧，对唐玄宗开元盛世的出现产生了极大的影响。唐玄宗即位后，实行德政，军国大事多向姚崇咨询。姚崇也发挥自己的长处，精准地表达自己对时局的看法。姚崇对唐玄宗说："臣适奉作弼之诏不谢者，欲以十事上献，有不可行，臣不敢奉诏。"②唐玄宗要重用姚崇，但姚崇以"十事"上奏于唐玄宗，认为"十事"比接受任职更为重要，这是以国事为先的重要体现。"据研究，上说于玄宗的很可能就是开元首相姚崇，他在受任前曾提出'十事要说'要挟玄宗，其实质就是要实现国家政治重点的转移。"③明为"要挟"，实在深度说理，且能够与唐玄宗产生共鸣。唐玄宗让姚崇陈词"十事"，表态自己会量力而行地去做。姚崇陈词第一事："自垂拱已来，朝廷以刑法理天下，臣请圣政先仁义，可乎？"④姚崇所陈的第一事，深深打动了唐玄宗。刚登大位后的唐玄宗，整顿政治，大兴德政，想大干一场。姚崇所言施行"仁义"之政，与唐玄宗的施政宗旨是一致的。姚崇所言第二事："圣朝自丧师青海，未有牵复之悔，臣请三数十年不求边功，可乎？"⑤唐朝刚经动荡期后需要休养生息，军事扩张转为军事防御也是必然选择。姚崇的这条建议也受到了唐玄宗的认可。姚崇所言第三事："自太后临朝以来，喉舌之任，或出于阉人之口，臣请中宫不预公事，可乎？"⑥基于历史上宦官干政的教训，姚崇提醒唐玄宗禁止宦官干预政事，得到唐玄宗认可。唐玄宗所欣赏的宦官高士奇，虽性格谨慎，办事周密，后来逐渐开始干涉政事。开元初期，唐玄宗还能较好地处理宦官事务和政治事务，使二者尽量不发生直接联系。

---

① 黄永年：《二十四史全译：旧唐书》（全六册）第三册，汉语大词典出版社 2004 年版，第 2052 页。

② 周勋初：《唐人轶事汇编》（全四册）第二册，上海古籍出版社 2016 年版，第 513 页。

③ 王小甫：《隋唐五代史：世界帝国 开明开放》，中信出版社 2017 年版，第 171 页。

④ 周勋初：《唐人轶事汇编》（全四册）第二册，上海古籍出版社 2016 年版，第 513 页。

⑤ 周勋初：《唐人轶事汇编》（全四册）第二册，上海古籍出版社 2016 年版，第 513 页。

⑥ 周勋初：《唐人轶事汇编》（全四册）第二册，上海古籍出版社 2016 年版，第 513 页。

可是，随着时间的推移，对高士奇等宦官的逐渐重用，导致唐玄宗弊政的逐渐滋生。一方面，高士奇权力很大，很多奏章先经他阅看，方能转给唐玄宗，由此他积敛了巨大的权力。想通过他，谋求官位和利益的人不计其数，如李林甫、杨国忠、安禄山等，均是通过他取得将相高位的。另一方面，高士奇生活奢靡，家产丰厚，连王侯都不能与他相比。他所建造的佛寺道观，富贵奢华，一时无二。唐玄宗听姚崇之言，禁止宦官干政，故有执政初期的清明；否定姚崇之言，逐渐让宦官参与政治活动中，故有其执政中后期的昏暗。姚崇所言第四事："自武氏诸亲，猥侵清切权要之地，继以韦庶人、安乐、太平用事，班序荒杂，臣请国亲不任台省，凡有斜封待阙员外等官，悉请停罢，可乎？"[1] 这一条亦得到唐玄宗的认可。姚崇的这条建议是基于武则天所推行的政治革命而形成的动荡乱局的教训而言的。皇位继承是一个大问题，在那个时候显得尤为激烈。"唐代武德年间的太宗与太子建成之争，贞观年间的魏王泰与太子承乾之争，已足够显示出皇位继承问题的严重性，而武则天以女子践居君位，就更加深了这问题的复杂性。立子、立侄似乎都于理可通，所以，皇子、外戚便一齐参加竞夺。此后，韦后、太平公主、安乐公主也都投进纷争的涡流，其原因也正在于得到了女子亦可柄政的启示。"[2] 由皇位继承引发出来的皇权争夺，越来越激烈。姚崇基于此，告诫唐玄宗要提防宗室及其党徒对皇权的窥视和争夺。姚崇所言第五事："比来近密佞幸之徒，冒犯宪纲者，皆以宠免，臣请行法，可乎？"[3] 唐玄宗听后，认为这是自己所痛恨的现象。自古以来，远离奸佞之徒，且对其进行惩戒，是治世形成的重要举措。唐玄宗的治世形成亦得益于此。姚崇所言第六事："比因豪家戚里，贡献求媚，延及公卿方镇，亦为之，臣请除租庸赋税之外，悉杜塞之，可乎？"[4] 姚崇的这条建议，意在打击地方不法豪强势力，为清明政治的出现营造良好环境。唐玄宗纳之。姚崇所言第七事："太后造福先寺，中宗造圣善寺，上皇造金仙、玉真观，皆费钜百万，耗蠹生灵。凡寺观宫殿，臣请止绝建造，可乎？"[5] 姚崇此言，针对当时寺观之费

---

[1] 周勋初：《唐人轶事汇编》（全四册）第二册，上海古籍出版社 2016 年版，第 513 页。

[2] 汪篯：《汪篯汉唐史论稿》，北京大学出版社 2017 年版，第 416 页。

[3] 周勋初：《唐人轶事汇编》（全四册）第二册，上海古籍出版社 2016 年版，第 513 页。

[4] 周勋初：《唐人轶事汇编》（全四册）第二册，上海古籍出版社 2016 年版，第 513 页。

[5] 周勋初：《唐人轶事汇编》（全四册）第二册，上海古籍出版社 2016 年版，第 513 页。

给国家和百姓带来的巨大负担而言，深得唐玄宗的认同。姚崇所言第八事："先朝褒狎大臣，亏君臣之敬，臣请陛下接之以礼，可乎？"[1] 姚崇希望唐玄宗能够以礼待臣，来换取臣僚的忠诚。唐玄宗说："事诚当然，有何不可？"[2] 姚崇所言第九事："自燕钦融、韦月将献直得罪，由是谏臣沮色。臣请凡在臣子，皆得触龙鳞，犯忌讳，可乎？"[3] 明君在位，呈现宽容心胸，允许各种声音存在，尤其要优待谏臣直言，这样才能畅通进言渠道，营造良好的纳言环境。唐太宗认为这是一条好建议，予以纳之。姚崇所言第十事："吕氏产、禄，几危西京，马、窦、阎、梁，亦乱东汉，万古寒心，国朝为甚，臣请陛下书之史册，永为殷鉴，作万代法，可乎？"[4] 姚崇以历史上外戚干政、造成祸乱为例，告诫唐玄宗要以之为镜鉴。唐玄宗听后，十分感动，以为至理。姚崇陈十事于唐玄宗，每陈一事，唐玄宗皆表态接受认可。这让姚崇十分感动，认为遇到了明主："此诚陛下致仁政之初，是臣千年一遇之日，臣敢当弼谐之地。天下幸甚，天下幸甚。"[5] 唐玄宗以姚崇之十事为治政依据，终于开创了唐朝的开元盛世。

明代的李廷机总结古代官员陈计策之经验，作出如下深刻地分析："彼皆当明主治朝，而效计陈忠，惓惓不已者，诚欲为国家图治安于无穷也。"[6] 这些名臣为了给统治者提供治政方略，花了许多心思和工夫，希望能够有助于政权长治久安。

---

[1] 周勋初：《唐人轶事汇编》（全四册）第二册，上海古籍出版社 2016 年版，第 513 页。

[2] 周勋初：《唐人轶事汇编》（全四册）第二册，上海古籍出版社 2016 年版，第 513 页。

[3] 周勋初：《唐人轶事汇编》（全四册）第二册，上海古籍出版社 2016 年版，第 513 页。

[4] 周勋初：《唐人轶事汇编》（全四册）第二册，上海古籍出版社 2016 年版，第 513 页。

[5] 周勋初：《唐人轶事汇编》（全四册）第二册，上海古籍出版社 2016 年版，第 513 页。

[6] （明）李廷机：《李文节集》（全二册）上册，商务印书馆 2019 年版，第 286 页。

34. 持正直之官

明代李廷机对官员的正直品性有深刻的认识。他认为:"青天白日以宅心,泰山乔岳以立身,冰清玉洁以操行。望之朗如,撼之兀如,即之介如,不可利而诱,不可势而劫,不可招而来,不可麾而去。如是而后谓之正直。"①

一个官员,能够在复杂的官场关系中保持正直的品行和操守,是十分难得的。环境对人的影响是很大的。在官场环境中,能够不受各种干扰和羁绊,以正直的品行去做事,是应该受到赞赏和推崇的。明朝官员刘大夏就是这样的官员。他刚走上仕途,因办事认真,得罪了宦官阿九,被阿九诬告,打入钦犯监狱,最后无罪释放。如果他不正直,焉能得罪宦官;如果他不正直,焉能在狱中不屈服?

弘治六年,刘大夏以右副都御史的身份前往在张秋决口的黄河进行治理。他没有听从虚妄的建议,而是将身心全部投入到治河工作中,采取了较为科学的治河举措,取得了显著效果。刘大夏"乃自上流孙家渡疏其壅三四十里,聊长堤以分大名水势,而别河张秋之南,以通运艘"②。没多长时间,治河效果就出来了,受到明孝宗的褒奖。

随后,他兼任金都御使,前往宣府整理兵饷。刘大夏的正直之名,在朝野尽人皆知。他的同僚兼好友、尚书周经对他说:"塞上势家子以市籴为私利,公毋以刚贾祸。"③整顿兵饷是很复杂的工作,周经之所以告诫以正直立身的刘大夏,是担忧他的正直会引发权贵的排挤和打击。刘大夏慷慨陈词:"处天下事,以理不以势;定天下事,在近不在远。俟至彼图之。"④

---

① (明)李廷机:《李文节集》(全二册)上册,商务印书馆 2019 年版,第 253 页。

② (明)黄道周:《黄道周集》(全六册)第四册,中华书局 2017 年版,第 1666 页。

③ 章培恒、喻遂生:《二十四史全译:明史》(全十册)第六册,汉语大词典出版社 2004 年版,第 3592 页。

④ (明)黄道周:《黄道周集》(全六册)第四册,中华书局 2017 年版,第 1666 页。

　　刘大夏以治理天下的胸怀来优化自己的性格，升华了他的个人品性，这也使得他的正直有了更多的公家色彩。来到边关后，刘大夏发现当地买卖粮食一定要粟千石，草料一万束，满足这个条件的方能进行交易，也就是说，满足这个条件的，政府才会出钱收购。当时，中官、武臣之家借机操纵这个事情，低价收购民间百姓家的粮食，然后积累到符合官家要求的定数，再将手中的粮食卖给官府，从中牟取暴利。面对权势集团的伸手和干扰，刘大夏如何破局，考验着他的智慧，更考验着他的勇气。他用智慧打开局面，用勇气承担风险。刘大夏经过调查研究、听取群众建议后，作出工作部署：米自十石、草自百束而上，皆听自纳，给官价。

　　刘大夏降低交易门槛，给米、草不够多的百姓以机会，让他们也能享受到国家给的官价。"由是愿输者凑至，贵豪不得射，而粮足。"①刘大夏推动工作顺利展开，使得愿意缴纳粮食的百姓越来越多，粮食也越来越充裕，而贵豪亦未能干涉成功。刘大夏没有惧怕权贵的介入，甚至还与权贵针锋相对，没有勇气，没有正直品性作支撑，是不能够这样去做的。

　　后来，刘大夏被任命为兵部尚书，逐条陈奏革除有害于军民的弊政，得到批准和认可。刘大夏洞若观火，对权佞给朝政带来的危害有深刻的认识，于是会同廷臣，分条上奏十六件事，均是不利于权奸佞臣的。他的陈奏，得罪了权奸佞臣，受到了他们的反扑和阻止。当时，皇帝都难以决断。刘大夏说："事属外廷，悉蒙允行。稍涉权贵，复令察核。臣等至愚，莫知所以。"②隔了一段时间，皇帝醒悟，按照刘大夏的建议去执行。权佞由此收敛，朝政有兴旺的迹象。

　　皇帝召见他，询问他为何出现民穷财尽的现象。刘大夏回答说："正谓不尽有常耳。如广西岁取铎木，广东取香药，费固以万计，他可知矣。"③皇帝又问军队的情况，刘大夏回答说与老百姓一样穷："其帅侵克过半，安得不穷？"④皇帝听了十分懊悔，下诏进行严禁，禁止搜刮民财，禁止克扣军饷。

　　刘大夏还有着清醒的自省精神。当他受到皇帝欣赏和重用的时候，被允许揭

①　（明）黄道周：《黄道周集》（全六册）第四册，中华书局 2017 年版，第 1666 页。

②　章培恒、喻遂生：《二十四史全译：明史》（全十册）第六册，汉语大词典出版社 2004 年版，第 3592—3593 页。

③　章培恒、喻遂生：《二十四史全译：明史》（全十册）第六册，汉语大词典出版社 2004 年版，第 3593 页。

④　章培恒、喻遂生：《二十四史全译：明史》（全十册）第六册，汉语大词典出版社 2004 年版，第 3593 页。

帖示上，被刘大夏拒绝："陛下宜远法帝王，近法祖宗，天下事外付府部，内咨内阁。若臣下以揭帖进，朝廷以揭帖行，何异前代斜封墨敕乎？"[①] 面对皇帝恩宠，他依然能做到有节制地拒绝，没有正直品性的支撑，更是难以做到的。

明孝宗去世后，明武宗即位，刘大夏的好日子到头了。当时，奸佞当朝，宦官得势，刘大夏被打入大牢，判他远戍边地。他没有灰心，一直在坚持行正道，以正直品行为操守。等到刘瑾被诛，刘大夏官复原职，后去世。

---

① （明）黄道周：《黄道周集》（全六册）第四册，中华书局 2017 年版，第 1667 页。

35. 尚敬业之官

　　各行各业的人，如若能保持对各自职业的尊重和崇尚，就会实现自身的价值并赢得别人的欣羡。作为官员，亦是如此。而且，官员要面对的困难和风险又比较多，在做好工作的同时，还能保持对工作的敬畏之心，让自己的工作福泽更多的人。

　　清代的吴其彦说："古圣人内治一身，外治天下，其所以享天心，端主极，高明有融，福禄尔康者，莫不自兢兢业业之一念。"① 这里的"兢兢业业之一念"就是"敬"。对工作的敬畏，对自身可能犯的错误的警醒，体现在"敬"上。故吴其彦说："敬以直内，而有刚毅不拔之操；庄以临民，而有严翼可畏之象。命以此定，身在此修，家以此齐，国以此治，而天下以此平矣。"② 有了敬畏之心充其身，可以让官员有刚毅不阿之品行，有庄重为民之风采，实现儒家所提倡的修身、齐家、治国、平天下。

　　明朝有一个官员叫唐胄，心中有道，持论必正，有刚毅不阿的操守。他担任金腾副使期间，平定当地叛乱，消除各派对立。他担任广西左布政使后，恩化地区贼首，促进经济发展。在担任户部左侍郎期间，他谏言皇帝不要讨伐安南，耗费钱财。为此，他上陈七条谏言："今日之事，若欲其修贡而已，兵不必用，官亦无容遣。若欲讨之，则有不可者七，请一一陈之。"③ 他从七个方面，在总结历史规律基础上，得出不可讨伐安南的结论。朝廷多多少少采纳了他的部分建议。当时，郭勋请求让他的祖父郭英入功臣庙受祭。唐胄为此上疏反对，触犯了皇帝的旨意，被投入监狱并被拷打。出狱后，唐胄被革去官籍还乡。后来，他恢复原职，不久

---

① （清）吴其彦：《吴其彦集》，中州古籍出版社 2020 年版，第 7—8 页。

② （清）吴其彦：《吴其彦集》，中州古籍出版社 2020 年版，第 8—9 页。

③ 章培恒、喻遂生：《二十四史全译：明史》（全十册）第六册，汉语大词典出版社 2004 年版，第 4051 页。

辞世。为官，他做到了善始善终。唐胄为官，不论在什么岗位上，均能做到敬业。他在基层为官，为百姓办实事；在朝廷任职，能倡言于正。即使遇到误解甚至栽赃，他都没有屈服。这就是敬业，就是刚正不阿。

清代名臣陈鹏年天资聪颖，自幼勤奋刻苦，九岁时便能写出《蜻蜓赋》，文名大显。三藩之乱出现的时候，他能够避乱山东，倾心于读书自修，五年不出，学问大增。康熙三十年，他考中进士，随后进入仕途。他出任浙江西安知县，以救民济民为民为己任，踏踏实实地做业绩。西安县深受三藩之乱的祸害，加上地方豪强强抢民田，致使豪强占有大量土地，农民没有土地或者仅有少量土地。陈鹏年上任后，亲自丈量土地，科学整顿税制，让豪强能及时交税且不侵占农民土地，保障农民能够有土地及相关的合法权益。当地豪强畏惧，农民受益。他在担任江宁知府期间，严惩两江总督阿山宠信之不法僧人。第二年春，阿山欲增加耗羡来迎接康熙南巡。陈鹏年持理反对阿山之举，最终没有让阿山得偿所愿，被阿山怀恨在心。阿山多次对陈鹏年进行陷害栽赃，致使陈鹏年落职下狱。江宁百姓得知此消息后，互相告知，痛哭罢市，匍匐请愿。当时，兵卒以酒来慰，许以身代其入狱者多至数千人。陈鹏年虽被判立斩之刑，却被康熙从宽免死，让其来京效力。江宁百姓得知，欢天喜地，直呼万岁，使陈鹏年名声震天下。康熙四十七年，陈鹏年被授予苏州知府。他任职期间，清理案牍，治理之道归于简；提倡节俭，革奢侈之俗；采购米谷方药，对受灾的百姓进行赈济。陈鹏年受到当时两江总督噶礼的嫉恨，再次被陷害，又得康熙保护。康熙六十年，黄河发大水。陈鹏年临危受命，被任河道总督兼漕运总督。他实心任事，救民于水火之中，亲自到河岸住宿，顶风冒雨，不避寒暑，辛苦异常，被康熙赞为有"古大臣之风"。康熙六十一年十一月，陈鹏年得知康熙去世的消息，因感其对自己的赏识、保护、知遇之恩，十分悲痛，肝肠寸断，将精力更多地投入到河务工作中，在雍正元年完成治河工程。陈鹏年亦因积劳成疾，与世长辞。他去世后，下属皆哭，士民为之哀悼。雍正称其为"鞠躬尽瘁、死而后已"之臣。陈鹏年不管工作有多么艰难，不管宦海有多么凶险，一如既往地投入到为百姓解决难题的工作中，实现了"敬业"的目标。

36. 益于人 之官

　　为官者，如果所思之事、所做之事，皆能益于人，不仅会让受益之人感恩，还会在官场上留下良好口碑。清代名臣张廷玉说："一言一动，常思有益于人，惟恐有损于人。不惟积德，亦是福相。"[1] 张廷玉所言，是为至理名言。张廷玉所提"益于人"中的"人"，指的是为官者的同僚、为官者所面对的群众。为官者，如果能够常思常做有益于同僚、群众的言行，那必将是积德之大事。

　　北宋的尹洙娴熟儒学，为官有能声。他由地方回到朝廷任职，恰逢名臣范仲淹被贬官。皇帝借此告诫百官不要结党。尹洙与范仲淹有着共同的儒家治国理想，有着共通的正直人品操守。当尹洙看到范仲淹被贬时，产生同情之心，没有趁机迎合皇帝，没有即时落井下石，而是替范仲淹说话，这种益于人、益于同僚的举止，让人钦佩。尹洙说："仲淹忠亮有素，臣与之义兼师友，则是仲淹之党也。今仲淹以朋党被罪，臣不可苟免。"[2] 尹洙高风亮节，在同僚范仲淹落难之日，能够挺身而出，为其说话，言辞令人动容。当然，尹洙是敬重范仲淹的人格和业绩，是从宏观层面，为了国家兴盛而言，而不是为了个人利益。因这一点，尹洙在行文中，宁愿成为范仲淹的同党，希望承受被贬责所带来的各种风险。尹洙由此得罪权贵，被革去朝职，被贬地方。

　　尹洙由此与范仲淹得以深交，相处甚愉，为终生挚友。尹洙在 47 岁的时候早逝，去世前，尹洙"以后事属希文"[3]，可见对范仲淹的信任。尹洙去世后，范仲淹为其撰写祭文《祭尹师鲁舍人文》。该文用情极深，阐释到位，评论中肯，再现了尹洙才高能显、身处逆境而不屈、散发独特魅力等品性特征。范仲淹说："天生师

---

① （清）张廷玉：《张廷玉全集》（全二册）上册，安徽大学出版社 2015 年版，第 320 页。

② 倪其心：《二十四史全译：宋史》（全十六册）第十一册，汉语大词典出版社 2004 年版，第 6681 页。

③ 周勋初：《宋人轶事汇编》（全五册）第三册，上海古籍出版社 2014 年版，第 1075 页。

鲁，有益当世。为学之初，时文方丽。子师何人，独有古意。韩柳宗经，班马序事。众莫子知，子特弗移。"①范仲淹的这段评价，旨在阐明尹洙改变当世华丽的文风，有很高的文化造诣。范仲淹在祭文中提到了尹洙的不屈之性："人事多故，迁谪羁旅。子行其志，曾不为苦。才弗可掩，起于贬所。"②尹洙多次被贬，没有懈怠，反而更加兢兢业业地去工作。范仲淹在祭文中表达了深深的哀悼之情："人皆有死，子死特异。神不惑乱，言皆名理。能齐死生，信有人矣。呜呼！与子往还，抑亦有年。今见其终，益知子贤。故友门人，对泣涟涟。"③这段话再现了尹洙的识见和贤能的个人魅力。尹洙的去世，是当时朝廷的一大损失。范仲淹对尹洙的高度评价，离不开尹洙最初力挺范仲淹之事。

尹洙为自己所钦羡的同僚说话，似乎是理所当然。那么，他对陷害自己的同僚，亦能有包容之量，则让人佩服。有人控告尹洙犯事，皇帝派御史刘湜去地方调查尹洙所犯之事。当时，尹洙的下属孙用没有钱还债。尹洙爱惜孙用是个人才，动了恻隐之心，以自己信誉为担保，借公钱替他还债。刘湜没有发现尹洙有什么罪证或过错，就抓住这一点来做文章。这就导致尹洙被贬，"天下莫不以为湜（刘湜）文致之也"④。按道理来说，只要肯说明情况，用自己的为官声誉作担保，借公家钱，当时是允许的。但是，权臣诬他为自己敛财，将公家钱拿走，这是最大的误解。尹洙没有解释，也没有怨恨刘湜，因为刘湜也只不过是为了执行权臣陷害他的旨意而已。当尹洙与好友孙甫在随州无所不聊时，尹洙从来不会主动去谈论刘湜这个人及相关的事。孙甫很好奇地谈起了这个话题："刘湜按师鲁，欲致师鲁于死，而师鲁绝口未尝有一言及湜（刘湜），何也？"⑤尹洙的回答出乎大家的意料，回应道："湜与洙，本未尝有不足之意，其希用事者意，欲害洙，迺湜不能自树自立耳，洙何恨于湜乎？"⑥尹洙的回答不仅体现出他宽容的一面，而且还能深入地剖析事物的原委，充分地说明刘湜只不过是充当了陷害他的工具而已，至多

① （宋）范仲淹：《范仲淹全集》（全四册）第一册，中华书局 2020 年版，第 238 页。

② （宋）范仲淹：《范仲淹全集》（全四册）第一册，中华书局 2020 年版，第 239 页。

③ （宋）范仲淹：《范仲淹全集》（全四册）第一册，中华书局 2020 年版，第 239 页。

④ 倪其心：《二十四史全译：宋史》（全十六册）第十一册，汉语大词典出版社 2004 年版，第 6688 页。

⑤ 周勋初：《宋人轶事汇编》（全五册）第三册，上海古籍出版社 2014 年版，第 1074 页。

⑥ 周勋初：《宋人轶事汇编》（全五册）第三册，上海古籍出版社 2014 年版，第 1074 页。

只能说刘湜没有自己独立的思考和分析能力。尹洙心中没有记恨刘湜，这反映了他高贵的人格和独特的品性。这也是益于人、益于同僚的一种体现。

北宋有一个叫吕文仲的官员，在基层为官过程中，常做有益于人尤其是有益于百姓的事。他在担任关西巡抚使期间，发现内官方保吉垄断了基层卖酒生意，侵害了基层百姓的利益，加重了基层百姓的负担。方保吉通过垄断卖酒生意，"威制郡县"[1]，导致基层官员盘剥基层百姓，告发其搜刮民财的百姓甚多。"民疲吏扰，变易旧法，讼其掊克者甚众。"[2]虽然告发方保吉之事的民众甚多，但是没有引起朝廷和皇帝的注意。此时，作为地方官，能否如实反映方保吉之事，就是看其有没有胆量和勇气。吕文仲以敢于得罪权贵的无畏精神，向朝廷上疏。他为人正直，眼中揉不得沙子，看到侵蚀基层百姓利益的事情发生，引发了他上疏的紧迫性。他如实地向朝廷和宋太宗作了工作汇报。然而，事情发展一波三折。宋太宗让御史验问此事，试图找来吕文仲与方保吉，共同对质此事。因吕文仲性格谦弱，为人较为倔强，耻于与方保吉对质辩诘，故只好自认倒霉，以诬告之罪被罢官。不久之后，宋太宗了解事情原委后，真相大白，吕文仲再度被重用。

---

① 倪其心：《二十四史全译：宋史》（全十六册）第十一册，汉语大词典出版社 2004 年版，第 6719 页。
② 倪其心：《二十四史全译：宋史》（全十六册）第十一册，汉语大词典出版社 2004 年版，第 6719 页。

37. **有诚意**之官

清代官员吴其彦在《闲邪存诚论》中说："古圣贤穷理尽性以至于命，其道至大，其诣至精，而其功则必自存诚始。"[①] 古代圣贤建立事功的前提在于诚。吴其彦告诫世人要有诚意，这是修身之本："盖修身之要，在乎正心；正心之端，在乎诚意。"[②] 吴其彦赋予了诚意丰富的内涵："己既克，则礼可复。人欲净，则天理全。所谓勉强学问，则德业修，而道益明；勉强政事，则日起而大有功。以之为己，则贞而固；以之为人，则爱而公；以之为心，则无欲而通；以之为天下国家，无所处而不得其正。"[③] 吴其彦所提到的"诚意"，不光是讲诚信的问题，更上升到修身为政的高度，予以深刻的阐释。个体要想有诚意，必须从克己、守廉、读书、勤政等方面入手。如果成功获得诚意，对于个体、内心、国家来说，都是有百益而无一弊的好事情。对于个体来说，拥有诚意，会做事公平；对于内心来讲，会无欲而刚；对于国家而言，会呈现出公平良好的氛围和环境。

明代的席书，有较强的战略眼光，能公平地对待和处理事务。当时，朝中争议"大礼仪"之事。席书有自己的判断。他的判断是赞成皇帝的主张。席书的持论自成体系且有逻辑章法，为皇帝尊父找到了理论依据，获得了皇帝欢心，为最终"大礼仪"之事尘埃落定，可以说起了十分重要的作用。得到皇帝欣赏的席书立即升为礼部尚书。席书支持皇帝的做法，本来就引起轩然大波，更不用谈入朝升迁被重用，遭来更大范围的抵制和反对，甚至对他大规模地进行诋毁。席书心态很好，多次推辞对他的任命，编好《大礼考议》，请求朝廷去调查自己被诋毁的地方。当席书看到许多朝臣因反对他而在殿外以哭相争被抓入监狱，赶紧上疏道：

---

① （清）吴其彦：《吴其彦集》，中州古籍出版社 2020 年版，第 1 页。

② （清）吴其彦：《吴其彦集》，中州古籍出版社 2020 年版，第 2 页。

③ （清）吴其彦：《吴其彦集》，中州古籍出版社 2020 年版，第 2 页。

"议礼之家，名为聚讼。两议相持，必有一是。陛下择其是者，而非者不必深较。乞宥其愆失，俾获自新。"① 这就反映了席书为官之诚。虽然反对他的人很多，且方式也很激进。但是，当这些反对者将要受到惩罚时，席书竟能挺身而出，为他们说话，这不仅是一种公平待人的胸襟，更是一种难得的处世智慧。

唐代的韩滉，处世为官讲究"诚意"二字，故能使其治政呈现出无所畏惧的特征。韩滉"公洁强直，明于吏道"②，在吏部担任郎中、给事中期间，能够认真管理干部，做到吏治澄清。当时，有一个盗贼杀害了富平县令韦当。官府抓捕到这个盗贼后，监军鱼朝恩认为这个盗贼是隶属于北军的士兵，十分有武才，请求皇帝下诏书宽宥这个盗贼的罪行。鱼朝恩是当时十分有名的权宦，深得皇帝恩宠。有的官员可能认为，既然鱼朝恩说了话，即使不照着其意去做工作，也不要与鱼朝恩唱对台戏。身处官场之中的人，一般会睁一只眼闭一只眼，事不关己，高高挂起，不会插手鱼朝恩所干预的事。这些都是没有诚意之人所做之事。作为有诚意之心的韩滉则不然。他秉持对工作负责之心，按照职责要求，秘密地向皇帝上疏，逐条批驳鱼朝恩的建议。皇帝最终采纳了韩滉的建议。盗贼于是认罪伏法。韩滉如果有私心，担心介入这个事情后，会得罪鱼朝恩，肯定不会做这件事。但是，他没有私心，做事讲究诚意，无欲方能刚直，故其能正直地上疏，让盗贼受到法律的制裁。他在户部担任侍郎、判度支期间，严格遵守财政各项制度，不允许有偷奸妄为之事发生，如有违反规定之事出现，定会受到严厉的惩罚。由此，他给其他官员留下严苛的印象。虽有埋怨，却能使得国库逐渐充实，工作业绩显现出来。有一年的秋天，连绵大雨损害了庄稼。户部要求各地上报田地受损情况。京兆尹黎幹上奏京畿各县田地受损情况。韩滉经过认真核对后，认为黎幹所报不实，且派人前去巡察，搞清了实情，回报京畿各县田地共损害 31195 顷。

唐朝有个官员叫房琯，之所以受到统治者的欣赏和重用，就在于他有十足的诚意。房琯是一介文臣，却能在宦海沉浮中感念国家发展之不易，始终以报效国家为己任，得到了统治者的赏识。安禄山叛乱后，唐明皇逃往蜀地。许多大臣犹豫之时，房琯毅然决定，驰马奔赴蜀地。在普安郡，他见到了唐明皇。唐明皇十

---

① 章培恒、喻遂生：《二十四史全译：明史》（全十册）第六册，汉语大词典出版社 2004 年版，第 3913 页。
② 黄永年：《二十四史全译：旧唐书》（全六册）第四册，汉语大词典出版社 2004 年版，第 3013 页。

分高兴。为什么高兴呢？因唐明皇主政过程中出现了弊政，纵容了安禄山的发展，进而引发了安禄山叛乱，大唐政权岌岌可危。安禄山叛军势如破竹。当时，许多大唐旧臣纷纷逃亡，而房琯却对大唐王朝十分忠诚，坚定地去追随唐明皇。这样的忠诚，十分罕见，故而显得弥足珍贵。唐明皇十分高兴，当即拜他为吏部尚书、同中书门下平章事。

房琯奉命出使灵武，对册立唐肃宗具有重大贡献。他见到唐肃宗，慷慨陈词，唐肃宗为之动容。他被唐肃宗信赖，委以要职。他为唐肃宗延留败军之将，亲自谋划平叛事宜，甚至申请亲自率兵讨贼，收复京城，可见其为官之诚。他的这种诚意，体现在试图收复国土之上，是一种具有恢宏气势的大诚。然而他因未有带兵经验，在与叛军作战中，失败而归。因他善于谈论，短于实践，常有败军之绩，被人所诟病。各种对他的流言纷起。他的认识或决策，或许不太高明，但是在动荡社会中，他仍然存有一颗诚意之心，希望能够结束乱局，恢复李唐治世。

38. **重行动**之官

古人很重视言行。善言之人，能够如实地表达自己的思想。但是，较善言之为，古人更重视善行。语言表达虽然很重要，但是光有亮眼的语言表达，而没有去践行，语言表达亦发挥不了其应有的作用。如果能将所表达的观点和思想付诸实践，必将使语言表达所蕴藏的观点和思想发挥非常大的作用。清代学人刘榛的好朋友有一间屋子，名曰"敬慎斋"，朋友希望刘榛根据"敬慎"之意为此屋撰写铭文。刘榛每次只不过是客套应付一下，没有实际去撰写。刘榛之友很不解地询问刘榛不写的原因。刘榛说："子志在铭焉已耶，抑将实欲践也？果践焉，安用铭？不然，铭焉已耳，于子何有哉？"①

刘榛认为行动比言语更重要。重行动的官员往往更具有感召力、说服力，也更有魅力。唐代的苏瓌就是重行动的官员。他在担任扬州大都督府长史期间，没有发表过多的廉政宣言，而是以实际行动来体现自己的廉洁之名。扬州是当时的交通要道，珠翠珍宝盛产此地，富商大贾经常出没于此。苏瓌之前在此为官的人，都趁机大捞一把。但是，苏瓌没有那样做，仍然两袖清风，没有伺机而发横财。这就是说，他在实际行动中做到了廉政。

苏瓌在担任西京留守期间，发现秘书员外监郑普思阴谋用妖法造反，于是将郑普思收押在狱中进行拷问。拷问过程中，苏瓌遇到了极大的阻力。原来，郑普思的妻子得到韦庶人的宠爱。因这层关系，唐中宗不得不下诏安慰晓谕苏瓌，令其免除郑普思之罪。苏瓌言简意赅地向唐中宗说明郑普思用妖术迷惑大众，罪不可赦。唐中宗回到京城，苏瓌又当面陈奏事实。时任尚书左仆射的魏元忠向唐中

---

① （清）刘榛：《刘榛集》，中州古籍出版社 2021 年版，第 301 页。

宗称赞苏瓌："苏瓌长者，其忠恳如此，愿陛下察之。"[①] 唐中宗最终还是尊重苏瓌的意见，发配郑普思，诛杀其党徒。

苏瓌当了宰相后，按惯例应该进献烧尾宴，但他竟始终没有进献。当时的同僚宗晋卿说："拜仆射竟不烧尾，岂不喜耶？"[②] 苏瓌虽然职位高，但仍秉持不浪费的生活习惯，在工作中一直坚守，结果遭人质疑。重行动的苏瓌没有办法，只能对此情况进行说明："臣闻宰相者，主调阴阳，代天理物。今粒食踊贵，百姓不足，臣见宿卫兵至有三日不得食者。臣愚不称职，所以不敢烧尾。"[③] 他将宰相之职和不示奢华，充分地予以阐释。

唐中宗去世后，韦庶人召集众相商议情况。中书令宗楚客请求皇太后临朝听政，停止相王辅政。苏瓌拒绝这样做，认为有违先帝遗愿。苏瓌由此得罪了宗楚客等人。等到韦氏失败，相王登基皇位，称赞苏瓌的优点："尚书右仆射、同中书门下三品、监修国史、许国公苏瓌，自周旋近密，损益枢机，谋猷有成，匡赞无忌。顷者遗恩顾托，先意昭明，奸回动摇，内外危逼，独申谠议，实挫邪谋。"[④] 这份评价很实。为什么很实，源于苏瓌的重行动、重实干。

---

① 黄永年：《二十四史全译：旧唐书》（全六册）第四册，汉语大词典出版社 2004 年版，第 2349 页。

② 黄永年：《二十四史全译：旧唐书》（全六册）第四册，汉语大词典出版社 2004 年版，第 2349 页。

③ 黄永年：《二十四史全译：旧唐书》（全六册）第四册，汉语大词典出版社 2004 年版，第 2349 页。

④ 黄永年：《二十四史全译：旧唐书》（全六册）第四册，汉语大词典出版社 2004 年版，第 2350 页。

39. 做好事之官

官员一旦走上仕途，终有一天会退休，终有一天会死亡，这是人类普遍性的课题。"做官想到去之日，做人想到死之日，更当留一二好事与人间。"[1]这就涉及人类终极性话题了。官员在退休后，在死亡前，如果能追忆这一生尤其是为官期间的所有事情，哪怕有一件所做的好事，都是值得称道的，亦是能够向世人交代的。明末清初思想家方以智在《生死格》中说："人生视死，诚大事哉！知生死，生死小矣。"[2]方以智强调要懂得生死是人生必然经历的阶段，了解了这个规律后，就不会以生死尤其是以死亡为恐惧。官员如果能够在有限的时光中，多为民众行好事，更将会丰富人生的价值。

明代官员唐侃因考中举人而走上仕途。他在为官期间，留下了很好的为官口碑。他在永丰当知县的时候，做了许多好事。永丰县民风彪悍，刁蛮好讼，崇尚鬼神，难以改正。唐侃来了之后，移风易俗，改变了这里的不良习气，对低陋习俗进行禁止和剔除。唐侃虽受一时之怨，但是移风易俗后的纯美乡风，让人们看到了他的远见卓识。他被提拔为武定知州，仍然以行好事为己任，大力办实事。当时恰逢清理军籍，应征发12000人。唐侃看到征发人数太多，会影响武定的持续发展。于是，唐侃进行申辩："武定户口三万，是空半州也。"[3]朝廷定下的应征发人数占了武定人口的近一半，这对武定的发展是不利的。当时，宦官胁迫地方官上交钱财，不上交的要严办。许多州县官员因此都逃跑了。唐侃在房屋中放了一口空棺材，对着前来索要钱财的宦官说，自己准备一死了之，但是钱财不能上交。这些索财的宦官听了之后，惊愕地离开。唐侃因心中有民，故其行事风格是多做

---

① （清）陈宏谋：《五种遗规——从政遗规》，团结出版社2019年版，第359页。

② （清）方以智：《方以智全书》（全十册）第一册，黄山书社2019年版，第295页。

③ 章培恒、喻遂生：《二十四史全译：明史》（全十册）第九册，汉语大词典出版社2004年版，第5732页。

好事，以利于民，哪怕是冒着得罪权宦的风险也要去做。

　　明代官员汤绍恩，考中进士后，走上仕途。他在绍兴担任知府期间，做了许多好事。一是营造尊学精学的氛围。汤绍恩刚来绍兴，就"新学宫，广设社学"①。二是诚心祈祷，使雨而至。当时，绍兴大旱，农田缺雨，农民受灾。汤绍恩在烈日中祷告下雨，结果雨至。抛开迷信的色彩，汤绍恩为民祈祷的用心是值得推崇的。三是恤民缓刑，尊重生命。在汤绍恩的提议下，当地府衙出台措施，缓解刑罚，体恤贫弱之民，表彰有节义之人，使得民心顺畅。四是兴修水利，造福于民。当地出现淤泥，影响良田种植。经过考察后，汤绍恩决定在三江口建闸门 28 座，很好地解决了淤泥淤水的问题。为什么要选在三江口建闸门呢？因为山阴、会稽、萧山三县的水，汇合于三江口，然后汇入大海。如果形成淤水，通过开放闸门，将三江口的水排放到海里，就能解决这个问题。当地百姓为了感谢他，在闸门的左面，修建了庙宇，来表达感恩之情。

---

① 章培恒、喻遂生：《二十四史全译：明史》（全十册）第九册，汉语大词典出版社 2004 年版，第 5732 页。

40. 崇豪迈之官

在古代社会中，有这样一种类型的官员。他们虽通文墨，但是更勇于任事，在工作中敬职敬业，时常流露出豪迈之气，有万丈豪情之英雄气概。这种豪迈、豪情，不是没有智慧的蛮干，更不是去做破坏性的事情，而是在理性分析基础上作出的一种果敢决断。

明朝有一个官员叫罗伦，为人处世总是与众不同，又常常符合道义。在他5岁的时候，跟随母亲进了一个有果树的园子。走进园子后，果树上的果实纷纷落下，众人争相去拿，唯独他没有去拿，一直等到果树主人给他，方才接受。他家境贫穷，要通过砍柴放牧来维持生计。在艰苦的环境中，他能树立远大的志向，坚持随身带书，坚持读书学习，一直没有中断。当地知府张瑄可怜他太过贫穷，用粟米来接济他，却被他拒绝，可见他的意志坚定，反映了他忧道不忧贫的乐观性格。他尽管身处贫境，仍乐善好施，遇事好直言以告。罗伦"性慷慨乐善，不疑人欺。遇事无所回避，有不可辄面斥之"①。

罗伦的贫寒家境、奋斗历程、立志倾向，从某种程度上来说，为他日后说豪迈之言、行豪迈之事提供了强大动力。后来，他参加廷试，作对策万余字。在廷策中，他慷慨陈词，颇有豪迈之状，声名闻于一时，被选为进士第一，授翰林修撰。当时大学士李贤在守丧未完之时，朝廷发文召回李贤。台谏之官不敢发言。罗伦挺身而出，亲自拜访李贤，陈说李贤应该坚持在家守丧。结果，李贤没有理睬。紧接着，罗伦上奏疏，继续陈说为臣者的孝道。罗伦认为，尽孝道是明人伦、淳风俗的重要抓手。罗伦以历史上的富弼、刘珙为例，说明孝道不能废。宋仁宗将正在服丧的富弼召回任职，被富弼所回绝；宋孝宗要召回正在服丧的刘珙，被

---

① （清）屈大均辑:《广东文选》(上、下)上册，广东人民出版社2008年版，第664页。

刘珝所回绝。"身在草土之中，国无门庭之寇，难冒金革之名，私窃利禄之实。"[①]刘珝认为，除非国家遇到重大兵事，需要召回守孝的臣僚，其他理由都不是十分充分的。罗伦以古代历史典故为阐释视角，告诫朝廷不能为李贤开先例，即没有重大兵情的情况下，不能让其提前结束守孝。罗伦"以犯颜切谏为大，救时行道为急，其负荷之重，未尝一日忘天下，故发愤如是"[②]。他能够从孝道治国的高度，阐释出李贤不可无事提前结束守丧，方能取信于民。为此，他不惜亲自走访李贤，不惜亲自上疏，哪怕是得罪权贵，也在所不惜。他在其中所展示的豪迈之情，亦较为浓厚。罗伦因此事得罪权贵，被贬到地方为官。

罗伦"为人刚正，严于律己。义所在，毅然必为，于富贵名利泊如也"[③]。晚年，他移居乡村。他对自己要求很严，希望自己对民众有所贡献。在家乡，他制定和倡导乡约，要求乡民遵守，没有人敢触犯。他生活俭朴，伙食比较简单。他有一颗仁爱之心，能够周济困难的人。罗伦"尝欲仿古置义田以赡族人。或助之堂食之钱，谢而弗受。或衣之衣，行遇乞人死于途，辄解以覆之"[④]。他通过置义田、助堂食、捐衣服等方式，来帮助贫困民众。他在乡村生活，著书立说，开门授徒，为培养优秀人才、营造良好文化氛围做出重要贡献。正因为他有豪迈之情，故能对国家建设有情怀，对基层乡村建设有担当。

---

① 章培恒、喻遂生：《二十四史全译：明史》（全十册）第六册，汉语大词典出版社 2004 年版，第 3500 页。

② （清）屈大均辑：《广东文选》（上、下）上册，广东人民出版社 2008 年版，第 664 页。

③ 章培恒、喻遂生：《二十四史全译：明史》（全十册）第六册，汉语大词典出版社 2004 年版，第 3502 页。

④ （清）屈大均辑：《广东文选》（上、下）上册，广东人民出版社 2008 年版，第 664 页。

41. 肯任事之官

官员作为社会的精英，承担着重要繁杂的工作任务。在这样的情况下，一些官员选择逃避，一些官员选择应付，一些官员则选择迎难而上，肯于任事，在自己的岗位上干出政绩。明末清初思想家方以智在《任论》中指出任事的重要性："乡有重难，虑莫肯任，故贵其能出力担负者。"①越是困难的时候，越是遇到繁杂工作的时候，越需要肯任事、能任事的官员勇挑重担、敢于破局、善于解难。

清初名臣范承谟，出生名门，砥砺品格，受朝廷倚重。朝廷不断对他委以重任。他在很早的时候，就走上了仕途，在朝中任职，开拓自己的眼界。康熙七年，他以都察院副都御使的身份，巡抚浙江。康熙对他寄予了很高的期望。当时，浙江处于密邻三藩之地，政治地位十分重要，清理浙江政坛积习显得尤为重要和紧迫。浙江的工作不扎实，就会存在巨大隐患，在与三藩斗争过程中，就会处于劣势。范承谟赴浙江出任巡抚，可谓是重任在肩。"承谟至浙，以固民心为本，劾奏吏之为民害者，及得民间豪猾除之，务使民安静乐业。"②范承谟来到浙江后，以改善民生为本，着力解决吏治弊端及危害民众利益的豪强势力。当时，浙江部分官员贪污风气盛行，鱼肉百姓，导致百姓脂膏被剥竭，尤其在灾年，盘剥更甚，民众苦不堪言。范承谟深入调查研究，通过审阅公文，思考衙门之贪背后的关系羁绊，积累了大量吏治改革素材。于是，他大刀阔斧，弹劾墨吏，解职宿蠹，惩戒贪官，浙江吏治为之一变，诸官员收敛行为、奉法行事，不敢肆意扰害百姓。浙江豪强与八旗兵沆瀣一气，相互勾结，坏事做尽。当地豪强预备讹诈某家时，便串通驻防当地的八旗兵来某家指称某家犯有窝逃之罪。地方官因畏惧豪强和八旗

---

① （清）方以智:《方以智全书》（全十册）第九册，黄山书社 2019 年版，第 425 页。

② （清）戴震:《戴震文集》，中华书局 1980 年版，第 185 页。

兵势力，不敢过问，反而对受害者严法重办，导致受害者越来越多，成为当地一大灾难。了解情况后的范承谟，一方面警告八旗兵，严禁其制造窝逃冤案；另一方面着力打击豪强巨猾，一旦发现其有串通栽赃之实，必当行重典。当地百姓由此可以安居乐业，社会秩序逐渐走向稳定。

民有所难，必要呼应。范承谟看到浙江一些地方连年有荒灾，百姓歉收，赋税却未减少，民不堪命，纷纷外逃。以前的总督赵廷臣申请减免赋税，初有成效，却在未实施之时，就病故了。范承谟在档案中发现有此事，发文要求布政司查复当时的文件答复，却遭到僚吏的推脱。范承谟十分生气，严词训导下属："民方旦夕不堪命，尚可计日以待耶！"[1] 他当即上疏朝廷，请求为当地受灾民众请蠲。康熙十分重视，命他赴实地勘察。他轻车简从，直奔宁波、金华、台州、温州、处州、衢州等六府，亲访受灾民众疾苦，掌握了第一手民众受灾材料，据此上疏奏请蠲免荒地 294 600 余亩，水冲缺额地 21 900 余亩，受到朝廷接济。此外，他治理蝗灾、雪灾等，颇有成效，却因积劳成疾，旧病复发，请求解职，当地官员和百姓恳请特赦勉留。康熙为了顺从民意，特颁旨意，希望他能够留任，继续为民办实事。在担任浙江巡抚 4 年期间，他勤勤恳恳，尽力任事，做出了极大的政绩，浙江经济社会发展逐步走上正轨，出现了吏治清明、社会稳定、百姓乐业的局面。康熙十分高兴，每每以他为例，来勉励封疆大吏。

康熙十二年，范承谟被任命为福建总督。"朝廷知承谟曲体民隐，抚民如食疾子，而福建边疆重地，海氛未靖，加承谟兵部右侍郎兼督察院右副都御使，总督福建军务。"[2] 治理福建亦是朝廷难啃的硬骨头。在福建，有三藩之一的耿精忠的势力，有发展经济的紧急之务，均需要他去面对和解决。到了福建之后，他十分重视当地经济的发展。他强调要发展渔业、屯垦业，增加军民收入，提高经济持续发展能力。他上疏曰："闽人活计，非耕即渔。自禁海已来，徙边海之居民内，以台寨为界，民田废弃二万于顷，亏减正供至二十余万。请听民沿边采捕，十取一以充鱼课，其所入可接军饷。"[3] 在建议中，他根据实际情况，希望发展当地渔业，

① 何龄修、张捷夫：《清代人物传稿》（上编）第六卷，中华书局 1991 年版，第 91 页。

② （清）戴震：《戴震文集》，中华书局 1980 年版，第 186 页。

③ （清）戴震：《戴震文集》，中华书局 1980 年版，第 186 页。

通过发展渔业，既活百姓，又富国库，一举多得。他还要求发展屯垦业，让驻军士兵去屯垦农田，既可以解决兵饷问题，又可以发展农业。此时，耿精忠开始拉拢他，以免费提供开销费用为诱饵，试图让范承谟成为耿精忠的人，被范承谟拒绝。范承谟积极贯彻朝廷定下的撤藩之策，既要稳妥安排撤离各项事务，还要预防可能生发的各种事变，体现出他对当时局势的准确把握。不久之后，吴三桂首先发动叛乱，耿精忠紧随其后，策划发动叛乱。耿精忠认为范承谟是阻碍大敌，力邀范承谟前去王邸。范承谟走进耿精忠王邸后，知道陷入虎口，却满身正义，毫无惧怕之意，痛骂耿精忠，被拘系幽室，备受折磨，始终没有屈服，更没有接受受降后的丰厚待遇。康熙十五年，清兵入福建，逼迫耿精忠投降。耿精忠担心范承谟曝光他的罪行，便将其杀害。范承谟遇害的时候才 42 岁。康熙得知他遇害的消息，十分悲痛，加赠其为太子少保兵部尚书，谥号为忠贞。

42. 立气节之官

气节是官员内在修养的集中体现，反映了官员在应对各种危急险难事件中所持的态度、所呈的素养。方以智在《又答卫公》中说："贤者立节，惟在皎然不欺其志，而不必为所极难。"[1] 立气节之官，认定了的事情，且是正义之事，就会矢志不渝地去做，体现出坚贞不屈的崇高气节。

明朝末年的张煌言就是这样的官员。他的少年或许并不完美，喜欢狂放不羁的生活，一度还嗜好赌博。与他同乡的一位伯乐，很赏识他的才华，为他还清赌债，并劝他读书，判断他日后定能实现事功。张煌言深受触动，从此改变不良习惯，日夜攻读古书，积累了丰富的知识。大量的知识涵养了他日后崇高气节的厚度。他在考中举人后，还没来得及考取进士，明朝就灭亡了。

清军南下，在浙江的张煌言放弃了考取功名的想法，团结抗清武装力量，为了反清事业，进行了坚持不懈的努力和奋斗，长达 19 年之久。这与历史上的苏武牧羊 19 年，管宁在辽阳待了 19 年，有相同之处。故清代学人陈鳣在《张忠烈公画像记》中说："昔苏子卿（苏武）持汉节，管幼安（管宁）客辽阳，皆阅十九年之久，卒归国全身。惟明季吾浙沧水张公（张煌言），自丙戌杭海，至甲辰被执，就中险阻艰难，百折千挫，首尾十有九年。乃见危授命，自古以来亡国大夫未有如此之烈也。"[2] 苏武和管宁为了坚持自己的气节，没有向厚待自己的异势力屈服，在外呆了 19 年之久，最终安全回到中原。明朝末年的张煌言与这二人共同的地方是，他奋起抗清坚持了 19 年之久，不同的地方在于最后他以身殉国。

1646 年，隆武政权覆灭后，张煌言回到家乡，向家中父亲、妻子、孩子辞别。

---

① （清）方以智:《方以智全书》（全十册）第九册，黄山书社 2019 年版，第 527 页。

② （清）陈鳣:《陈鳣集》（全二册）上册，浙江古籍出版社 2018 年版，第 75—76 页。

此后他戎马疆场，直到牺牲时，再也没见到过家人。他率军积极抗清，塑造了一支纪律严明、战法有序、得民支持的队伍，虽取得一些战役的胜利，但是终究难逃失败。清军为了围剿张煌言，打消其抗清的念头，下令抄没张家，把他的妻子董氏、儿子张万祺投进镇江监狱。张煌言得知这个消息后，更加坚定了他抗清的决心。张煌言作了一首诗，其中写道："入海仍精卫，还山尚蒯猴。"[1] 他隐约感觉到最后的抗清斗争可能失败，但仍以极坚强的意志坚持反抗。1662 年，接二连三的负面消息传来，张煌言仍然没有灰心气馁："以为宁进寸，毋退尺，宁玉碎，毋瓦全，其素志然也。"[2] 他以宁为玉碎、不为瓦全的魄力和决心，誓死与清军抵抗到底。清军调整策略，企图对他进行招降，被他所拒绝："功名富贵，早等之浮云。成败利钝，且听之天命，宁为文文山，不为许仲平，若为刘处士，何不为陆丞相乎！"[3] 有人劝说张煌言可以去台湾投靠郑经，被他拒绝："偷生朝露，宁以一死立信。"[4] 在他看到自己的抗清已经不起作用后，毅然解散部众，隐居在浙江南田岛上，从事写作。清军没有放弃抓捕张煌言的行动，最后用偷袭的方法，逮捕了张煌言。张煌言被押解到宁波时，受到清军浙江提督张杰的厚待。张煌言没有理会，慷慨地说："父死不能葬，国亡不能救，死有余辜。今日之事，速死而已。"[5] 随后，他被押解到杭州。当他行到钱塘江畔时，写下了诗句："忠贞自是孤臣事，敢望千秋青史传！"[6] 到达杭州后，他拒绝了清军总督赵廷臣的诱降，在狱室中写下了为坚持气节而至死不渝的诗句："予之浩气兮，化为风霆；予之精魂兮，变为日星。尚足留纲常于万祀兮，垂节义于千龄！"[7] 1664 年 10 月 25 日，张煌言在杭州官巷口英勇就义。他在就义前，写下了《绝命诗》："我年适五九，偏逢九月七。大厦已不支，成仁万事毕。"[8] 他以杀身成仁、舍身取义的英雄气概传递出气节的内涵。他

① 何龄修、张捷夫：《清代人物传稿》（上编）第二卷，中华书局 1986 年版，第 279 页。
② 何龄修、张捷夫：《清代人物传稿》（上编）第二卷，中华书局 1986 年版，第 280 页。
③ 何龄修、张捷夫：《清代人物传稿》（上编）第二卷，中华书局 1986 年版，第 280 页。
④ 何龄修、张捷夫：《清代人物传稿》（上编）第二卷，中华书局 1986 年版，第 280 页。
⑤ 何龄修、张捷夫：《清代人物传稿》（上编）第二卷，中华书局 1986 年版，第 280 页。
⑥ 何龄修、张捷夫：《清代人物传稿》（上编）第二卷，中华书局 1986 年版，第 281 页。
⑦ 何龄修、张捷夫：《清代人物传稿》（上编）第二卷，中华书局 1986 年版，第 281 页。
⑧ 何龄修、张捷夫：《清代人物传稿》（上编）第二卷，中华书局 1986 年版，第 281 页。

就义的时候，只有 45 岁。在他就义前三天，他的妻子董氏、儿子张万祺被杀害于镇江监狱。清代学人陈鳣为张煌言作赞词，以彰显其高古的气节："望钱江兮好山色，作楚囚兮不向北，十九年兮尽心力。天柱折兮龙莫攀，共岳于兮魂往还，视文山兮处尤难。展遗像兮见公志，乌巾葛衣兮从容就义，更千百岁兮犹凛凛然有生气。"①

---

① （清）陈鳣:《陈鳣集》（全二册）上册，浙江古籍出版社 2018 年版，第 76 页。

43. 能服众之官

以一己之力能服众人之官，殊为难得。这样的官员是如何做到服众的呢？"凡吏立身正直，自能服人。"[1] "立身正直"是服众的不二法门。反之，"若动逞意气，故作威棱，此怨府也"[2]。

清朝有个官员叫赵申乔，出身于官宦世家。他的父亲叫赵继鼎，在宦海生涯中形成了自己的为官之道。赵继鼎认为，为官者要以立心为第一要事，宁可失官，不可负心。这种认识对赵申乔有很大的影响。赵申乔仕途的起点在商丘。康熙二十年，他出任商丘县令。当时，商丘灾荒频繁，赋税沉重，百姓民不聊生。他来到商丘后，因自身清正，而能有效推行政策。经过调查研究后，他发放给每户一张税单，将其作为交税凭证，这张凭证能如实反映农民的土地应该交多少税，操作简单方便。赵申乔将其他名目繁多的各种税名全部废除。当地百姓十分高兴，拍手称快。如果赵申乔自身有私心，也想通过收税来获得利益，中饱私囊，就不会扎实地推进工作，改革征税办法。

商丘遭逢大旱，导致疫病流行，百姓流离失所。赵申乔以身作则，带头捐出自己的俸禄，用于开设粥厂，赈济受灾民众。他还将自己的数匹细绢拿来换米，用于周济饥馑的民众。在赵申乔的带领之下，商丘之灾得到有效治理，民众之饿得到有效缓解。不光如此，其他县受灾的老百姓得知赵申乔有如此善举，纷纷来到商丘，受到赵申乔的抚恤。百姓从中受益，称之为好官。

由于赵申乔能力出众，被康熙破格提拔为浙江布政使。康熙对他寄予了厚望，嘱咐他说："浙江财赋地，自张鹏翮后，钱粮多蒙混，当秉公察核，不亏帑，不累

---

[1] （清）陈宏谋：《五种遗规——在官法戒录》，团结出版社2019年版，第48页。

[2] （清）陈宏谋：《五种遗规——在官法戒录》，团结出版社2019年版，第48页。

民。布政使为一省表率，尔清廉，属吏自皆守法。"①康熙看准他的一点在于他能够以身作则，积极发挥其"表率"作用。赴任后，他凡事亲力亲为，认真负责，周密考虑，有效地破解了众多财税难题。他进行变革，一改过去以各种名目冠之的收费项目的积弊。对于正常的火耗，赵申乔分毫不取，做到还利于民。正因为他能从自身做起，从严管理下属，认真进行履职，使得其治下出现了欣欣向荣的局面。

后来，他在湖南为官，积极整顿吏治。他穿着俭朴，饮食简单，希望通过个人的示范作用，净化当地官场政治生态。他认为，总督和巡抚各司其职，但均应廉洁从政，如有不肖之念、非法之事，当共申其罪。一旦发现官员有贪污现象，他定当严惩。他经常微服私访，了解地方之弊，并予以积极解决。当他离开湖南的时候，从长沙到岳州数百里内，送行的百姓络绎不绝。有的州县还为他建立生祠。这就是作为能服众的官员，在百姓心中的分量。

---

① 王思治：《清代人物传稿》（上编）第五卷，中华书局 1988 年版，第 201 页。

44. 能知足之官

　　官员权力越大，支配的资源越多。如果将为民为公所用的资源转移到自己身上，用来满足自身的各种被放大的需求，这是一种不知足、不满足的状态呈现，必然为日后出事带来隐患。清代熊勉庵说："今日居官受禄，须思当日秀才时，又须思后日解官时。思前则知足，思后则知俭。"① 如果有机会步入仕途，要思忆一下当初做秀才的时候，遭遇前途未卜、人生迷茫时，是不是会有倍加珍惜的体验；还要思考一下未来退休之日、归田之时，是不是会有权为民用紧迫感。倍加珍惜的体验就是知足的过程。一个官员能够知足而止、知足而戒、知足而防，就是了不起的官员。

　　面对职位的高升或者赏赐的丰厚，能够不为所动，这样的官员是有很大定力的。南宋的张九成在官场能够做到知足而止、保持强大的定力。他年轻的时候，追随杨时求学，其学问日益增长。权贵人物通过送礼物来拉拢他，希望他能与权贵人物一起学习，日后必将得到统治者重视，可谓前途无量。张九成笑着拒绝了权贵人物的要求。这初步反映了他不为权贵所牵绊的人格力量。他既有才华，又有能力，在仕途上，不断地做出贡献。他在担任著作郎的时候，对朝廷弊政看得十分透彻，提出的对策又比较务实和精准。他谏言统治者："我宋家法，曰仁而已。仁之发见，尤在于刑。陛下以省刑为急，而理官不以恤刑为念。欲诏理官，活几人者与减磨勘。"② 张九成认为，仁政的核心在于省刑，对于那些在政策执行中从宽减免刑法的官员，要减少他的考核年限。统治者听了他的建议后，认为很有道理，便采纳了这个建议。得到统治者认可的张九成被提拔，出任浙东提刑。因业绩出

---

① （清）陈宏谋：《五种遗规——从政遗规》，团结出版社 2019 年版，第 357 页。

② 倪其心：《二十四史全译：宋史》（全十六册）第十三册，汉语大词典出版社 2004 年版，第 8244 页。

众而被提拔，这是多少官员梦寐以求的。张九成的做法却很独特，与众不同。他没有因为自己被提拔而沾沾自喜，而是知止，知道更高的职位需要更大的才能作支撑。于是，他选择了拒绝被提拔。当然，他不缺乏能力和应有的为官素养，而是考虑到自己提了点有用的建议就被委以重任，这种超出常规的提拔让他警惕。这种警惕用知足而止的方式呈现出来，更显得充满智慧。后来，他在担任宗政少卿、权礼部侍郎、权刑部侍郎期间，曾经负责过一个案子。当时，他接到由法寺呈送上来的一件已经将囚犯判死罪的案子后，认真阅读该案情，发现有疑点，要求重新审核，最终被证明该囚犯是被诬陷的。真相大白后，朝廷想论功行赏，奖赏他平反冤案的功劳。张九成回答说："职在详刑，可邀赏乎？"[1] 他拒绝接受朝廷封赏。干好本职工作，还能不邀功，更能拒绝封赏，这是张九成为官闪光的地方，也是能体现出他知足于已有之位，而止于封赏的品格。

对于自己得到的俸禄和职位，葆有一颗满足之心，时常告诫自己要认真履职，是一件十分了不起的大事。明代有一个官员叫马文升。他文能安邦，武能定国，是文武兼备之才。观其言事，对各种事务具有精准的分析。这种分析被执政者采纳，就会产生十分好的效果；如果不被采纳，就会成为一种遗憾，影响工作的推进。看其用兵，排兵布阵皆有章法，还能在取胜后做到安民兴业。他品性正直，为此多次得罪权贵和奸佞，却颇得同僚同情和赞赏。他为官有知足之心，懂得知足而戒。这里的戒分为自戒和他戒两种。自戒是指在位高权重的时候，能够知足而退。马文升在自己职位很高的时候，向皇帝提出辞官回乡的想法，是其经历宦海沉浮后不留恋权势的理性选择。他戒是对他人进行告诫。他的儿子马璁，以乡贡士待吏部铨选。能够在京师吏部任职，那是走上仕途的官员很大的梦想和期待。马璁有很大的把握在京师吏部任职。马文升看到这个情况后，告诫儿子："必大臣子而京秩，谁当外者？"[2] 马璁能够有很好的出仕机会，很大程度上是其父的影响力所带来的。马文升希望儿子马璁能够放弃京官身份，赴外地担任一个职位，更好地在基层岗位上得以历练。

---

① 倪其心：《二十四史全译：宋史》（全十六册）第十三册，汉语大词典出版社2004年版，第8244页。

② 章培恒、喻遂生：《二十四史全译：明史》（全十册）第六册，汉语大词典出版社2004年版，第3590—3591页。

　　在走仕途过程中，官员能够看到职位变迁尤其是升职后带来的挑战和风险，并对挑战与风险进行预防，做到知足而防，是件了不起的事情。汉朝的张安世就能做到知足而防。他工作勤勉，颇有成绩，赢得各方好感和敬重。汉昭帝即位后，因张安世忠厚能干，受到霍光和汉昭帝的重用。汉昭帝非常欣赏他，下诏书说："右将军光禄勋安世辅政宿卫，肃敬不怠，十有三年，咸以康宁。夫亲亲任贤，唐虞之道也。其封安世为富平侯。"①张安世因勤劳任事，被委以重任，被封为侯爵。拥有很大权力后，仍然能够保持过去一贯勤勉从政的习惯，彰显出他难能可贵的强大意志力。汉昭帝去世后，张安世与霍光一起在尊立汉宣帝过程中发挥了十分重要的作用，受到汉宣帝的嘉奖。汉宣帝下诏书说："夫褒有德，赏有功，古今之通义也。车骑将军光禄勋富平侯安世，宿卫忠正，宣德明恩，勤劳国家，守职秉义，以安宗庙，其益封万六百户，功次大将军光。"②因他有拥立之功，故在职位上有升迁，但他仍能保持清醒的头脑，始终以敬业为本，不事张扬，踏踏实实做好本职工作。在权臣霍光去世后的几个月，御史大夫魏相上疏称赞张安世："车骑将军安世事孝武皇帝三十余年，忠信谨厚，勤劳政事，夙夜不怠，与大将军定策，天下受其福，国家重臣也，宜尊其位，以为大将军，毋令领光禄勋事，使专精神，忧念天下，思惟得失。安世子延寿重厚，可以为光禄勋，领宿卫臣。"③魏相认为，不仅要赏赐和重用张安世，而且还要大力提拔张安世的儿子张延寿。皇帝也认同这种看法。张安世是一个见过大场面后仍能敬业尊业，还能知晓权力边界的人，能够知晓把控过大权力可能带来的风险。故张安世说："老臣耳妄闻，言之为先事，不言情不达，诚自量不足以居大位，继大将军后。唯天子财哀，以全老臣之命。"④张安世清醒地认识到自己拥有的权力已然很大了，超过了本来能力所匹配的权力，如果不能有效管理，就将引来大祸。张安世做到了知足以防，很好地预防拥有过大权力可能带来的各种风险。虽然皇帝没有批准他的请求，但是他知足而防的举措，还是令人深思的。

---

①　安平秋、张传玺：《二十四史全译：汉书》（全三册）第二册，汉语大词典出版社 2004 年，第 1254 页。

②　安平秋、张传玺：《二十四史全译：汉书》（全三册）第二册，汉语大词典出版社 2004 年，第 1254 页。

③　安平秋、张传玺：《二十四史全译：汉书》（全三册）第二册，汉语大词典出版社 2004 年，第 1254 页。

④　安平秋、张传玺：《二十四史全译：汉书》（全三册）第二册，汉语大词典出版社 2004 年，第 1255 页。

45. 守忠厚之官

明代的李廷机有一段话是这样说的："如地之负，如海之涵，如冬日之燠。坦乎其无町畦，廓乎其无津涯，肫乎其万物一体，于国有不闻也，于家有不见也，不以人之败自成也，不以人之卑自高也。如是而后谓之忠厚。"[①] 李廷机对忠厚的理解，超出了普通的人情范畴。这种理解让人会以更宏大的视角和宽广的胸襟，对待工作，分析事物，处理关系。这不仅需要智慧，而且需要经历宦海后的历练体悟。

古代社会，官员说话办事需要考虑许多方面，往往会影响事情的解决效率。宋代的曹修古为人正直，对待工作不仅认真，而且能体现其忠厚之道。他每每发言或施行具体举措，均着眼于有利于朝廷和国家发展，没有为自己的个人利益考虑。当他看到年纪较大的朝廷官员仍然列席朝堂，认为这样做不利于朝政事务有效开展。于是，他谏言道："唐贞观中，尝下诏令致仕官班本品见任上，欲其知耻而勇退也。比有年余八十，尚任班行，心力既衰，官事何补。请下有司，敕文武官年及七十，上书自言，特与迁官致仕，仍从贞观旧制，即宿德勋贤，自如故事。"[②] 部分官员年纪过大，仍然参加朝政活动，这种现象不仅挤压了新生力量的晋升机会，而且也使得朝堂之上缺乏生机活力。曹修古为此提出了解决方案，以 70 岁为界，凡年满 70 的官员，自己上书提出申请退休，朝廷给予厚待并批准退休。朝廷采纳了他的建议。曹修古的建议虽好，却因此得罪了年纪大、权力大又不想退休的官员，但他仍然坚持这样做。他为了推动工作，不惜得罪既得利益集团，其忠厚之风油然而生。

---

① （明）李廷机：《李文节集》（全二册）上册，商务印书馆 2019 年版，第 253 页。

② 倪其心：《二十四史全译：宋史》（全十六册）第十一册，汉语大词典出版社 2004 年版，第 6735 页。

北宋的王质，是名臣王旦的侄子，因门荫被授予太常奉礼郎官职。他在分析事物方面，有自己独特的视角和中肯的认知。王质出身富贵之家，家中多有奢华习气，唯独他不喜欢积蓄财物，过着俭朴的生活。他希望王氏家族有诚信之念。他经常给王家子弟讲述王旦的故事：担任中书舍人时的王旦，因家中贫困，需要跟家中兄弟与他人借贷，以借券为证。过期难以偿还，王旦就用所骑的马来抵偿。王质对家人说："此吾家素风，尔曹当毋忘也。"① 说话办事要讲诚信，王质希望王家子弟能够传承这一良好家风，不要一味地去做纨绔子弟。他超凡脱俗的见解，彰显了他的忠厚之风。

魏晋时期的山涛，字巨源，在处理官场关系方面，堪称官员学习的榜样。他与当时的名人嵇康是很好的朋友，交往中很有默契。嵇康获罪后，临刑前对儿子嵇绍说："巨源在，汝不孤矣。"② 虽然山涛与嵇康在政治见解方面有分歧，但是嵇康仍然将山涛视为可以托付大事的朋友，可谓眼光准矣。山涛还与钟会、裴秀交往。当时，钟会与裴秀争权夺利，矛盾很大。山涛却能与二人心平气和地交往，"各得其所，而俱无恨焉"③。他能在复杂的官场中，游刃有余地处理相关关系，起到了弥补分裂的作用。当然，他的这种能力和所起的作用，不是左右逢源的表现，而是在真诚基础上的智慧表现，体现出山涛深刻的政治见解。他的忠厚不仅体现在其性格上，更体现在他与同僚、朋友平等相待、久处不厌、互相勉励的关系把握上。

---

① 张仲裁译注：《廉吏传》，中华书局 2020 年版，第 616 页。

② 许嘉璐：《二十四史全译：晋书》（全四册）第二册，汉语大词典出版社 2004 年版，第 981 页。

③ 许嘉璐：《二十四史全译：晋书》（全四册）第二册，汉语大词典出版社 2004 年版，第 981 页。

46. 说诤言之官

　　说诤言，即以直言相告的方式，让对方知晓甚至改正。官场中人，处于复杂的人际关系和不同利益编织的网中，能以诤言相告同僚，那是需要勇气，也是需要智慧的。在勇气和智慧的双重作用下，向同僚进诤言，或许被采纳，或许被拒绝甚至被伤害。但是，不论哪一种结果，都需要说诤言官员的存在，因为其代表着正义和良心。

　　明代有一个官员叫庞尚鹏。他为人正直，敢于直言，"介直无所倚"[1]，敢于向朝廷和同僚提出富有见地的诤言。他在负责9个要镇的屯务时，上书朝廷，提出有关盐政的20件事。朝廷听从了他的诤言，按照他的要求去做，盐利大兴，收获颇丰。等到张居正大权在握，在推行一条鞭法改革中，得到庞尚鹏的支持。庞尚鹏当时在福建为官，大力推行一条鞭法。"它（一条鞭法）的特点完全可以用'赋役合一，按亩计税，用银交纳，手续简化'这十六个字加以概括。"[2]庞尚鹏之所以大力推行一条鞭法，在于他认同张居正的改革。这种改革不仅有利于国家赋税增加，而且减轻了农民负担。

　　张居正父丧却仍在朝中任职而不回家守丧，一些官员对此事有看法甚至争议，结果被张居正给予严厉惩罚。庞尚鹏看到这样的情形后，向被惩罚之人伸出了同情的橄榄枝，适时地向张居正提出了正确的诤言，结果未被采纳，还被张居正所怨恨。张居正命令下属，找了一个机会，将庞尚鹏弹劾。庞尚鹏被迫罢官回家。他所写《奉江陵张相公（张居正）书》，成为官员说诤言的典范之作。

　　庞尚鹏在这篇书信中，怀着对张居正功业崇敬仰慕的心，委婉地向其提出建

---

[1] 章培恒、喻遂生：《二十四史全译：明史》（全十册）第七册，汉语大词典出版社 2004 年版，第 4599 页。

[2] 王春瑜：《治隆唐宋 远迈汉唐：王春瑜说明史》，生活·读书·新知三联书店 2018 年版，第 96 页。

议，希望其尽守丧之责，免众议之过。书信中，庞尚鹏高度评价张居正的功勋：
"盖世功烈，直卑管、晏。"① 张居正是有重大贡献、重大影响的历史人物。与张居
正处于同一时期的庞尚鹏当时就能客观地看到张居正执政带来的政局变化和所做
出的巨大业绩。庞尚鹏将张居正与历史上的管仲、晏婴置于同一行列，对张居正
的认可可谓高矣。然而，张居正之父去世后，按照国人的习惯和责任，应该在家
守丧。国家如遇紧急情况需要在家守丧之臣，那就是夺情起用。在皇帝夺情起用
之下，张居正没有回家守丧，被当时舆论所攻击。张居正是一个有大抱负之人，
有才华有能力有施政目标和理想。在他的努力下，国家走上了正轨，出现了中兴
的局面。在他面前，不光有请求他回乡守丧的舆论，更有请求他坚持岗位、继续
贡献自己力量的舆论。

　　张居正内心是充满激烈斗争的。一方面，张居正是想继续推进他的改革大业，
不想因为回家守丧，使改革大业前功尽弃。另一方面，张居正熟读古书，受儒家
思想熏陶，尤其知晓守孝的重大意义。他在坚持工作和回家守孝之间，最终选择
了坚持工作。当然，权力的魅力、主政的惯性、下属的推崇等要素，最终让他更
加坚定地选择了工作。为此，他受到了一些舆论的攻击。他也让发出舆论攻击的
人受到了惩罚，有的被廷杖，有的被流放。所谓廷杖，就是在殿廷上对相关人打
板子，相关人名誉上会有很大损失。所谓流放，就是通过发配相关人到较为荒凉
偏远的地方，实现教育和警醒的目的。庞尚鹏虽为这些被惩罚的官员说话，也是
为张居正着想。故庞尚鹏之言，可谓有理有据。庞尚鹏在书信中说："先太师凶问，
主上勉留方恳，言臣攻激不已。主上不震怒谴责言臣，则相公不留；相公不留，
则圣母皇皇若有所失。如顾命何？如国事何？"② 庞尚鹏从中剖析了张居正不能守
丧的顾虑，担心皇命难违。紧接着，庞尚鹏直指问题要害，指出张居正没有必要
去廷杖那些持异见之人。庞尚鹏说："相公（张居正）久秉大政，斡旋率伊周事业，
何尝有点弹文，独呶呶之口欲成夔夔之孝？其议论固激，其题目甚正，若等均相
公忠臣也。相公谅其无他，使以去就争之，主上乐听，当如转圜。"③ 庞尚鹏的诤言

---

① （清）屈大均：《广东文选》（上、下）下册，广东人民出版社 2008 年版，第 84 页。

② （清）屈大均：《广东文选》（上、下）下册，广东人民出版社 2008 年版，第 84 页。

③ （清）屈大均：《广东文选》（上、下）下册，广东人民出版社 2008 年版，第 84 页。

内蕴由此而进一步彰显。他称赞张居正的功业是巨大的，也未尝被人弹劾，只不过是现在一些官员希望张居正能回家守丧。庞尚鹏认为，这些官员的言论可能有过激之处，但初衷是好的，且均是张居正的忠实下属，方才说出那样的言论。庞尚鹏希望张居正能体谅言者的心理，不要去追求言者的责任，这何尝不是一种美德呢？庞尚鹏以施美德来劝勉张居正，难道不正说明其为张居正考虑着想吗？

　　庞尚鹏的诤言因其叙事的委婉及替张居正考虑的用心，呈现出来的时候，已经少了凌厉之势，但十分中肯。张居正功劳很大，已经形成很高的权威，没有必要与持异见者对峙甚至追责，而是要以包容的心态去对待，缓和与异见者的矛盾，不失为一种出众的政治智慧的流露。张居正没有采纳庞尚鹏的诤言，反而找了一个借口，让庞尚鹏丢官回家了。庞尚鹏的诤言价值不仅在于为被惩罚的官员说话，更在于为张居正赢得时间去缓和与反对力量的关系，进而能在其身后使其改革事业得以传续和其名誉得以保全。张居正虽功劳巨大，但其擅权专权、强势治政，虽有助于推进改革且确保改革成功，但所形成的功高震主的结果，让统治者有噤若寒蝉之感，这就促使统治者在张居正去世后，必然会清除张居正影响，行清算之实，可谓悲苦。"等到居正一死，于是削爵、抄家、审问家族等惩罚接踵而来。荆州知府将张家的大门封闭后，子女都逃避到空房间中，等到门开时，饿死的就有十几个。居正的长子敬修，起先因受不了刑讯而诬服，后来便自杀了。"[1] 张居正身前荣耀与死后悲惨所形成的鲜明对照，让我们更加深刻地体悟到修身纳言及提前谋划的重要性。当时也参与谏言张居正回家守丧的臣僚于慎行在张居正去世后讲过一段话："江陵（张居正）殚精毕智，勤劳于国家，阴祸机深，结怨于上下。当其柄政，举朝争颂其功而不敢言其过；今日既败，举朝皆索其罪而不敢言其功，皆非情实也。"[2] 张居正主政的时候，没有太多的人敢于提出诤言，帮助张居正认识到自身的局限和错误；张居正去世后，没有太多的人敢于提出公正的意见，来维护张居正的地位和贡献。于慎行深刻地指出张居正身前死后，在政坛上存在的极端整齐划一的不正常的现象，从另外一个角度，启迪我们去深思：如若像庞尚鹏之诤言被张居正采纳，或许能减少舆论攻击，缓和敌对关系，或许能为其死后保

---

① 金性尧：《炉边话明史：社会变局与历史迷思》，天津人民出版社 2019 年版，第 141—142 页。

② 金性尧：《炉边话明史：社会变局与历史迷思》，天津人民出版社 2019 年版，第 144 页。

全声誉提供良好帮助。

庞尚鹏对自己要求极为严格，且将这份严格精神传递给下一代。他在给家中晚辈的家训中，十分强调"义"的重要性："处身故以谦退为贵。若事当勇往而畏缩深藏，则丈夫而妇人矣。古人言若不出口，身若不胜衣，及义所当为，虽孟贲不能夺。此以义为尚者也。事有权衡，其审图之。"[①] 在庞尚鹏看来，谦虚待人处事十分重要，但是如遇到大事、要事、关键事，就需要显示出对"义"的看重，即使牺牲生命也毫不在意。这让人想到，庞尚鹏没有因为张居正的地位和权力而不去追随"义"，即不去说诤言。说诤言成为庞尚鹏为官所追求的"义"之一。

① 楼含松：《中国历代家训集成》（全十二册）第四册，浙江古籍出版社 2017 年版，第 2471 页。

47. 勿苟且之官

清代汤斌说："天下事莫患于因时苟且，而无真诚之意，动辄曰：时不可为也，事多掣肘也。"[①] 在工作中，官员或因为事务繁多而难以胜任，或因为上升无望而自甘懈怠，或因为人情羁绊而选择无为。作为官员，应该冲破这种苟且于仕的局面，用自己的实际行动，向世人证明自己的能力。

清代名臣米斯翰在康熙八年被授予户部尚书，年方 38 岁。为何在他如此年轻的时候，被授予如此重要的职位，主要是朝廷看准他有勤政之心、勤政之能、勤政之力。户部掌管全国财赋，责任十分重大。"户部领管全国户口、田土赋税、官员俸饷、仓库、钱币、国用。"[②] 户部是政府的财政中枢，其所面对的事务十分庞杂繁钜，需要一位得力干将去应对。米斯翰就是一位十分能干的大臣。他不畏艰辛，认真思考出现的问题，为康熙科学决策户部事务提供扎实的依据。同时，他积极地创新财税管理制度，将各省岁赋除了官员俸饷之外全部归于户部。这样做，既有助于国家统一掌管岁赋，又有助于充实国库，为国家集中力量做大事奠定了基础。

宋代有一个官员叫李孝基，在考中进士后，因出身名门、品性优良而受人尊崇。他的上升通道是畅通的，但他仍然坚持走正道。当时，名臣晏殊、富弼推荐他到馆阁任职，被他拒绝。他认为，职位不能私下互相授予，应该通过国家任命，走正规途径。他在基层任职期间，面对繁杂的各项事务，采取果断的做法，及时地推动工作进行，取得了很好的成效。在他通判阆州期间，面对江水侵蚀城墙的情形，大部分郡吏选择退避，唯独李孝基率领他的部下，挖水道，将水引到了旁

① （清）陈宏谋：《五种遗规——从政遗规》，团结出版社 2019 年版，第 305 页。
② 白钢：《中国政治制度史：全 2 册》下册，天津人民出版社 2016 年版，第 822—823 页。

边的山谷，城池得以保全。在他通判舒州期间，发现当地部分官员不仅受贿，而且还胡乱断案，造成许多冤案错案。李孝基集中审理了这些冤案错案，查清了实情，还当事人以清白，惩戒了制造冤案错案的官员。李孝基的能力和才华在仕途行进中得以充分发挥，大好前程在等待着他。他却选择辞谢官事，反映出他不留恋权位、达观的一面。在职期间，他认真工作；上升期间，他选择退居。他的这种工作态度和情怀，让人钦服。

宋朝的名臣杜衍，苦励节操，好学向上，为官清廉，敢于直言，在士大夫心中有着很重的分量。他虽身处复杂的官场关系中，却不为任何关系、利益所羁绊，进而影响他对政务的准确判断。他以太常博士提点河东路刑狱，巡察潞州的时候，发现存有冤案。当时，知石州的高继昇被控告勾结蕃族，图谋叛变，被逮捕拘囚，打算治罪，但证据不足，长时间不能断案。杜衍顶住压力，在辨明事实的基础上，还高继昇以清白，将上告之人问罪。一般而言，案件审理必然会牵涉大量人事，如需纠正或改判，定会触动相关人士的利益。如果秉持一种消极的理念，不去触碰相关关系，当然是十分舒适的，但是对于明辨是非、查清真相而言，没有任何意义。杜衍的坚持和执着就在于其敢于打破各种关系束缚，最终为蒙冤者洗清了冤屈。

48. 信实字之官

明代李文节在《拟会试录序》中说："夫用心之谓实，用以提躬砥节为实行，用以奉公守法为实事，用以劳民劝相为实惠，用以安内攘外为实绩，用以光前照后为实名，而其本则在幽独不欺，衾影无愧，一念之实始。"[①] 李文节对"实"字有着深刻的理解，将其具象化，使其具有模仿和借鉴的价值。其中，奉公守法和劳民劝相（勉）较为重要。

明代有一个官员叫李裕，为人正直，为官奉法，赢得了较好的官声。他巡抚陕西的时候，向朝廷力陈如何安抚边疆之事，还能依法核验朝廷所安排的工作任务。当时，石彪虚报斩杀敌人的功劳。李裕受命核验此事。石彪的叔父石亨写信给李裕，想要说情，被拒绝。李裕坚持将实情上报。李裕若没有奉公守法之心，如果屈服于石亨的权势，实情永远不可能被呈现。后来，他被提拔到山东担任按察使。当时，山东积案成山。李裕能够秉公执法，将多年未判决的、重罪在身的200多犯人的案子，集中进行处理，"旬月间决遣殆尽"[②]。李裕利用不到一个月的时间，就将积案沉案处理掉，不仅体现出他守法的精神，而且还体现出他对法律深刻理解且灵活运用的一面。李裕后来被提拔为右都御史，面对法纪废弛的局面，仍然致力于工作的重振中，虽受诽谤和排挤，也毫不在意。李裕的厉害之处，不仅在于他的奉公守法，还在于他能将正确的主张转化为法律条文。李裕认为传统考察官员的名目包括年老有病、没有主见、贪婪残酷、不太谨慎，这些内容还不够，要增加"才力不及"这一项，"以寓爱惜人才之意"[③]。当时，皇帝认为这条建议非常好，于是下令将这条建议纳入法律条文。

---

① （清）李廷机：《李文节集》（全二册）下册，商务印书馆2019年版，第442页。

② 章培恒、喻遂生：《二十四史全译：明史》（全十册）第五册，汉语大词典出版社2004年版，第3152页。

③ 章培恒、喻遂生：《二十四史全译：明史》（全十册）第五册，汉语大词典出版社2004年版，第3153页。

　　明代有一个官员叫周新，在处理百姓有关事宜方面有其长处。他因敢于直言、多次弹劾官员，而让权贵外戚震惊畏惧。但他对民众却有一颗热诚之心，解决有关民众方面的问题，非常有耐心、有智慧又很从容。他担任浙江按察使时，当地受冤屈、被关押的人听到周新到来的消息，非常高兴地说："我得生矣。"①他认真倾听民意，为那些受冤屈之人平反，赢得了民众之心。周新颇有传奇之处。他以微服私访的方式，视察辖区，了解民众忧急。周新被其所管辖区域的一个县令所误解，该县令还将周新关进了监狱。在狱中，周新通过询问囚犯，了解到这个县令贪赃枉法之事。然后，周新对县令说，我就是新来的按察使。这个县令叩头谢罪之时，周新弹劾且罢免了他。只有亲临一线，才能掌握线索；只有深入基层，才能了解事实。周新通过微服私访，了解到了基层的实际情况，为当地百姓除掉了为恶贪财的县令。

---

①　章培恒、喻遂生:《二十四史全译：明史》（全十册）第五册，汉语大词典出版社 2004 年版，第 3155 页。

49. 有恒心之官

对事情保持专注，且能持之以恒地认识它、剖析它、解决它，这就是有恒心之人付出艰辛努力之后而取得的成果。为官者，亦是如此。如果遇到困难，只认真对待了一阵子，然后选择放弃，这就是典型的没有恒心者所为。没有恒心者为官，会对事业发展带来巨大危害。明代学人杨东明说："余惟惧夫人心之有不恒也。夫天下事有以始勤终怠而底于成者哉？为山者亏一篑之功，掘井者弃九仞之力，遵道者阻半途之废，是皆不恒之过也。"① 杨东明担心人们做不到有恒心。如果做不到有恒心，挖山之人、掘井之人、遵道之人皆会半途而废，无功而返，甚至功亏一篑。

宋初，有一个叫薛居正的官员，就是一位有恒心之官。他很有才学，经历了多个朝代，为官任事十分认真，有扭住问题不放的决心，有持之以恒解决问题的恒心。后汉乾祐初年，史弘肇权力很大，威权震动君主，做事蛮横残忍，官员都不敢违背他的意志和心意。史弘肇的属下官员控告平民犯监禁，按照法律应当处死。薛居正看到这个案件将要判决的时候，质疑此案不实。对这个问题很关注的薛居正，抓住这个事情不放，认真追问和盘查与该案有关的人与事，发现该官员与平民有私仇。为了报私仇，该官员就诬陷平民，以死罪诬陷平民。随后，薛居正命人逮捕了该官员，使其服罪，依法处理。史弘肇虽然很恼怒，却因证据链完整而无可奈何。薛居正保护了平民的合法权益，惩罚了诬陷平民的官员。

宋初，薛居正担任朗州知州。当时有数千逃亡士兵集聚在山林湖泊成为盗匪。监军使不仅要消除匪患，而且还要消除城中僧侣——监军使认为僧侣是盗匪的同党。薛居正想了一个计策，保全了城中僧侣。薛居正率领人马，包围了盗匪。在

① （明）穆孔晖等：《北方王门集》（全二册）下册，上海古籍出版社 2017 年版，第 854—855 页。

薛居正的询问之下，盗匪之首汪端回答说，僧侣没有参加盗匪活动。城中僧侣由此得以保全性命。如果薛居正没有发现其中的疑点，没有坚持保全僧侣的性命，待真相大白后，定会懊悔。宋太祖对薛居正的品行和能力十分欣赏，对其说："观古之人臣多不终始，能保全而享厚福者，由忠正也。"[①] 薛居正为官有恒心，做事有业绩，得到了宋太祖的赞扬。

---

① 倪其心：《二十四史全译：宋史》（全十六册）第十册，汉语大词典出版社 2004 年版，第 6045 页。

50. 爱奇隽之官

明初文臣之首的宋濂，写有《哀志士辞》，其中写道："奇隽之士，无世不生。特时人弗识之，或识之而弗能用，或用之而弗能尽其才。所以声光不流于当时，事业不白于后世，予窃悲之。"[1] 宋濂认为，奇隽之士，在任何时代都有，只不过是能不能发现、能不能任用、能不能尽其才的问题罢了。对于奇隽之士，如果能发现、任用、尽其才，则会让人才的业绩显于当时，英名传于后世。对于奇隽之士，如果不能发现、任用、尽其才，就不会有显著的政绩、可流传的英名。

清朝的张岳崧就是奇隽之士。他的人生、宦海经历充分说明，能否赏识和提拔奇隽之士会产生截然不同的结果。张岳崧自幼饱读诗书，年少成名。他以探花之名，名扬天下。可惜好景不长，安稳做官的张岳崧遭遇了政坛风暴，影响了他的人生轨迹。他被抽到文颖馆担任纂修官，在负责《明鉴》修史工作中，因修史理念不符合嘉庆的意图，被嘉庆予以重罚。作为被嘉庆钦点的探花，未来的朝堂新星，张岳崧被处以革职。品行端正、学富五车、办事干练的张岳崧原本会有一个很好的未来，却意外遭遇政坛风暴，被处以革职，这既是他个人的苦难，也是朝廷的损失。

张岳崧悲伤地离开京城，回到曾经考中举人的地方——广州。在广州，他遇到了赏识他的两广总督阮元。阮元既是学问大家，又是一时能臣。在粤期间，阮元致力于发展当地教育文化事业，大力推动书院建设，取得了显著成效。阮元"任两广总督将近10年，多有善政，尤其对广东文化发展贡献很大"[2]。阮元得知被嘉庆钦点的探花张岳崧来到广州，放下身段，亲自来到张岳崧的寓所，希望张岳

---

① （明）宋濂：《宋濂全集》（全八册）第一册，浙江古籍出版社2014年版，第151页。

② 《岭南文化百科全书》编委会：《岭南文化百科全书》，中国大百科全书出版社2006年版，第193页。

崧放下思想包袱，抛却被革职的阴影，出任粤秀山院的山长。粤秀山院教学内容为五经诸史、时文括帖。粤秀山院的教学宗旨偏向于实学。粤秀山院的院长（山长）均为当时的名儒宿学、词林贤达。阮元为何能看中张岳崧呢？"因为张岳崧就是粤秀书院走出去的卓异之才，是广东继庄有恭之后第二个摘取过一甲三名的人，还是两次执掌过粤秀书院的冯敏昌的得意门生。另外，张岳崧品行端正，能诗文，工辞赋，书画俱臻上流。况且当年主讲过端溪书院，成绩斐然。"①

张岳崧看到阮元的诚意，又想到这一职务的薪酬是丰厚的，可以解决自己的生计问题，便爽快地答应下来。上任后，张岳崧用楷书书写了《粤秀书院重修碑记》。因其多年钻研书法，故出笔雅正而有韵味，端庄而富灵动。经张岳崧书写碑记，粤秀书院名声更显。张岳崧在粤秀书院，倡导朴学，重视夯实学问的基本功，颇受当地学子信赖："府君（张岳崧）励诸生以躬行实践，毋徒以文辞声气相高，重根柢之学，教人以服经义治古文为读书要领。每校文艺，改削评骘，尤极精核。士论翕然，以为鱼山先生之后继者，惟府君耳。"②张岳崧对前来粤秀书院学习的学子，要求是极为严格的，不仅要求他们要下真功夫扎牢基本功，而且还要求他们在品论时事方面有自己独特却符合实际的观点和见解。在张岳崧的努力下，粤秀书院办得十分成功，促进了广东文教事业的发展。

道光即位后，对张岳崧的才华和能力颇为欣赏，派他赴四川出任乡试主考官。担任大省乡试主考官的门槛是很高的，要求是很严的。张岳崧是探花出身，能品鉴考生文章；品行高尚，能严肃考场纪律；胸怀广阔，能识人鉴人。四川乡试主考官非他莫属。时任四川总督蒋攸铦对张岳崧十分欣赏，且二人过去有过良好的交谊。张岳崧要想将乡试办得成功，离不开蒋攸铦的支持。蒋攸铦非常支持张岳崧，让他放手去做。张岳崧经过精心准备后，积极推进乡试活动，使其办得更加顺利和成功。张岳崧"皆悉心校阅诸艺，合核两三场以定去取，各房遗卷皆苦心搜阅，兢兢然，惟恐有遗珠之憾"③。张岳崧没有借考试而收渔利，他深知有才学的考生的不易，于是尽自己所能，将富有才学之人选拔出来，做到为国选人。功夫

---

① 谢海林：《倚天屠龙手 绝代探花郎：海南科举第一人张岳崧》，南方出版社 2019 年版，第 91 页。

② 谢海林：《张岳崧研究》，凤凰出版社 2013 年版，第 225 页。

③ 谢海林：《张岳崧研究》，凤凰出版社 2013 年版，第 229 页。

不负有心人。最终，张岳崧将有才学之人选拔出来，受到包括蒋攸铦在内的各界人士的好评。

　　因为有如阮元、蒋攸铦等名臣的赏识、推荐、重用，使得张岳崧这样的奇隽志士被推上历史舞台。他没有辜负大家的希望，在不同的岗位上均做出了重大的贡献。此后，他走上更为重要的岗位，担任过学政、湖北布政使等要职，在治理水患、禁止鸦片等过程中，发挥了重要作用，做出了重要政绩。

51. 善作史之官

　　古代社会，有官员作史修史的传统。官员通过对史料的挖掘、整理、创作，形成史书，为从政者治政提供镜鉴。方以智说："经以穷理，史以徵事。设身处地，自忘其心之成见而体之，乃能灼然天下之几，而见古人之心，此所谓鑑也。"①通过对历史资料的整理与挖掘，来再现历史现场和情境，为后来主政者提供镜鉴，这是善作史之官的贡献所在。

　　南朝宋时的裴松之，就是这样一位善作史的官员。他年少成名，位居要职。在他20岁的时候，就被授予殿中将军一职。此后，他担任过吴兴故彰县令、司州主簿、国子博士、中书侍郎、永嘉太守、中散大夫、太中大夫等职。裴松之出身仕宦之家，富有才学，对诸多社会现象有独到的见解。针对当时私立之碑文与碑主生平事迹不吻合的现象，他有深刻的分析："碑铭之作，以明示后昆，自非殊功异德，无以允应兹典。大者道勋光远，世所宗推，其次节行高妙，遗烈可纪。若乃亮采登庸，绩庸显著，敷化所苍，惠训融远，述咏所寄，有赖镌勒。"②对于那些德业卓越、品行高尚、政绩出众的人，方可用碑文记录。如果超过这个范围，肆意使用碑文，则会流于形式，或走向失实。如何避免这种情况的发生，那就必须由朝廷主导，严格碑文撰写门槛，扎实碑文内容，方可做到碑文中的文字与事实相符合。

　　眼光独特、见解独到的裴松之在作史方面，亦是颇有心得和成就的。他奉命对陈寿的《三国志》进行注释。为此，他下足了功夫。裴松之"鸠集传记，增广异闻，既成奏上"③。裴松之综合各种传记资料，搜集各种轶事异闻，"破传统旧法，

---

① （清）方以智：《方以智全书》（全十册）第九册，黄山书社 2019 年版，第 415 页。

② 杨忠：《二十四史全译：宋书》（全三册）第二册，汉语大词典出版社 2004 年版，第 1386 页。

③ 杨忠：《二十四史全译：宋书》（全三册）第二册，汉语大词典出版社 2004 年版，第 1388 页。

不重训诂，而重史实的增补与考订，兼采众书达'一百五十种'，历时约3年，经补缺、备异、纤繆、评论而成《三国志注》。其内容超出陈寿所著《三国志》三倍，开创了注史之新例，且为研究三国史事保存了大量可贵资料"①。当时的皇帝看了《三国志注》，十分满意地说："此为不朽矣。"②

---

① 南京市地方编纂委员会:《南京人物志》,学林出版社2001年版,第22页。

② 杨忠:《二十四史全译：宋书》（全三册）第二册,汉语大词典出版社2004年版,第1388页。

52. 有定志之官

　　清代官员汪辉祖说："做人如行路然，举步一错，便归正不易。必先有定志，始有定力。"[1] 人生行进中，立志很重要。第一粒扣子要系正，就要有确定的志向，匹配以定力，坚持去做，定能实现已定志向，否则，将走上歧途。

　　汪辉祖说："范文正做秀才时，即以天下为己任。文信国为童子时，见学宫所祠乡先生欧阳修、杨邦乂、胡铨像皆谥'忠'，即欣然慕之曰：'没不俎豆其间，非夫也。'卒之范为名臣，文为忠臣。"[2] 汪辉祖所言范仲淹、文天祥二臣，就是有定志之臣的典范。范仲淹自幼丧父，随母亲改嫁朱家，刻苦读书，立下远大志向，矢志不渝地朝着已定志向而努力。宋代王称为范仲淹所作传记中，就针对他少年立有大志进行了阐释："仲淹少有大志，于富贵、贫贱、毁誉、欢戚一不动其心，而慨然有志于天下。"[3] 范仲淹小的时候，就面对诸如贫贱、悲伤、毁誉等难题。但是这些难题均没有难倒范仲淹，因为他心中有大志。为了心中大志的实现，他只能自勉自己认真读书、刻苦钻研，这是唯一出路。他在读书方面，付出了很大心血："昼夜不息，冬月惫甚，以水沃面；食不给，至以糜粥继之，人不能堪，仲淹不苦也。"[4] 环境的艰苦、学习的艰苦、饮食的艰苦，怀有大志的范仲淹均能忍之、受之、待之，最终成功渡过各种难关，做到学有所成。

　　范仲淹在年少时，到寺庙祈祷，希望自己未来能当宰相，或当良医。当宰相，人们容易理解，位高权重，影响力大。为何范仲淹要选择当良医呢？范仲淹回答说："嗟乎，岂为是哉？古人有云：'常善救人，故无弃人；常善救物，故无弃物。'

---

[1] （清）汪辉祖：《汪辉祖集》（全三册）中册，浙江古籍出版社 2021 年版，第 431 页。

[2] （清）汪辉祖：《汪辉祖集》（全三册）中册，浙江古籍出版社 2021 年版，第 431 页。

[3] （宋）范仲淹：《范仲淹集》（全四册）第三册，中华书局 2020 年版，第 731 页。

[4] （宋）范仲淹：《范仲淹集》（全四册）第三册，中华书局 2020 年版，第 737 页。

且大丈夫之于学也，固欲遇神圣之君，得行其道。思天下匹夫匹妇有不被其泽者，若己推而内之沟中。能及小大生民者，固惟相为然。既不可得矣，夫能行救人利物之心者，莫如良医。果能为良医也，上以疗君亲之疾，下以救贫民之厄，中以保身长年。在下而能及小大生民者，捨夫良医，则未之有也。"[①] 这段话非常精辟。范仲淹心中所想的是为民，无论是为相还是当良医，虽然职业不同，但均能为民服务。为相者，不考虑个人私利，而是心有国家、虑及百姓，这种志向是大志向。为医者，悬壶济世、治病救人，这种志向亦为人所称道。对于从政者而言，如果能珍惜手中的权力和自己身处的岗位，尽心尽力地履职，矢志不渝，这难道不令人钦羡吗？范仲淹通过个人努力，考中进士，走上仕途，成为一代名臣。他在为官期间，以分君忧、担民责为己任，终生如此，成为循吏榜样。

南宋名臣文天祥在小的时候，就树立远大的志向，扣好了人生第一粒扣子。当他为童子时，在学宫看到自己崇拜的欧阳修、杨邦乂、胡铨像，发现这三人谥号中均有一个"忠"字，就希望自己成为他们这样的人。在他参加科举考试的时候，写下了一万多字的策论文章，皇帝看了十分欣赏，亲自选拔他为第一名。当时的考官王应麟上奏朝廷："是卷古谊若龟鑑（警戒），忠肝如铁石，臣敢为得人贺。"[②] 王应麟从文天祥的文章中看到了一颗忠诚为国的心。文天祥为官正直，因敢于直言而受到权贵陷害，但他仍然不改其谏言为国之初衷。当前任丞相江万里见到被起用为湖南提刑的文天祥时说："吾老矣，观天时人事当有变，吾阅人多矣，世道之责，其在君乎？君其勉之。"[③] 见多识广的江万里对文天祥的才气和品格推崇备至，认为他定是能扛起巨大责任的有前途的官员。等到宋朝遭遇被灭危机时，文天祥挺身而出，历经磨难而终被捉。面对高官厚禄，他义正词严地予以拒绝，展示出古代社会中作为一个富有气节的士大夫的高尚情操。他既不屈从，又被猜疑，最终慷慨赴死，实现了他舍生取义的人生志向。

---

① 周勋初：《宋人轶事汇编》（全五册）第二册，上海古籍出版社 2014 年版，第 722 页。

② 倪其心：《二十四史全译：宋史》（全十六册）第十四册，汉语大词典出版社 2004 年版，第 9115 页。

③ 倪其心：《二十四史全译：宋史》（全十六册）第十四册，汉语大词典出版社 2004 年版，第 9116 页。

53. 利社稷之官

　　作为官员，除了干好本职工作以外，还要有大局意识、社稷意识、长远意识。所谓大局意识，是指官员在工作中，要克服从自己一己私利出发去考虑和认识问题的局限，应该将视野调整到整个工作的大局中去谋划。所谓社稷意识，是指官员在工作中，要有国家意识和情怀，尤其在国家需要解决一些紧迫的问题时，能够挺身而出，迎难而上。所谓长远意识，是指官员在工作中，要考虑到百姓的长远利益，而不应局限于眼前的短期回报上。大局意识和长远意识，需要从思想层面去提升；而社稷意识，则需要从爱国敬业角度去思考，显示出独特的重要性。明代官员罗亨信在《勤政堂碑》中说："苟利社稷，死生以之，臣之则也。"① 为了国家发展壮大，即使付出生命也是应该的，这是为臣的责任。

　　明代有一个官员叫范钦。他心中有工作、有社稷、有百姓，故能在工作中坚持原则，认真履职，即使遇到困难或挫折，甚至是权贵的反对和压制，也能推进工作，做出显著的政绩。他在随州担任知州期间，对自己要求极严，仅有几箱文书和随身所穿衣服，别无他物；又能深入基层，访贫问苦，很快就稳定了当地社会秩序。他因政绩卓越，被提拔为工部员外郎，管理建筑工程尤其是紫禁城的宫殿建设。当时，武定侯郭勋负责大的建筑工程建设，与监工狼狈为奸，不仅克扣工人工资，而且还通过虚报名额来冒领材料。当时，郭勋贪婪成性，骄蛮无比，加之其手握军权，又是皇亲国戚，因而为非作歹、肆无忌惮。一般的官员如果遇到这种情况，可能会睁一只眼闭一只眼，让郭勋蒙混过关，这是一种不负责任的表现。然而，范钦不是这样的官员。他心中装着社稷，在工作中，发扬一把尺子量到底的精神，严查建筑工程中的混乱现象。范钦经过调查后，发现郭勋在负责

---

① （清）屈大均:《广东文选》（上、下）下册，广东人民出版社 2008 年版，第 17 页。

工程项目过程中，存在虚报冒领现象，于是将其虚报冒领部分予以截留，由此得罪了郭勋。范钦被郭勋诬告，被廷仗后关进监狱。由于弹劾郭勋罪状的人越来越多，迫于压力，嘉靖特赦了范钦。在常人看来，如果致力于纠正郭勋的错误做法，肯定会被诬告和迫害。对于范钦来说，已经了解到触碰郭勋利益可能会产生的严重后果，却仍然坚持这么做，反映了他刚直的品性和为社稷着想的为官初衷。

　　出狱后的范钦被任命为袁州知府。袁州是历史上的文化名城。韩愈、李德裕、王安石、朱熹等均在这里任过职或讲过学。来到袁州后的范钦，希望继承袁州先贤的优良历史传统，为百姓多做事、做好事。他在《初至袁州》中写道："一麾仍出守，千里此孤城。风壤邻南楚，冠裳接上京。无才劳圣主，何术起苍生？为忆昌黎子，修祠百代名。"① 在这首诗中，范钦表达出不忘袁州优良历史传统、心系苍生的浓厚情感。这份浓厚情感深入其心，为其在袁州实心任事奠定了基础。范钦在袁州修文庙、减赋税、触权臣，赢得了袁州百姓对他的信赖和拥护。唐代大文豪韩愈曾在袁州当过刺史，留下了许多佳话传说。范钦钦羡韩愈，特为其重修了庙宇，以示文脉之延续、文教之兴盛。当时，朝廷财政收入十分短缺。为此，嘉靖不断向百姓派任务、加负担，以此来增加国库收入。范钦来到袁州后，发现当地百姓生活不易，负担过重，不宜承担沉重的赋税。心忧百姓之难的范钦向朝廷申请减税。这种申请在当时是有很大难度的。因为如果申请减税成功，就会让国库财政收入更少。但是，范钦心有百姓和社稷，顶着巨大政治压力，向朝廷提出减税申请，最后被批准，当地民众由此受益。《袁州府志》中记载范钦"念袁民贫苦赋重，力请于上，得稍蠲减，百姓德之"②。袁州出了严嵩、严世蕃父子。严嵩父子手握重权，炙手可热，其门人党羽更是遍布朝廷和地方，煊赫一时。当时，严世蕃为了扩建在老家的宅院，打算占用公共地皮，被投告到范钦那里。范钦不畏权贵，秉公处理，及时制止了严家的胡作非为。此事传到京城严世蕃耳朵里，激怒了严世蕃。严世蕃打算严惩范钦，被其父严嵩制止。

　　此后，他不管担任什么职位，均能认真履职，实现了为民为社稷鞠躬尽瘁的目标。他十分钦佩当时的名臣杨爵为社稷而坚持正义的品性。从范钦所写《杨伯

---

① （明）范钦：《范钦集》（全二册）上册，浙江古籍出版社 2012 年版，第 44 页。

② 袁慧：《范钦评传》，宁波出版社 2012 年版，第 16 页。

子（杨爵）》中，能够看出他所钦羡的杨爵之品格，实际上也是对自身品格的凝缩："杨伯子，真御史，伏阙上书匡国是。祇道寸心天可回，掉头那得顾生死？历百难，西入关，一朝怒发仍诏还。列校耽耽争奋臂，御史反接如等闲。五载出狱人共喜，胡儿闻之亦啮指。我皇养士三十年，前有杨最今有尔，区区辕下胡足齿？杨伯子，真御史。"①

---

① （明）范钦：《范钦集》（全二册）上册，浙江古籍出版社 2012 年版，第 8—9 页。

54. 亲爱民之官

对待百姓，要有爱心；有爱心而民不附，这还不是真正的爱民。明代薛瑄说："爱民而民不亲者，皆爱之未至也。《书》曰：'如保赤子'。诚能以保赤子之心爱民，则民岂有不亲者哉！"[1] 一些官员做事的初衷是为了百姓，但是事前没有征求百姓意见和了解实际情况，作出的决策和实施的方案没有得到百姓的支持和拥护，这还不是真正的亲爱民之官。更不用说一些官员为了谋求功名，大肆搞形象工程、面子工程，造成资源浪费，与百姓的期待越来越远，这更不是亲爱民之官的所作所为。

南宋的杨万里，不仅诗写得好，而且为官正直，颇有名宦之风采。他来到隆兴府奉新县，出任知县一职。他钦佩曾在隆兴府当过知府的吴芾。吴芾亦是一时之名宦，"前后守六郡，各因其俗为宽猛，吏莫容奸，民怀惠利"[2]。吴芾能够根据不同地方的民俗采取不同的施政政策，最终均能使得这些地方出现善治的局面。吴芾说过一句话，这句话亦是吴芾自身为官处世的准则："视官物当如己物，视公事当如私事。与其得罪于百姓，宁得罪于上官。"[3] 吴芾做事的风格和为民之心，让杨万里钦服不已。杨万里为吴芾写过一首送别诗，诗中写道："苍生未要怨东山，未必东山当此怨。"[4] 这首诗表达了杨万里对吴芾品格和才华的暗羡之情。吴芾的示范作用和心中不懈追求理想的精神，让杨万里的亲民之举，在奉新县有了落地的可能。他在灾情来临之际，不仅亲自主持救灾工作，而且团结同事，整合资源，群策群力，为救灾工作而呼。"县境大旱，府主簿何季华勘视灾情，据实上闻，赋

---

① （明）薛瑄：《薛瑄全集》（全三册）第三册，三晋出版社 2015 年版，第 1072 页。

② 倪其心：《二十四史全译：宋史》（全十六册）第十三册，汉语大词典出版社 2004 年版，第 8526 页。

③ 倪其心：《二十四史全译：宋史》（全十六册）第十三册，汉语大词典出版社 2004 年版，第 8527 页。

④ 于北山：《杨万里年谱》，上海古籍出版社 2017 年版，第 154 页。

诗赞之。"当杨万里看到何季华据实上报旱情，为其担当精神和所呈现出的勇气所折服。当然，杨万里的亲民爱民行为不仅体现在维护百姓的合法利益上，而且还能够对极少数破坏正常秩序的人采取合理的措施，确保奉新县的安康秩序得到维护。他刚来到奉新县的时候，一些村民拖欠国家赋税，打算长期赖账。杨万里没有动用刑罚，而是将欠租之人的姓名张榜公布在人群密集的集市上，使得欠租之人纷纷前来交纳，实现了"赋不扰而足，县以大治"的目标。古代中国，讲究德治，民皆有道德感，如果以道德感去引导民众，不仅会起到良好的效果，而且还会避免群体性事件的发生。

杨万里在担任尚左郎官期间，因当时发生地震而应诏上书，直言当时积贫积弱的形势和存在的弊政，其中就谈到了百姓生活的艰辛。杨万里说道："自频年以来，两浙最近则先旱，江淮则又旱，湖广则又旱，流徙者相续，道殣相枕。而常平之积，名存而实亡；入粟之令，上行而下慢。静而无事，未知所以振救之；动而有事，将何以仰以为资耶？"[1]外有强敌，内有忧患，如何能够破旧局而出新招，扭转不利形势，这是当时有识之士关注的头等大事。在基层当过官的杨万里，一如既往地对百姓有亲近关爱之心。他能够打破森严的官僚等级体系，大胆地向皇帝和朝廷谏言，旁征博引，直指社会中存在的尖锐问题，且提出有力的措施。在他看来，当时的宋朝灾害连连，百姓流离失所，官府救济不力，官员执行不力，一旦遇到突发情况，必定会暴露更多的问题。杨万里认为，当朝统治者应该在善于纳谏、以史为鉴、巩固边防、根绝腐败、治理堕吏、优化决策、增设屯所、积聚粮谷等方面去想办法、出实招，国家方可走向强大，百姓方能免祸。

此后，他历经宦海沉浮，时而在朝中任职，时而被外放地方，时而受到皇帝信赖，时而受到皇帝猜疑。但是，他亲民爱民之心始终没有变过。他因得不到朝廷重用，最后请辞归乡。杨万里喜欢诗，且"精于诗"[2]，一生当中创作了大量的诗作。在他的创作中，民生题材占了很大一部分。"诚斋（杨万里）出身于寒门庶族，对贫苦生活有比较深切的感受，因而对人民具有一定的同情态度。他不断向皇帝上书，向宰相献策，反覆陈述朝廷的苛捐杂税给人民带来的痛苦，主张勤俭

---

① 倪其心：《二十四史全译：宋史》（全十六册）第十五册，汉语大词典出版社 2004 年版，第 9419 页。

② 倪其心：《二十四史全译：宋史》（全十六册）第十五册，汉语大词典出版社 2004 年版，第 9423 页。

爱民，轻徭薄赋。这种源于儒家的民本思想构成他诗文的另一内容。"[1] 杨万里写过一首题为《插秧歌》的诗，诗中写道："田夫抛秧田妇接，小儿拔秧大儿插。笠是兜鍪蓑是甲，雨从头上湿到胛。唤渠朝餐歇半霎，低头折腰只不答。秧根未牢莳未匝，照管鹅儿与雏鸭。"[2] 在这首诗中，杨万里以极高的韵味描述出农民之忙之辛之劳，表达出对农民之苦的同情和对农民之勤的礼赞。他之所以能够写出如此观察入微、主题鲜明的诗，很重要的原因在于他有一颗亲民爱民之心。

---

① 于北山：《杨万里年谱》，上海古籍出版社 2017 年版，第 2 页。

② 刘耕路：《中国的诗词曲赋》，商务印书馆 1996 年版，第 108 页。

55. 尚无我之官

　　古代社会，讲究学而优则仕。个体自幼勤奋好学，立志成年后做大事。通过什么途径来做大事呢？通过走入仕途，来实现治国平天下的目标。有作为的官员，身上有许多优良的品质。当然，这些有作为的官员也有自身的弊病和历史的局限性。但是，他们能够在特定的历史时期内，通过自己积累的学识、树立的志向、修成的品德，认真履职，做到了无愧于职位、无愧于朝廷、无愧于民众。深受儒家思想浸淫的官员，毕生追求的奋斗目标就是以圣人的品格来要求自己。圣人的品格有许多，其中一条就是忘我的精神和格局。清初学者陆嘉淑在一首诗中写道："圣人不谋己，所以役天下。"[1]这里所言"不谋己"，即忘我、无我的状态。有了这样的为官状态，官员才能更好地治理天下。

　　崔与之是南宋名臣，在多个方面做出了贡献和政绩。他的父亲崔世明对他影响颇大。崔世明虽屡考均未中，常言不为宰相就做良医。在崔世明看来，为官不能从功利的角度而言，而要从为民办事的角度去考虑。正如他想当良医一样，想为民众解决身体疾病，出发点均在百姓身上。他钻研医术，终有所成，致力于为穷人看病，且不收钱。在当地，崔世明有着良好的口碑。虽然崔与之出生不久，其父崔世明就离世，但是良好家风的熏陶，潜移默化地注入到了崔与之的血液中。虽然父亲早丧，但这并没有磨灭崔与之上进的心。他更加认真努力地读书，希望自己在未来能做一个对社会有用的人。崔世明去世后，崔与之生活更为贫寒、处境更为困窘。但他始终没有懈怠，反而更加激励自己，努力读书，奋发向上，展示出远大的志向和积极进取的人生态度。"公（崔与之）蚤孤家贫，刻苦向学，读书务通大义，不事章句，为文务得大体，不事缀辑。少倜傥有大志，应接事物，

---

① （清）陆嘉淑：《陆嘉淑集》（全二册）上册，浙江古籍出版社 2021 年版，第 83 页。

动有机警。"① 崔与之少年时，读书读得好，志向立得好，待人接物有章法，显示出同龄人少见的成熟感。崔与之虽然刻苦攻读，但是其出生地增城是一个偏远的地方，不具备继续深造的条件。为了进一步提升自己，他毅然告别母亲，不惧长途奔袭之苦，孤身一人北上来到临安参加太学补试，成绩合格后进入太学成为一名令人羡慕的太学生。当时，他生活虽然清贫，需要借助友朋资助，但他能珍惜时间，将心思全放在阅读学校所提供的各类书籍上。他的时间，没有用在闲逛繁华闹市区，而是在观化斋专攻诗赋，有所得，方可罢了。经过 3 年多的苦读，他终于考中进士，虽已 36 岁，但他成为广南考取进士的第一人，开一时风气之先。

随后，他走上仕途，忘我地工作，做出了大量的政绩，成为一代名臣。他仕途第一站在浔州担任司法参军。当时的浔州十分偏远，条件比较艰苦。在偏远艰苦地区，容易消磨掉人们奋发的斗志。但是，崔与之没有受恶劣条件的影响，而是居官敬业，做事公平，赢得了当地官员和民众的赞赏。"定见明，自信笃，可以处大事。"② 崔与之在为官中，有自己的主见，对自己要求很严格，对百姓的态度又很温和。他在担任浔州司法参军期间，发现常平仓年久失修，担心会被淋雨，就想到用自己住房的瓦覆盖在粮仓上。过去在浔州为官的人，经常对常平仓的米兑卖谋利。如遇粮荒，常平仓又缺粮，受损的还是老百姓。心有百姓的崔与之坚决不同意将常平仓的米进行兑卖，得到郡守支持。他被推荐为淮西提刑司检法官，公正地裁决案子。当时，有一个贫民因还不起欠大户的钱，就将自己的儿子打死来诬告大户。当地官员经审查后，准备将这个贫民判以流放之刑。崔与之对审这个案子的官员这样讲道："小民计出仓猝，忍使一家转徙乎？况故杀子孙，罪止徒。"③ 崔与之认为贫民生活已经不易了，按照当时的律法，应该对这个贫民判劳役之刑。审案官员采纳了崔与之的建议。他不畏权贵，敢于秉公处理诉讼。"在淮西幕，时王枢密当国，有子豪夺僧寺田，官吏无敢决其讼，公（崔与之）直笔拟断，不为权势屈，王闻而壮之，荐于朝。"④ 崔与之 "历浔州司法、淮西检法官，皆有守

---

① （宋）崔与之:《宋丞相崔清献公全录》，广东人民出版社 2008 年版，第 2 页。

② （明）薛瑄:《薛瑄全集》（全三册）第三册，三晋出版社 2015 年版，第 1055 页。

③ 倪其心:《二十四史全译：宋史》（全十六册）第十四册，汉语大词典出版社 2004 年版，第 8861 页。

④ （宋）崔与之:《宋丞相崔清献公全录》，广东人民出版社 2008 年版，第 2 页。

法持正之誉"①。

　　他因政绩卓越，被提拔为建昌新城知县。他将全部心思投入治理县城的工作中，以民众利益为施政之先，做了很多利民之事。当时，新城县收成不好，盗贼时常出入百姓粮仓，为本不富裕的民政带来极大的危险。崔与之十分果敢，当机立断，将盗贼之首擒拿且施以重刑，以惩其众。盗贼之患由此消除，百姓从此安居乐业。当时，朝廷因对外用兵，向全国征集粮草。崔与之根据新城县实际情况，通过县衙出钱购买百姓粮食，来上贡朝廷，以备军事之需，既保障了民众的合法权益，又完成了朝廷布置的任务。

　　在崔与之担任广西提点刑狱期间，深入基层，遍访所辖区域而不扰民，"所至，秋毫无扰，停车决事，风采凛然，一切胶削夙弊，悉罢之"②。崔与之所见弊政颇多，非常有耐心地逐步去推动解决。朱崖出产苦橙，当地人将苦橙之叶用来代替茶叶。州郡看了以后，对崔与之所管辖的朱崖所出产的这种苦橙之叶，要予以征税，每年五百缗。当地民众明知其不合理，却也无可奈何。崔与之废除了这个弊政。在琼州，习惯于用木棉编织衣被，由当地妇女来承担。当地妇女丢下老人和孩子，来做女工，且服此劳役。崔与之看到这种不合理的规定，就废除了这种不成文的带有职业歧视的内容。"其他利病，罢行甚众。琼之人次其事为《海上澄清录》。"③崔与之只要看到不合理的规定，就会改掉或调整。当地百姓将这些改掉或调整的内容编成了一本《海上澄清录》，使其传于后世。岭南离朝廷较远，刑罚又偏于严苛，受害最深的还是老百姓。深入思考这种现象背后的原因后，崔与之制定了约束酷吏的《岭海便民榜》，从十个方面进行阐释，通过广而告之，积极宣传，起到了很好的作用。"他（崔与之）所谓的十事，一为'狱囚充斥之弊'，二为'鞫勘不法之弊'，三为'死囚冤枉之弊'，四为'赃物供摊之弊'，五为'户长科役不均'，六为'弓手、土军骚扰'，七为'催科泛追'，八为'缉捕生事'，九为'奸猾健讼'，十为'州县病民'。"④

　　当时，边关危急，两淮有难，皇帝亲召崔与之入朝，委以重任，负责淮东军

①　（宋）崔与之：《宋丞相崔清献公全录》，广东人民出版社2008年版，第204页。

②　（宋）崔与之：《宋丞相崔清献公全录》，广东人民出版社2008年版，第190页。

③　倪其心：《二十四史全译：宋史》（全十六册）第十四册，汉语大词典出版社2004年版，第8862页。

④　朱瑞熙：《朱瑞熙文集》（全八册）第七册，上海古籍出版社2020年版，第128—129页。

事。他通过定方略、固边防、强军力，有力保障了边境安全。他在上疏中分析了当时与金军长期在边关对峙的局面，认为解决方案仅仅停留在口头表态上，这是不对的。他认为，应该选将入边，发动民兵，巩固边防。到了扬州后，他在巩固边防方面做了许多实事，挖濠沟、设吊桥、联民兵、练士兵，提高了备战能力。当时，与金军和议的声音很大，但丝毫没有影响崔与之的判断。他认为，如果在对宋朝不利的情况下仓促议和，就会屈辱地接受对方苛刻的条件，这是他所不能接受的。他顶住压力，希望通过强军力，在与金军关系处理中占据主动。崔与之"亟修守战备，遣精锐，布要害"①。在他的努力下，金兵未能进犯，屈辱和议亦被搁浅。他在淮东任职 5 年后，被召回朝中任职。当时，成都董居谊因贪而被驱逐，成都总领杨九鼎被害，蜀地大乱。此时，年过 60 的崔与之被任命为焕章阁待制、成都府知府、本路安抚使。他心忧国事，不顾年迈，只身前往成都平稳蜀地局势。来到蜀地后，崔与之着手改善与手握军权的四川宣抚使安丙的关系，使本来富有敌意的安丙对崔与之产生了信任之情。可惜，好景不长，安丙突然病逝。崔与之尽掌蜀地军政大权，大力推行其政，成效明显。第一，团结将士，协力报国。安丙在的时候，蜀地军政对立十分严重，出现了军政互不支持的局面，导致了许多败战的出现。崔与之"戒以同心体国之大义，于是戎帅协和，而军政始立"②。第二，果断立谋，加强自身建设。当时，西夏提出与宋共同反击金国，得到许多人的附和，但是受到崔与之的坚决反对。他认为，西夏不足为宋朝的倚助对象，更何况西夏惯于出尔反尔，不足信之。崔与之希望通过招纳豪杰，修固堡障，方能抵御敌人。第三，筹划军政，全力固防。蜀地因备战需要，过去马匹很多，后来减少很多。崔与之要求抬高马价，促进马业持续发展；依边界布边防，"凡关外林木厚加封殖，以防金人突至"③；加强情报搜集，扎实边防工作。金军看崔与之防备甚严，始终不敢进攻蜀地。因他在蜀地有政声，"蜀人思之，肖其像于成都仙游阁，以配张咏、赵抃，名三贤祠"④。

此后，崔与之的职位越来越高，甚至做到了宰相的高位，但他常以恳辞之心

---

① 倪其心：《二十四史全译：宋史》（全十六册）第十四册，汉语大词典出版社 2004 年版，第 8863 页。

② 倪其心：《二十四史全译：宋史》（全十六册）第十四册，汉语大词典出版社 2004 年版，第 8864 页。

③ 倪其心：《二十四史全译：宋史》（全十六册）第十四册，汉语大词典出版社 2004 年版，第 8865 页。

④ 倪其心：《二十四史全译：宋史》（全十六册）第十四册，汉语大词典出版社 2004 年版，第 8865 页。

待之，留给世人谦谦君子之形象。他以 82 岁高龄辞世，谥号"清献"。崔与之的门人温若春在《崔清献公墓志铭》中对崔与之评价很高："主而忘身，公而忘私，国而忘家，将古所谓社稷臣者，于公有焉。"① 崔与之不论在哪个岗位上，均能毫无保留地将自己的智慧倾情付出，赢得了朝野上下和辖区百姓的赞赏和拥护。"崔与之在仕宦生涯的每一任职期限内，均政绩斐然。其实，这正是其忠直无私、不辞劳苦为国事尽心竭力的必然结果。与之曾不止一次地在奏札中提道：'奔走万里，辛苦一生。''自惟平生奔走四方，王事尽瘁，惟有一诚体国，至于神疲力竭而后已，未尝辄辞。'观其一生，此语绝非虚造，亦无丝毫骄矜。"②

---

① （宋）崔与之：《宋丞相崔清献公全录》，广东人民出版社 2008 年版，第 192 页。

② 朱泽君：《崔与之与岭南文化研究》，人民出版社 2010 年版，第 491 页。

56. 勿求速之官

　　许衡在《语录》中说："汲汲焉毋欲速也，循循焉勿敢惰也。非止学问如此，日用事物之间，皆当如此，乃能有成。"[1] 为官者，通过自己的努力，在岗位上做出政绩，得到群众和上级的赞誉，进而能够被提拔，这是其最大的志向。这种志向是要立的，但是不能急功近利，不能为了在短时间内求得认可和提拔，而挖空心思，做一些表面文章。勿求速之官，就是懂得节奏，不走捷径，不追求速度，而是稳扎稳打，有序向前行进。

　　晋代的谢安，是一时之名臣。他才华横溢，又谦虚低调；智慧高超，又超然脱外；既出世，又入世。为官期间，他不断提升自己的内在修养，按照事物发展的规律，循序渐进地推动社会向前发展。谢安的一生，十分懂得为官的节奏和分寸。这种节奏感和分寸感不是强装出来的，而是自身才华和道德修养高度匹配后所形成的。谢安出身名门，自幼多才，被众人看好，前程远大。他没有在一片叫好声中迷失自己，而是不断地提升自己的素养，训练自己的修为，使自己更加出众。

　　谢安很早就走上仕途。在他早期从政经历中，可以发现他经常以各种理由推辞各种职务的记载。基于进入宦海之后的复杂性和自身家族过于强势的显耀性，谢安拒绝各种职务，是顺理成章的。本来有很大的机会，尽快进入仕途，但是谢安没有这样选择，而是深感自身修养不够，选择沉下心来，不断提升自己的综合素养。他用礼法教导家中的孩子，通过塑造良好的家风，来培养优秀的人才。他结交名士，与名士们一起游览祖国的大好河山，壮阔的景象拓展了他思想上的认知。他隐居名山，静心沉思，向古代先贤学习，淬炼自己的精神品质。

　　谢安的弟弟谢万被废黜后，谢安才有了仕进之意。当时，他已经40多岁了。

---

① （清）陈宏谋：《五种遗规——训俗遗规》，团结出版社 2019 年版，第 128 页。

当时的权臣桓温十分欣赏谢安的才华，给了谢安一个职务。谢安由此走上仕途，且平步青云。桓温既想利用谢安的名声来装门面，又想通过大举练兵来取代晋室。在桓温有这个想法且要付诸实践的时候，谢安被召入见。此时的谢安神色不变，没有显露出慌张的样子，淡定地说了一句话："晋祚存亡，在此一行。"[1] 如果谢安能顺从桓温篡夺晋室的意图，还会加官晋爵。但是，谢安没有这样做，显示出他的高尚情操，也是他放慢晋升速度的一种体现。谢安来见桓温，知其有埋伏，便正色道："安（谢安）闻诸侯有道，守在四邻，明公何须壁后置人邪？"[2] 桓温于是打消了陷害谢安的念头。谢安在他能力范围内，抵住桓温的压力，做了大量工作，使得朝局出现了暂时的稳定。桓温病逝后，谢安更是成为各方瞩目的焦点人物，承担了更大的职责，发挥了更大的作用。

一朝权在手，只把权来用。这句话在谢安身上是不适用的。他虽然身居要职，但是没有大张旗鼓地去推翻旧政，而是施行德政，和睦群臣，善任将帅，稳定了当时的社会秩序。谢安是很有才华和能力的。他施展才华和能力的时候，没有想着一蹴而就，而是遵循事物发展的规律，一步一个脚印地去做，最终如期实现目标。对内，他不动声色地调整人事，稳定天下局势；对外，他毫无惧色地应对进攻，成功地进行了抵御。淝水之战后，谢安的声望和职位达到了顶点。他不以追求声望和功名为初衷，适时地提出辞去显耀的职位和爵位，又能及时地平衡其他实力派，使其既受重用，又不至于让其造成危害。谢安的眼光是长远的。他的视野没有局限在短期内，而是着眼于未来，着眼于如何有力地推动工作，如遇掣肘，就会放慢脚步，减少阻力，为的是克服阻力后更加有效地解决问题。

---

[1] 许嘉璐：《二十四史全译：晋书》（全四册）第三册，汉语大词典出版社 2004 年版，第 1765 页。

[2] 许嘉璐：《二十四史全译：晋书》（全四册）第三册，汉语大词典出版社 2004 年版，第 1765 页。

57. 勿沽名之官

名很重要。有的时候，有了名，可以更好地推动相关活动顺利开展。但名亦是一把双刃剑，用不好，就会让人觉得是"沽名"。对名的追求脱离了初衷，在一定程度上助长了形式主义。

唐代名臣韩休，富有才华，长于文辞，既能在朝中挥斥方遒，指点江山，制定为政方略；又能在基层了解民情，解决百姓关心的问题。他在担任虢州刺史期间，不图虚名，不慕功名，敢于为民倡言，积极地维护百姓的利益。虢州是当时朝廷为厩马征收草料的地方。韩休认为，全国那么大，可提供草料的地方有许多，为何只来虢州征收，这无疑会加重虢州百姓的负担。于是，韩休向朝廷提出向全国平均摊派草料的建议。时任中书令的张说讲："免虢而与它州，此守臣为私惠耳。"[1] 宰相张说认为，如果按照韩休的意见去做的话，只会助长地方利己之风。

如果为了迎合宰相之言，放弃自己正确的建议，得到宰相的赏识，收获荣誉和功名，亦是有很大可能的。然而，韩休没有这样去做，而是再次据实上奏。此时，韩休的部下为了韩休，提醒韩休，认为他这样做会冒犯宰相的意旨。韩休慷慨陈词道："刺史幸知民之敝而不救，岂为政哉？虽得罪，所甘心焉。"[2] 韩休看来，只要是为了百姓，即使得罪宰相，也不会后悔。朝廷最终同意了韩休的建议。因韩休政绩卓越，品行高尚，被推荐为黄门侍郎、同中书门下平章事。他当了宰相后，人们认为名实相符。宰相是百官之首，上接皇帝之旨，下引百官之行，地位尊贵而且重要，其一言一行更是关系朝政存废、政权兴衰。因在乎宰相的位置，阿谀顺从皇帝的宰相并不少见，奉行好人主义、调和群臣关系的宰相亦不乏其人。

---

① 黄永年：《二十四史全译：新唐书》（全八册）第五册，汉语大词典出版社 2004 年版，第 3053 页。

② 黄永年：《二十四史全译：新唐书》（全八册）第五册，汉语大词典出版社 2004 年版，第 3053 页。

如果皆是为了保名保位，朝政处理定会走向死胡同。

韩休不是这样的宰相，他清楚地明白自己的职责所在。当时，时任万年尉的李美玉犯了小罪，惹怒了唐玄宗，唐玄宗打算将其流放岭南。韩休不同意这样处置，提出了自己的看法："尉小官，犯非大恶。今朝廷有大奸，请得先治。金吾大将军程伯献恃恩而贪，室宅舆马僭法度，臣请先伯献，后美玉。"①唐玄宗没有同意他的建议。在韩休看来，法律执行要讲究公平，不能听令皇权自由裁断。对朝政危害大的官员不能得到有效惩罚，对朝政危害不大的官员进行过度惩罚，惩罚有失公平。唐玄宗也不能迫使韩休改变主意，可见韩休的坚定正直。曾经推荐过韩休的萧嵩，最开始认为韩休柔顺好控制，深入接触后发现其人坚持原则，谁的面子也不给，颇为不平和后悔。宋璟听闻后说："不意休（韩休）能尔，仁者之勇也。"②宋璟对韩休的行为也感觉到很意外，没有想到他是如此正直、敢于坚持原则的好官。

韩休敢于提出正确的谏言，在唐玄宗心中留下了深刻的印象。每当举措有失时，唐玄宗总会与身边的人说，韩休知道了吗？其警戒之心如此。当然，良药苦口。韩休的谏言行为，自然会让唐玄宗不开心。然而，唐玄宗自是以明君视己，面对韩休的谏言，虽然不开心，但是知其为了大局为了朝政，就释然了。当大臣们议论韩休，建议唐玄宗驱逐他时，唐玄宗说："吾虽瘠，天下肥矣。且萧嵩每启事，必顺旨，我退而思天下，不安寝。韩休敷陈治道，多讦直，我退而思天下，寝必安。吾用休（韩休），社稷计耳。"③唐玄宗之所以能开创开元盛世，成为一代明君，其见识必然较常人远矣。他对韩休及其行为的深刻剖析，不仅挖掘了韩休公正行为背后的政治逻辑，而且也显示出自己作为政治家心系天下的胸怀与格局。韩休亦得以善终，谥号"文忠"。

清代学问家姚世钰在《石川诗钞序》中说："公（方觐）精于吏事，廉不伤物，慈不贷奸。"④方觐是姚世钰十分钦佩的官员。方觐廉洁从政，对老奸猾吏贪婪的作风进行严厉禁止，使得这些老奸猾吏没有敛财一分钱。方觐能够做到"廉不

① 黄永年：《二十四史全译：新唐书》（全八册）第五册，汉语大词典出版社2004年版，第3053页。
② 黄永年：《二十四史全译：新唐书》（全八册）第五册，汉语大词典出版社2004年版，第3053页。
③ 黄永年：《二十四史全译：新唐书》（全八册）第五册，汉语大词典出版社2004年版，第3054页。
④ （清）焦循：《雕菰楼史学五种》（全二册）上册，凤凰出版社2014年版，第479页。

伤物"，即以廉约己、以廉束下，但没有做沽名之事，没有做伪廉之事。方觐既有廉之举措，又能恰到好处地保障正常人的需求，出现"人人得自尽其情"①。前面所提"伪廉"，亦是深层意义上的关于廉名的反思。所谓伪廉之事，即为求廉名，去做一些表面上比较廉洁的事情，但是实际上、本质上仍然在敛财，违背了廉洁的要求。方觐为人开朗，同情寒族，对寒族有很大的礼遇，这就是所谓的"慈"。但是，方觐虽慈，但不是处心积虑地为了赢得慈名而故作其态，而是出于其真诚的性情流露。

---

① （清）焦循：《雕菰楼史学五种》（全二册）上册，凤凰出版社 2014 年版，第 479 页。

58. 勤反思之官

作为官员，善于对自己的工作进行梳理和反思，定会有良好的效果。明代官员薛瑄说："余每夜就枕，必思一日所行之事。所行合理，则恬然安寝。或有不合，即展转不能寐，思有以更其失。又虑始勤终怠也，因笔录以自警。"① 薛瑄对自己要求很高，每日必做反省功课，所行之事合理合规，思之全然，睡之愈香；所行之事不合理不合规，反复斟酌，夜不能寐，拿笔记录之以自警。

唐代名臣陆贽在为官生涯中，善于反思自己身上存在的缺点，勤于自慎，成功迈过挡在他前面的各种障碍。他年轻的时候，亲自拜访有名望的寿州刺史张镒。刚开始，张镒待陆贽不太礼貌。想必当时张镒看不上这个初出茅庐的年轻小伙。陆贽没有灰心，而是思考如何能够与张镒建立良好的信任关系。经过认真交流后，张镒发现陆贽是一个非常有思想有见地有才华的人，"奇之，请为忘年交"②。这两个人在分别之际，张镒因太过欣赏陆贽，要赠送其一百万钱。想必陆贽对这种场景也有思考，只收了张镒一串新茶，谦虚地说："敢不承君厚意。"③

因被有名望之人推荐和扬名，陆贽很快在官场积累了较大的声誉。唐德宗还是太子的时候，就知晓陆贽的事迹，于是将其召入翰林院担任翰林学士。陆贽"性忠荩，既居近密，感人主重知，思有以效报，故政或有缺，巨细必陈，由是顾待益厚"④。陆贽生活在唐王朝中央权力弱化、各地藩镇势力壮大的时代。儒家思想的反省教诲和动乱年代报国恩之心，让陆贽深感自己身上责任重大。他以国事为上，以政事为上，以民生为上，每每决策之际，能够做到事无巨细、剖决如流，

---

① （清）陈宏谋：《五种遗规——从政遗规》，团结出版社 2019 年版，第 48 页。

② 张仲裁译注：《廉吏传》，中华书局 2020 年版，第 532 页。

③ 黄永年：《二十四史全译：旧唐书》（全六册）第五册，汉语大词典出版社 2004 年版，第 3183 页。

④ 黄永年：《二十四史全译：旧唐书》（全六册）第五册，汉语大词典出版社 2004 年版，第 3183 页。

其决策亦是深思熟虑之果，好多内容均是多方对比、反复思考、不断反思的结果。

当时，唐德宗面临的局面十分繁杂，匪患丛生、叛乱四起、民不聊生。陆贽上疏唐德宗："今盗遍天下，舆驾播迁，陛下宜痛自引过，以感动人心。昔成汤以罪己勃兴，楚昭以善言复国。陛下诚能不吝改过，以言谢天下，使书诏无忌，臣虽愚陋，可以仰副圣情，庶令反侧之徒，革心向化。"① 如何扭转不利的局面，这是摆在陆贽面前的一道考题。他在呈上这封奏疏之前，想必反复思考，希望能够起到良药作用。他在这封奏疏中所表达的理念，均是站在王朝发展的角度，为唐德宗提出的优质谏言。他在奏疏中告诫唐德宗应"痛自引过"，应"不吝改过"，对所出现的弊政进行深刻反思和彻底整治。这封奏疏得到唐德宗的认可和赞赏。陆贽在这封奏疏中所倡导的改过理念，是他个人修身检过的修炼心得，更是他对国家保持统一和繁荣景象的期待。

陆贽为官，经几起几落，无论是高居庙堂，还是退处草野，环境虽有所变化，但不变的是他的自省之心。他被贬到荒远的忠州，没有怨恨之情，而是自我反省应该如何在这个地方做一些实际工作。陆贽"在忠州十年，常闭关静处，人不识其面，复避谤不著书。家居瘴乡，人多疠疫，乃抄撮方书，为《陆氏集验方》五十卷行于代"②。他身处偏远之地，为了避免身携过去朝堂光环，给当地政府和民众造成不必要的影响，选择闭门自修；他才华横溢，写的一手好文章，在忠州期间，正是著书立说的大好时机，但是他因写书会给政敌留下把柄，坚决不著书；他看到忠州百姓苦于瘴气，收集整理了 50 篇有用的药方，无偿地介绍给当地百姓使用。他在忠州所为，皆是其自身反思自修的结果。

陆贽将反省自修上升到哲学高度，形成了理论，指导其一生。他既通儒家之说，深究自省之旨；又能在处理政事中践行自己所信奉的哲学思想理念，使得他既能做出大量的政绩，又能在纷繁的朝政争端中得以全身而退。看陆贽的文章，尤其是其写的关于廉政的文章，连唐德宗都觉得他清慎太过，不妨收一些小恩小惠，却被他以缜密的文论予以坚决的回击，认为小恩小惠的收受是走向深渊的助推器，是断不可为之的。从中，可见陆贽反思自修的精神是多么坚定。

---

① 黄永年:《二十四史全译: 旧唐书》（全六册）第五册，汉语大词典出版社 2004 年版，第 3183—3184 页。

② 黄永年:《二十四史全译: 旧唐书》（全六册）第五册，汉语大词典出版社 2004 年版，第 3210 页。

59. **行教化**之官

许衡在《语录》中说："教人使人，必先使有耻。又须养护其知耻之心。督责之，使有所畏。荣耀之，使有所慕。皆所以为教也。道无所畏、不知慕时，都行不将去。"[1] 古人讲究教化，有督责、奖励等手段，通过教化，使得百姓能够明白事理，进而更好地推动工作，服务百姓。

唐代的韦丹就是在行教化方面有突出贡献的官员。他出身名门，受到家庭良好的熏陶，饱读诗书，心怀正义，做事非常公平，为人非常正直。他在容州担任刺史期间，做出了卓越的政绩。他在容州，推行"两手抓"，一手抓经济，引导当地百姓从事男耕女织的工作和生活，开垦屯田、种植茶麦，促进当地经济发展，提高当地百姓收入水平；另一手抓教化，大力兴建学校以提高百姓素养，禁止官员掠夺百姓当奴隶，让因贫穷而卖身的百姓可以出钱赎回，"仁化大行"[2]，百姓的存在感和幸福感大增。韦丹的教化工作做得很好，不仅让容州的百姓有了道德上的耻感，更有了向上的尊严感，在这个基础上再进行积极引导和推动，当地文教工作就能上一个台阶。

韦丹看事情着眼于未来。他认为经济发展是基础，教化工作是经济发展的助推器和升华器。他在担任江南西道观察使期间，致力于恢复当地正常的生产生活秩序及推动当地教化工作。在他管辖的区域，百姓不会制瓦建屋，房子是茅草盖顶，竹子做椽，如果长期干燥，就容易起火，说明当地百姓生活条件十分简陋。如果在此时，对生活不好的百姓进行教化，很难推行。所以，韦丹先把为当地百姓提供安全便利的生活条件作为首务。对于当地大部分百姓，韦丹召来工匠教其

---

① （清）陈宏谋：《五种遗规——训俗遗规》，团结出版社 2019 年版，第 129 页。

② 黄永年：《二十四史全译：新唐书》（全八册）第七册，汉语大词典出版社 2004 年版，第 4217 页。

制作陶瓦；对于因逃亡而未返回的流民，官府为其建造住所；对于贫穷之家，官府发给其财物，让其自己去建造房屋。等到当地百姓有了安全便利的生活环境后，韦丹再着手去做当地教化工作。关于韦丹在此地的教化工作内容，史书没有过多记载，但是从当时人们对他的良好评价中，可以看出他在教化当地百姓方面，的确是花了心思、费了功夫。唐宣宗在读《元和实录》过程中，发现元和时期韦丹的政绩特别卓越，就对宰相周墀说，元和时期，谁治理百姓为第一呢？周墀回答说："臣尝守江西，韦丹有大功，德被八州，殁四十年，老幼思之不忘。"① 在周墀的回答中，可以看出韦丹不仅能力强，而且还懂教化工作，故有"德被八州"之誉，故能在多年后仍有民众思念他。

---

① 黄永年：《二十四史全译：新唐书》（全八册）第七册，汉语大词典出版社 2004 年版，第 4218 页。

60. 正邪风之官

社会风气是由什么败坏的？是由主政者逐渐带坏的。封建社会中，官员作为主政的主体，直接承担着建设改造社会风气的重任。如果他们不重视自身的一举一动，出现一些歪邪言行，将会对社会风气产生巨大的负面影响。清代的陈鳣在《官方论》中，对这个问题进行了深刻的阐释。陈鳣说："正朝廷以正百官，正百官以正万民。"[1] 为官之道讲究同理心。如果上级官员以身作则，就会形成良好的示范效应，下属就会学习、效仿上级官员，就会营造一个良好的从政环境，进而影响到民众。

陈鳣认为："是以国家之败，由于官邪。在上者欲固国本，必正官邪。欲正官邪，必严官刑始。"[2] 一个国家的衰败往往是由于官员的邪风所带来的。想建设好一个国家，必先治理好官员邪风。如果想治理好官员邪风，就必须严格法律制度。陈鳣在《官方论》中举了一个官员的例子，来说明官员邪风的危害。有一个达官来到基层视察水灾情况，跟达官视察的随从有很多。达官来到县衙登堂而坐，正要解其冠时，问了随从一句话："冠擎安在？"[3] 结果没有得到随从的回应，随从招致达官的怒骂。达官的怒骂反映出其作为官员的邪气之重。当时，水灾甚大，灾民甚多。对于勘察基层水灾工作的达官来说，了解受灾情况，及时作出赈济和帮扶，既是其职责使然，又能解决群众困难，是当务之急。结果，达官没有解受灾之民的忧愁，而是为个人的舒适，发出怒骂之音，这是达官的邪气之所在。

达官接下来需要做的事情是设宴饮食。达官饮食追求奢华，讲究排场，令人惊讶不已："未几设食，则属吏奔走供给，嘉肴时蔌罗列满前，侈然厌饫，传呼而

---

① （清）陈鳣：《陈鳣集》（全二册）上册，浙江古籍出版社 2018 年版，第 17 页。

② （清）陈鳣：《陈鳣集》（全二册）上册，浙江古籍出版社 2018 年版，第 17 页。

③ （清）陈鳣：《陈鳣集》（全二册）上册，浙江古籍出版社 2018 年版，第 17 页。

返。"① 达官呼来喝去、享受奢华，又是官员邪气的体现。关键在于，由于受水灾影响，灾民民不聊生，作为深受朝廷重托、百姓期待的达官前来勘察受灾情况，本应该轻车简从、恶衣蔬食、竭尽全力来勘察灾情，结果令人大失所望。

作为朝廷派下来勘察灾情工作的达官，本应该做好示范工作，以身作则，为下属树立榜样，及时掌握灾情，为朝廷解决灾情提供科学依据。结果，达官自身修为不够，充斥着各种不良作风，所谓邪风充斥其身，影响了他的言行举止，败坏了吏治队伍，造成了极大的负面影响。此时，应当明确法令，各司其职，充分发挥不同职位的职能作用。如果有所懈怠，必将严惩不贷，方能治理邪风，改变作风，重塑官员形象和政治生态。

唐代有一个宰相叫周墀。他当了宰相后，看到在《元和实录》中，有前宰相李德裕修订的痕迹，在这些修订痕迹中又旨在凸显李德裕父亲的功绩，这是不符合史书撰写原则的。于是，针对这种不良邪风，周墀向皇帝建议，将《元和实录》中经李德裕修订的部分重新恢复原状。当时，河东节度使王宰用重金贿赂权贵，希望以此来谋求更高的职位。这种不良邪风被周墀所批评。周墀认为，显耀的职位是国家的核心命脉所在，关系朝政兴衰，是不可以用金钱来谋取到的。唐宣宗采纳了周墀的建议。于是，当时走仕途之人，想通过花钱来当官或谋求更高职位的人，在被打击后，逐渐减少了。周墀成为一种象征。有他的存在，就会大力打击邪风，使政治生态得以净化。

---

① （清）陈鳣：《陈鳣集》（全二册）上册，浙江古籍出版社 2018 年版，第 17 页。

61. 可进退之官

古代社会，士子走上仕途，在职位升迁过程中，越往上走，职位越少，竞争越激烈，用人因素越复杂。面对复杂的官场关系和用人的不确定性因素，作为一直在往上走的官员，应该守身持节，坚守自己的原则，坦然面对自己的未来，哪怕是遇到可能会带来的贬斥，心中的"道"仍然不走样，亦不应屈从或有各种不开心。当处于最基层的时候，突然被大幅度提升，亦不应显露出骄傲自满的态势。这就是可进退之官。宋朝的王令在《与知县》一文中说："今闻古之君子，虽居富贵贫贱之间，其势则异矣；及至进退出处，则其道一也。然则富贵贫贱之势既异，而进退出处则一者，何也？必有道而云也。"① 因其有道，故能自如于进退之间。

民间熟知的"江郎才尽"这个成语，讲述的是南朝的江淹，因其少年聪慧有文采，故称江郎，到了晚年，其诗文再无佳句，时人谓之才尽。在历史上，确实有江淹这个人，不仅是一个十分有才华的人，而且是一个历经坎坷，能够根据环境的不同，适时进行调整，其呈现进退有度的为官状态，令人称道。他因贫困，故以勤奋好学以自励，终以学成以示人。因其文名，他得以游于南朝宋的皇族之间，备受推崇。当时，建平王刘景素喜欢文士，江淹就去追随他。广陵令郭彦文因故获罪，在供词中牵连到了江淹，言江淹受贿。由此，江淹被抓进监狱。本来是社会贤达，跟随皇亲贵族，结果遭人嫉妒，受诬入狱。这是江淹人生的至暗时刻之一，他的人生发展陷入低谷。昨日还是贵族之座上宾，今日就沦为阶下囚，人生落差之大，让江淹充分地感受到了。处于人生困境，他应该怎么办呢？是自恼，还是怨恨，抑或是破罐子破摔？他都没有。他认真思考之后，上书刘景素，写下了名篇《诣建平王上书》。在这篇文章中，江淹用朴实的语言表达了对刘

---

① （宋）王令：《王令集》，上海古籍出版社 2011 年版，第 304 页。

景素赏识之遇的感恩和在狱中的煎熬之情，同时也流露出其对诬陷之人的厌恶和痛恨之情。江淹措辞深情，希望刘景素能够为他主持公道。刘景素看了他的上书后，当天就把他放了出来。江淹与刘景素的关系经此之难更近了一步。不久之后，江淹被推荐为南徐州秀才，经测试后列为最上等，转任巴陵王国左常侍。江淹在巴陵王身边待了一段时间后，复入刘景素幕府。刘景素担任荆州刺史时，江淹一直追随于他，常伴其左右。刘景素对当时的皇帝不满，有异图，谋举兵反。江淹作为刘景素所赏识之官，对当时局势有一个清醒的认识："殿下不求宗庙之安，而信左右之计，则复见麋鹿霜露栖于姑苏之台矣。"①刘景素没有采纳江淹的忠告。江淹还通过赋诗来讽谏刘景素，但作用不大。江淹后来回忆说："终不以纳，而更疑焉。"②江淹受疑于刘景素，被贬到吴兴当县令。从仕途来讲，远离了刘景素这棵大树，是没有希望的。但是，为官之人，应懂进退之道。江淹貌似退让，却在吴兴得以遣词造句、寄情于文，性情得到了陶冶和抒发，也远离了刘景素后来叛乱带来的危害。果不其然，刘景素叛乱后，很快被平息了，其亲信皆被处置，唯独江淹能远离祸害。

当时，萧道成势力逐渐扩大，听闻江淹之才，征召他入幕，任其为尚书驾部郎、骠骑参军事。适逢荆州刺史沈攸之发动叛乱，萧道成向江淹征求意见和看法。江淹说："昔项强而刘弱，袁众而曹寡。羽号令诸侯，卒受一剑之辱；绍跨蹋四州，终为奔北之虏。此谓'在德不在鼎'。公何疑哉。"③萧道成还是很困惑，希望江淹能够进一步分析一下。作为一个有眼光的人，不仅是作为官员，更是作为政治家，他给萧道成以充分的优势分析："公雄武有奇略，一胜也；宽容而仁恕，二胜也；贤能毕力，三胜也；民望所归，四胜也；奉天子而伐叛逆，五胜也。彼志锐而器小，一败也；有威而无恩，二败也；士卒解体，三败也；搢绅不怀，四败也；悬兵数千里，而无同恶相济，五败也。故虽豺狼十万，而终为我获焉。"④沈攸之之乱在随后一段时间就被平定，印证了江淹之论的准确。江淹对形势的判断和分析就是如此深刻，更得萧道成赏识和重用。他为朝廷撰写公文，认真从事文职工作，职位不断得以

---

① 杨忠：《二十四史全译：梁书》（全一册），汉语大词典出版社 2004 年版，第 217 页。

② 丁福林：《江淹年谱》，凤凰出版社 2007 年版，第 65 页。

③ 杨忠：《二十四史全译：梁书》（全一册），汉语大词典出版社 2004 年版，第 217—218 页。

④ 杨忠：《二十四史全译：梁书》（全一册），汉语大词典出版社 2004 年版，第 218 页。

升迁。江淹所面对的朝政形势和时局形势是复杂的，既有权臣争斗的一面，又有南北政权对峙的一面。他均能认真履职，从容应对。

　　齐明帝即位后，他被贬出京城，外放为宣城太守，他以淡然之态处之。等齐明帝去世后，江淹又被召入京城任职。当时有一个叫崔慧景的将军在广陵发动叛乱，举兵攻入京城。许多京城士绅官宦去投名帖，与崔慧景结交，只因慕其地位和威势，唯独江淹以称病为由拒绝结交崔慧景。后来，崔慧景之乱被平定，人们才发现江淹有先见之明。虽然崔慧景之乱被平定，然而当时各种忧患不断滋生，直接威胁到了政权的存在。江淹虽然被授予重任，但是他能清醒地看到当时危机深藏，天下变化即将发生。雍州刺史萧衍势力逐渐壮大，最终发生了代齐而自立的事件，开辟了一个新的朝代，即梁朝。萧衍成为梁武帝。江淹受到梁武帝的赏识和重用，被提拔为吏部尚书，又受封临沮县伯，食邑 400 户。对于官员，能够在王朝更替中毫发未损且屡受重用，已经是比较少见的了，更不用说位极人臣且有很高的地位和很大的财富。水满而溢。江淹知道这个道理。他对自家子弟说："吾本素宦，不求富贵，今之忝窃，遂至于此。平生言止足之事，亦足以备矣。人生行乐耳，须富贵何时。吾功名既立，正欲归身草莱耳。"[1] 江淹经历太多，看过世间繁华，识过权臣争斗，见过战争之祸，自己已经很幸运地得到太多，应有知足而乐、知足而止、知足而退的心境和预见性。他在 62 岁的时候病逝。梁武帝为他穿素服以尽哀，以示对他的尊重。江淹的人生是十分丰富的，当过大官，经历数朝而终得以善终。当然，他不是神机妙算，更难以每每预测其命运走势。但是，他以极高的才华、睿智的头脑、敬业的行为，在乱世和稳世中安身立命。他的安身立命不同于苟且偷生，而是能顺应时代发展，在那个复杂的特殊时期，受到人们的认可和尊重。他的顺应是智慧，值得肯定。他在顺应中仍能坚持做人与为官的底色和原则，这又与普通见风使舵之人有了本质的区别。他在为官生涯中的进退有道，进而不满，退而有谦，永远值得后人去学习和思考。

---

① 杨忠：《二十四史全译：梁书》（全一册），汉语大词典出版社 2004 年版，第 219 页。

62. 多经验之官

　　袁采在《世范》中说："老成之人，言近迂阔。而更事已多，情理自透。后生虽天资聪明，而见识终有不及。后生类以老成为迂阔。及至年齿渐长，历事渐多。方悟老成之言，可以佩服，然已在险阻备尝之后矣。"① 刚走入仕途的官员，虽富有开拓精神，却缺少为官经验、治政经验。如何丰富自己的识见、提高自己的治政能力，其中一个途径就是多与富有经验的官员学习。从另外一个角度讲，富有经验的官员因其见多识广，可以更从容地开展各类治政活动，可以传授相关经验给年轻人，旨在提高年轻人的为官能力。

　　北齐的苏琼，出身官宦世家，自幼受到良好家风的熏陶，为他日后走上仕途、树立较为正确的仕宦观奠定了基础。苏琼年轻的时候，其父带他认识了一些地方文臣。苏琼从这些臣僚身上学到很多为官经验和智慧。东荆州刺史曹芝，曾问苏琼有没有当官的志向。苏琼的回答很有智慧。苏琼认为，只要自己成为人才，官府就会积极寻求，因为官府的职责之一就是求人求才。曹芝认为他很有见地，授其为本府长流参军。当时，有一个叫文襄的官员，推荐苏琼任刑狱参军。恰逢并州发生一起抢劫案，疑犯经用刑后已招认，失主亦认可审案结果，可就是找不到被抢的物品。文襄就派苏琼去进一步审理这个案子。苏琼经过缜密分析和认真调查后，终于发现了此案的真相，并成功抓获了真正的抢劫犯，找到了被抢劫的物品。苏琼断案的能力在实践中得以充分发挥，经验不断累积，逐渐成长为一名有头脑有判断有思路的名臣。

　　他在南清河担任太守期间，做事有章法，着力解决辖区内各类问题。当时，南清河郡中多盗贼。苏琼严格吏治，肃清奸佞，盗贼之患由此停止。基层多纠纷，

---

① （清）陈宏谋：《五种遗规——训俗遗规》，团结出版社 2019 年版，第 94 页。

化解纠纷时需要多一分耐心。有一个叫魏双成的村民丢了牛，怀疑是同村村民魏子宾偷的，就将其扭送到官府。苏琼经审问后，发现魏子宾不是真正的偷牛者，于是将其释放，引起了魏双成的不满。通过逻辑分析，苏琼判断魏子宾不是偷牛者，如何证明这一点，并且抓住真正的偷盗者，需要找到切实可信的证据。苏琼在微服私访过程中，捉住了偷牛者。盗牛疑案被他解决，为当地营造了安全的社会环境。当地百姓在这样安全的环境中，放牲畜都不用赶回家，可以分散放养。

苏琼富有自修精神，特别注意廉洁自律，面对围堵，颇有一套应对策略。有一个叫道研的僧侣首领，有大批资产和诸多产业，常被郡县征收重税。道研经常来拜访苏琼，希望能够减少或免除对他的征税，当然许诺给苏琼许多好处，但被苏琼巧妙拒绝。苏琼一见道研，就知其来意，便故意与其谈论玄理，使得道研没有机会说明来意，达到了制止其实现非分之想的目标。当过太守的赵颖，80多岁退休返乡，带着两只新瓜给苏琼送来。苏琼看到年纪这么大的赵颖如此辛苦地将新瓜送来，且鉴于其苦苦哀求，只能将其新瓜留下，置于大厅梁上，始终没有打开吃。人们得到这个消息后，纷纷给苏琼送来新瓜。当这些送瓜之人看到门口悬挂的赵颖的新瓜还在，只能面面相觑地离开。苏琼用巧妙的办法拒绝了别人的礼物。

百姓乙普明兄弟之间发生田产纠纷，多年以来未能裁决，各自寻找证人多达百人。解决这个纠纷，如果立足于划清田产界限，将是一个十分复杂耗力的工作。富有解决问题经验的苏琼从道德角度入手，通过感化人心让兄弟二人和好，使二人不再纠缠于具体纠纷，纠纷亦由此而化解。苏琼叫来这对兄弟，对其讲："天下难得者兄弟，易求者田地，假令得地失兄弟心如何？"①苏琼认为，天下最难得最珍贵的是兄弟之情，人们常见到的土地则是比较好获得的，如果获得了土地却失去了兄弟友谊，这样的后果谁又能承担呢？短短几句话，苏琼将兄弟之情的价值胜于土地价值的观念表达出来，深刻地触动了这对兄弟，使得这对兄弟重归于好。他治理地方，颇有政绩，很重要的原因在于他善于学习其他官员的经验，善于总结梳理自己的为官经验，并且应用到治政实践中，进而取得实效。

---

① 许嘉璐：《二十四史全译：北齐书》（全一册），汉语大词典出版社 2004 年版，第 495 页。

63. 履好职之官

每个职业都有自己的规范。一个人不论从事什么职业，都要很好地遵守相应的职业规范，最大程度地发挥好个人作用，岂不令人称道吗？官员亦是如此。官员在从事自己职业的过程中，也要遵守官员职业规范，了解不同岗位的职责，既不能对上擅权，又不能对下放任。作为官员，如果能清晰地知道自身职责及权力的边界，且能很好地完成工作，那就是称职的官员。宋代官员洪咨夔说："上不侵官以僭，下不怠官以旷，心止于事，靡他其适，如农有畔，行无越思，其斯为执事敬乎？"①

北宋有一个臣僚叫刘筠，考中进士后，步入仕途。他的个人优势在于能够写一手好文章。故朝廷在用他的过程中，十分注意发挥其长处，让他参与编写《册府元龟》。《册府元龟》是当时著名的类书之一，共 1000 卷，记历代君臣事迹，前500 卷记君，后 500 卷记臣，历时 8 年，对于以史鉴今起到了十分重要的作用。参与编写《册府元龟》，需要具备较强的校勘能力、整理能力、分析能力、裁断能力等。这些能力素养，刘筠都具备。《册府元龟》编完后，刘筠因"推为精敏"，贡献颇大，被提拔为左正言、直史馆、修起居注。这些职位均能体现他出色的文才一面。

他当了翰林学士后，为朝廷起草重要文书。他当时负责起草诏书，其中内容之一是撤销丁谓职务。事情却又发生变化。皇帝改变主意，打算留任丁谓，命令刘筠重新起草诏书。刘筠始终不肯执行。皇帝又令他人去重新写诏书，使得丁谓留任，并且逐渐专权。刘筠看到这种情况，说："奸人用事，安可一日居此。"② 于

---

① （宋）洪咨夔：《洪咨夔集》（全三册）上册，浙江古籍出版社 2018 年版，第 234 页。

② 倪其心：《二十四史全译：宋史》（全十六册）第十一册，汉语大词典出版社 2004 年版，第 6902 页。

是，刘筠请求外调，去了地方任职。"天禧末，真宗圣躬多不豫，丁谓当国，恣行威福。时刘筠在翰林，守正不为阿附，谓（丁谓）深嫉之。筠（刘筠）乃求出为郡，止授谏议大夫，守庐州。"[1] 因其才华横溢，故塑造出他品性正直、疾恶如仇的性格。他敢于坚持原则，在碰到困难的时候，没有选择屈从或盲从。

刘筠在为官生涯中，角色把握得准且好。他以文章而名，亦以文章而在仕，还以文人风骨而立仕，尽了职务所赋予的职责。他没有利用自己接近皇权的机会，去借机弄权擅权；没有利用自己朝廷重臣的身份，去胁迫地方、鱼肉百姓。从履职角度看，他是一个合格的称职的官员。

---

[1]　周勋初:《宋人轶事汇编》（全五册）第二册，上海古籍出版社 2014 年版，第 613 页。

64. 全能型之官

作为官员，有专门做业务的，也有做综合工作的。我们将做综合工作的官员称为全能型之官。清代陈轼在《道山堂集》中说："国家吏治，综自郡邑而统以监司。其义于察吏诘奸，平赋断狱，诸封疆之政，无所不举。而方隅之异势，民俗之异宜，阨塞要害之异地，必其练而周于务，循形测委，建威销萌，可以久安而长治。"[1] 陈轼提出的为官素养，用来形容全能型官员是十分恰切的。全能型官员要做综合工作，既能整顿吏治、平反冤狱、减轻赋税，又能了解民情、知晓民俗、懂得军情。

北宋的张齐贤就是全能型官员。他出身贫寒，却努力学习，从小就有远大的志向。赵匡胤见了他后，被他的见识谋略所折服。张齐贤为赵匡胤条陈十事："曰下并、汾，曰富民，曰封建，曰敦孝，曰举贤，曰太学，曰籍田，曰选良吏，曰慎刑，曰惩奸。"[2] 天下混乱之际，张齐贤很有眼光地提出自己独到的见解，既有军事征伐策略，又有治国安邦政略，对于赵匡胤来说，是很有帮助的。

张齐贤以大理评事通判衡州。当时，衡州匪患丛生，对所出现的盗匪，官府采取了严厉的措施，一旦定罪，全部处死。张齐贤上任后，认真勘察案情，将误判之人救了出来，做到了审理公正，不放过一个坏人，也不冤枉一个好人。张齐贤看到辖区水路驿传役夫数千户，因赋税严苛而陷入困苦之境，其中好多人衣食问题都不能解决。张齐贤据实上奏，为这些人减免一半的赋税，不仅让这些人轻装上阵，更加卖力地工作，而且还能改善其生活。

他担任左拾遗后，经常给皇帝和朝廷提出较为正确的意见和建议。宋太宗北

---

① （清）陈轼：《道山堂集》，广陵书社 2016 年版，第 293 页。

② 倪其心：《二十四史全译：宋史》（全十六册）第十册，汉语大词典出版社 2004 年版，第 6078 页。

征，张齐贤在上疏中提出了自己的真知灼见。他认为，宋朝政权初建，仍属于不稳定的阶段，此时更应内修文德、发展农业、安定人心，外选边将、增设营垒、控制要塞，终究会实现不战而屈人之兵的目标。他准确地分析了当时的形势，认为宋朝的重文轻武的国策，定会在对外关系处理中，占不得便宜，还不如扎实地守好边防，随时准备迎战来犯之敌。

他在担任江南西路转运正使期间，查考前代铸造方法，利用当地出产铜、铁、铅、锡等资源，每年铸钱50万贯，共用铜85万斤，铅36万斤，锡16万斤。他到朝廷，当面汇报铸钱事宜，因其奏报翔实，参与讨论的人居然不能更改。江南过去有义军一说，后来被遣还家乡务农。宋朝一个谏官提出，希望这些务农的义军重新回到军队。张齐贤上疏曰："江南义军，例皆良民，横遭黥配，无所逃避。克复之后，便放归农，久被皇风，并皆乐业。若逐户搜索，不无惊扰。法贵有常，政尚清净，前敕既放营农，不若且仍旧贯。"[1] 张齐贤同情江南义军，站在他们的角度，为他们说话，希望沿用旧制。此外，他看到江南许多地方存在弊政，奏请朝廷，全部废除。他在江南任职期间，"勤究民弊，务行宽大，江左人思之不忘"[2]。

代州杨业战死，边境出现危机。张齐贤主动请缨，被授予给事中、代州知州，与潘美共同统帅边境军队。张齐贤邀约潘美率并州军队共同抗击辽兵，不巧，派去给潘美送信的使者被辽军抓获，担心辽军得知潘美率军队前来救张齐贤这个情报，会截击潘美的部队。幸运的是，潘美派使者来到张齐贤军营，告知张齐贤，潘美已得知辽兵情况，提前返城，没有被辽军截击。张齐贤当机立断，认为辽兵知道潘美要与自己会合，却不知道潘美率军已回，于是略施小计，夜中派200个士兵，每人手持一面旗帜，身背一捆干草，排列旗帜、点燃干草。辽军看到大火中有宋军旗帜，以为潘美的援军已到，惊慌失措地向北而逃。后来，辽兵又兵临城下，神卫都校马正虽出战迎敌，终寡不敌众而败；副部署卢汉赟因胆小惧战，固守营垒。在这种危急关头，张齐贤挺身而出，率精兵2000余人，慷慨誓师，发动冲锋之战，逼退辽兵。

宋真宗即位后，张齐贤做了宰相。张齐贤又能很好地扮演宰相的角色，为宋

---

① 倪其心：《二十四史全译：宋史》（全十六册）第十册，汉语大词典出版社2004年版，第6081页。

② 倪其心：《二十四史全译：宋史》（全十六册）第十册，汉语大词典出版社2004年版，第6081页。

真宗"言皇王之道"①。作为宰相，上能承接皇帝旨意，下能协调百官关系，制定政策，确保政策能够有序进行。当时，外戚中因财产分配不均而出现互相诉讼的现象，一定程度上影响到皇权的稳定。张齐贤表态说，这不是御史台能判决的，我要亲自来处理。宋真宗答应了他。张齐贤来到相府，找来告状之人，进行对质研判。经交流后，告状之人均认为对方财产多于自己财产。张齐贤于是命令甲家进入乙家，乙家进入甲家，财产不许移动，让甲、乙两家写下交换文书。这件事就这样解决了。甲、乙都认为这样解决问题是最好的。当然，甲、乙两家是否吃亏，那就要等交换后才会明白，不过到时也不许反悔。宋真宗为张齐贤成功解决这个纠纷而点赞。

此后，张齐贤在宦海中经历多次起伏，不管是在朝中任职，还是在地方任职，均能认真工作，踏实履职。张齐贤"四践两府，九居八座，以三公就第，康宁福寿，时罕其比"②。张齐贤在为官生涯中，无论处理什么事务、扮演什么角色，均能很好地完成，没有深厚的思想沉淀和扎实的行政能力，是不可想象的。

---

① 倪其心：《二十四史全译：宋史》（全十六册）第十册，汉语大词典出版社 2004 年版，第 6083 页。

② 倪其心：《二十四史全译：宋史》（全十六册）第十册，汉语大词典出版社 2004 年版，第 6086 页。

65. 勿躁进之官

清代官员汪辉祖说:"且为上官者,皆有知人之明,不强人以所难也。我不希恩,彼岂漫予之恩,以恩为饵,大率躁进者自取之。上官既投其所好,而欲拂上官之性,是谓无良。况由此而进,必无退理,凡所云云,仍为安分者言之也。"[①] 汪辉祖揭示了官员在为官生涯中遇到被赏识、被提拔、被重用的机会,是应该审慎对待,还是明知其为诱饵,故躁进取之? 后者离为官祸患也就不远了。

南朝齐梁时期,有一个名臣叫陶季直,出身于官宦世家,自幼聪颖异常,为人称道。他的祖父陶愍祖十分喜爱他。陶愍祖曾拿着四封银子放在自己面前,让孙子们各自去取。当时,陶季直只有 4 岁,孙子们中只有他没有去取银子。大家很好奇,问他为什么这样做。他回答说:"若有赐,当先父伯,不应度及诸孙,是故不取。"[②] 陶季直十分了解传统文化中长幼有序这部分内容,认为祖父赏赐东西,应先给父亲及父亲同辈的亲戚,不应该直接给孙子们。他的祖父听了这段话,十分高兴,更加推崇陶季直的气质和聪慧。不得不说,陶季直儿时的一段话,颇能印证未来他能取得多大的成就。他身上有某种可贵的品质,即遇到赏赐之物,能冷静对待,不是自己应该得到的,坚决不取。虽然,少时的陶季直不能从更高的理论层面去概括他做事的价值和意义,但我们能发现,他拒绝祖父所给之物的背后,是对中国礼仪秩序的坚定信仰。这种选择看似与躁进无关,但实际上又有些关联。他的祖父越过陶季直的父辈,给了陶季直等孙辈银两,不仅会让孩子们产生钱财得来太容易的想法,更会造成陶季直的父辈与陶季直等孙辈之间的紧张关系。陶季直认为钱财得来太容易,在以后的人生路上必然会走躁进之路,迟早有

---

① (清)汪辉祖:《汪辉祖集》(全三册)上册,浙江古籍出版社 2021 年版,第 225 页。

② 杨忠:《二十四史全译:梁书》(全一册),汉语大词典出版社 2004 年版,第 683 页。

一天会栽跟头。他既知此理，故能预防之。

长大后，陶季直更加努力学习，不断提高个人修养，追求繁华名利之心逐渐淡薄。他被任命为桂阳王国侍郎、北中郎镇西行参军等职，均没有上任。当时，各种势力错综复杂，如果急于当官，必定会在复杂关系中被其所牵累。当时的尚书令刘秉十分器重陶季直，提拔他为后军主簿，领郡功曹，后任望蔡令。为官者，得到上司赏识，这何尝不是人生快意之所在。此时，秉持士为知己者死的理念，去报答上司，亦是人之常情。可是，陶季直却因病而退出官场。刘秉因为齐高帝权势日渐显赫，希望能够取而代之。刘秉十分敬重陶季直，希望与其一起研究如何对付齐高帝。如果选择与刘秉共同反对齐高帝，一旦成功，必将封爵受赏、位极人臣。这就是躁进，这种躁进是存在风险的。陶季直是怎样决策的呢？他拒绝了刘秉的邀约，因为他判断，刘秉如果反齐高帝，必将迎来失败的命运。果不其然，不久之后，刘秉就因罪被诛杀。陶季直亦因决策正确，逃过一劫。

尚书令褚渊与陶季直私交甚好，任命陶季直为司空、司徒主簿，将府中事务交给陶季直打理。褚渊去世后，尚书令王俭认为褚渊品德高尚，为褚渊所拟谥号定为"文孝公"。富有真知灼见的陶季直提出反对建议，认为"文孝"是司马道子的谥号，褚渊不应该与司马道子用同样的谥号。陶季直建议赠给褚渊的谥号为"文简"更为恰当。王俭听从了陶季直的意见。陶季直对褚渊的品性操守是十分了解的。他不认可王俭给褚渊的谥号，希望给褚渊起的谥号能够经得起历史的检验。如果贸然给了谥号，也是一种躁进的体现，从长远来看，是一种不负责任的表现。

梁王台府建成后，陶季直被任命为给事黄门侍郎。他一生以俭自持，当时很少有人在这方面能与他相比。为官生涯中，他不断被赋予重任，又能在重任面前选择急流勇退。陶季直"常称仕至二千石，始愿毕矣，无为务人间之事，乃辞疾还乡里"[1]。他感叹自己已经得到很多，十分知足，不会再去追求人间的荣华富贵，于是选择辞官归故里。他临终之际，家徒四壁，子孙都没有钱财为他下葬，可见他的操守。梁高祖说："梁有天下，遂不见此人。"[2]从梁高祖惋惜的语气中，能看到陶季直这样的人杰是多么稀缺。

---

[1] 杨忠：《二十四史全译：梁书》（全一册），汉语大词典出版社 2004 年版，第 684 页。

[2] 杨忠：《二十四史全译：梁书》（全一册），汉语大词典出版社 2004 年版，第 685 页。

66. 消弊病之官

　　身处官场的官员，在面对诸多难题、诸种关系、诸多工作的时候，或多或少地会遭遇挫折，包括讲谗言、有嫉妒、会蒙蔽、谈庇护等。正如明末清初思想家方以智所言："情识之世，谗、嫉、蔽、护而已。"[①]

　　南朝的沈瑀以善消弊病、化解挫折而闻名。沈瑀被派到湖熟县，修治艰险难行的道路。当时，由于人手不够，沈瑀果敢地截住经过这里的人，参与修治建设，三天就把事情做好了。扬州书佐因私事经过这个地方，不肯参加施工，被沈瑀教训了一顿。扬州书佐回去后，怀恨在心，向沈瑀上司告状。扬州书佐告状，实际上就是进谗言，诋毁污蔑沈瑀。沈瑀的上司不相信扬州书佐所言，特派人去核查，果然查出扬州书佐所言不实。沈瑀凭借着过人的能力和诚实守信的品格，赢得了上司的信赖，破除了谗言滋生的可能。

　　沈瑀担任振武将军、余姚令。当时，余姚县的豪门是虞氏，共有千余家。因为虞氏家族势力大、财富多，故虞家人前来衙门进行请托、疏通关节的现象时有发生。他们的目的往往能够轻而易举地达到。沈瑀到任之前，这个问题一直没有解决。等到沈瑀来到余姚后，假若虞家人再有敢前来寻求庇护的，均按照法纪予以严惩。沈瑀针对余姚县存在的其他豪族，只要他们存在互相庇护、鱼肉百姓的行为，就严厉打击，取得了显著成效。沈瑀在破谗言、除庇护方面能够认真对待，最终成功化解危机。

　　南朝的何远，为人正直，为官清廉，从来不徇私情，更断绝私人请托。他也因此得罪了一部分浅薄的士大夫，受到这些士大夫的厌恶和嫉恨。"其（何远）清

---

① （清）方以智：《方以智全书》（全十册）第一册，黄山书社 2019 年版，第 27 页。

公实为天下第一。居数郡，见可欲终不变其心。妻子饥寒，如下贫者。"[①] 何远不妄谈，廉洁为官，诚恳做事，赢得了百姓和有操行的士大夫的赞赏。这是他前行的动力，也是他得以克服各种政治风波的强大力量。他因廉洁和方正而遭人嫉恨却始终不倒，可见其毅力强大和品德支撑之深厚。何远在消嫉妒方面有一套切实管用的办法，且取得了很大的成效。

南朝的王瞻，在担任晋陵太守期间，能够对一些事情有正确的认知。当时，大司马王敬则起兵作乱，途经晋陵，郡中许多人依附于王敬则。不久之后，王敬则兵败，朝廷派出军队讨伐其余党。在晋陵的许多百姓曾经依附于王敬则，如果没有人为其说话，很有可能就会当作王敬则余党被处置。这件事情如果深入思考，就会发现，王敬则兵入晋陵，当地许多百姓不得不依附于王敬则，这是形势使然。如果对这些百姓进行处置，一旦处置过当，必然会激发新的矛盾，影响政权稳定。站在维护政权稳定的立场和维护百姓生命安全的角度，王瞻上疏朝廷："愚人易动，不足穷法。"[②] 朝廷采纳了他的建议，没有去晋陵处置所谓的王敬则余党，保全了无数百姓。朝廷作决策，定会与许多决策者一起商议。当他们决定派军队赴晋陵的时候，实际上会作出一项不符合基层实际的决策。为了打破决策者已有认知和受到的蒙蔽，王瞻大胆谏言，提出了符合实际情况的安稳之策，最终被采纳。王瞻是一个善洗蒙蔽之官。

---

① 杨忠：《二十四史全译：梁书》（全一册），汉语大词典出版社 2004 年版，第 702 页。

② 杨忠：《二十四史全译：梁书》（全一册），汉语大词典出版社 2004 年版，第 279 页。

67. 勿纵欲之官

　　欲望管理是官员的一项必备能力和素养。官员管理欲望，将其节制在合理的范围内，使之不超出法律和道德的范围，就不会发生较大的负面影响。一旦管理失控，官员沦为欲望的棋子，被欲望所操弄，不仅会造成个人事业的坍塌，更会给官场带来负面影响。汪辉祖说："纵欲败度，立身之大患，当于起手处力防其渐。凡声色货利，可以启骄奢淫佚之弊者，其端断不可开。"①

　　清代名臣杨雍建虽以清朝第一谏官扬名，但在节制欲望、杜绝骄奢方面，亦有古大臣之风。他出身于乡绅之家，自幼受到良好的教育，培育了他高尚的人格。顺治十二年，他考中进士，走上仕途。他仕途的第一站是广东高要，担任知县一职。高要羚羊峡以产砚而闻名。产名砚的地方，一方面会加重当地百姓负担，另一方面会滋生贪腐之风。平南王、靖南王派吏役催促百姓采石制砚，就给当地百姓增加了负担。加之，羚羊峡峡险洞深，须引火入洞进行照明。入洞之民因缺氧导致呼吸困难，由此而亡的人比较多。

　　杨雍建看到了这个弊政，向朝廷提出建议，废除了入洞采石之役。地方官用羚羊峡所产之砚贿赂杨雍建。送名砚意味着送钱财，杨雍建能否经守住钱财考验，这就要看他的定力和修为了。君子爱财，取之有道。杨雍建认为地方官送他名砚，是违规非法的，遂严词拒绝了围猎行为。身处祖国南部边陲，离京城十分遥远，人的自我约束的意识一般不会太强。杨雍建能够节制自己的欲望，谢绝不义之财，体现出他廉洁自持的一面。

　　他回到朝中任职，以谏言为己任，以自己曾在广东任职的宝贵经历，告诫当朝统治者，应该正视广东害政。广东害政颇多，他认为藩府贪婪是其根源。他看

---

① （清）汪辉祖：《汪辉祖集》（全三册）中册，浙江古籍出版社2021年版，第438页。

到吏部诸官不作为，玩忽职守，进行了弹劾，使得吏部肃然，吏治得以一振。他心中没有一丝个人私利。他所言所行，皆会触动相关利益集团。然而，他没有接受所触动的利益集团的围猎和贿赂，很好地节制了自身欲望，为朝政朝着健康有序的方向迈进做出了贡献。

他深居简出，少交宾客，以读书修身为乐，言必经学。健康的生活情趣，使得他没有机会沾染不良的官场恶习，长期保持较为良好的生活习惯。杨雍建生活俭朴，在退休回归故里后，以粗粝自甘，游览田山，陶冶自己的情操。良好俭朴的生活准则，帮助杨雍建远离奢华的生活圈子，更好地减少了不必要的欲望需求。

68. 耐困境之官

人生需要经历磨难，方能成器。官员更是如此。官员要面对各种人、各种事、各种困难和矛盾，如果不善于处理人际关系、不善于处理各种事务、不善于化解各类矛盾，就不能成为一名称职的官员。作为一名官员，要从容地待人处事解纷。要想做到这些，就必须在困境中学会生存。汪辉祖在《须耐困境》中指出："人生自少至壮，罕有全履泰境者，惟耐得挫磨，方成豪杰。"①

清代的姚启圣，自幼树立远大志向，颇具图王定霸之文才，又兼有高超的武艺。他在为官期间，几经起伏，几经磨难，凭着强大的耐困境的能力，渡过了各种难关，建立了伟大的事功。他在广东香山县当知县的时候，面对猖狂的霍侣成作乱和广东督抚屡剿屡败的形势，通过计策，擒拿了霍侣成，为当地社会秩序稳定立下大功。立下如此大功，本该大力奖赏，结果却遭广东督抚的忌恨，认为姚启圣有功高震主之嫌，遂诬以通海之罪，差点将姚启圣置于死地。姚启圣陷入了困境。他虽有才华和能力，也建立了事功，却遭人妒忌，被拉下马。不只是职位降低、身体受损失，而且精神和意志也受到了洗礼。尽管跌入人生低谷，却没有消磨掉他奋进的决心。

经人疏通后，姚启圣得以幸免，保全了性命。他招抚义军，屡建奇功，却被罢官，永不叙用。仕途生涯暂时被终结，对于姚启圣来说，这使他又一次陷入困境。这次困境对他来说，无疑是一种官场封杀。人的正常情绪的发泄，都不能显示出他心中的愤懑。经历人生低谷后的他，选择调适心情，等待时机东山再起。他对当时形势看得很准。三藩作乱，据守台湾的郑经又乘机作乱，朝廷正当用人之际，这就给姚启圣出山，提供了很好的时机。

---

① （清）汪辉祖：《汪辉祖集》（全三册）中册，浙江古籍出版社 2021 年版，第 432 页。

康熙派康亲王杰书前去平叛耿精忠之乱。姚启圣认为报效国家的时机已到，故散尽家财，募集壮兵，率多名健卒前往康亲王军前，希望能够效命于康亲王。因他长期在这个地方生活和思考，故征剿之事，在他头脑中变成了清晰的策略。他指挥若定，率领部队，参与平乱，建立伟大事功。康熙十分欣赏他的才华，任命他为福建总督。耿精忠之乱被平息后，台湾之患摆在了朝廷和他面前。他准确地分析了台湾的局势，提出了以招抚为主的平台方略，有效动摇了台湾郑经的军心。在招抚基础上，他又提出建立水师提督的必要性，并且力排众议，提议施琅出任水师提督一职。康熙最终采纳了姚启圣的建议，大胆任用施琅，最终使得台湾回到祖国怀抱。

职位虽高，权势虽大，但是身体每况愈下，朝臣攻讦日趋严重。姚启圣以病体之躯，仍兢兢业业；以受馋之身，仍直言谏上。他的人格在其建立事功、忍辱负重中得以升华。他所面临的困境，既有身体上遭受创伤的境遇，又有精神上遭受误解的境遇。他以入困境始，以超越困境终，留给世人一笔巨大的精神财富。

69. 会治狱之官

治狱是关系社会治安稳定与否的重要治政内容。选择合适的人担任治狱之官，至为关键，因为它不仅关系个体的生命安危，更关系社会秩序的稳定与否。明代薛瑄说，"治狱有四要：公、慈、明、刚。公则不偏，慈则不刻，明则能照，刚则能断"①。会治狱之官要有公平之见、慈爱之心、明晰之识、刚毅之断，方能办好案子，还冤屈者清白，惩罚作恶者，进而稳定社会秩序。

宋朝的官员杨简富有学问，见识独特，看问题很深刻，常常能讲出与众不同的见解。他在担任绍兴府司理的时候，在处理各类案件过程中，都要亲自前往案发地，严肃认真地倾听案犯叙说整个案情经过。他在听案过程中，能做到平等对待案犯，公平处理案件，"中平无颇，惟理之从"②。当时，一个府史冒犯了帅臣，帅臣让杨简审讯这个府史。杨简根据事实，告诉帅臣这个府史没有犯罪，不用审讯。帅臣情急之下，命令杨简审讯府史以往的过错。杨简解释说："吏过讵能免，今日实无罪，必摘往事置之法，某不敢奉命。"③杨简认为，府史怎能避免小错呢，不过如今属实没有犯罪，一定要纠缠于过去的小错误，我不敢接受命令。为了追求公平，杨简向帅臣据理力争，体现了他在治狱时的公平之见。

宋朝的官员寇平，有爱民之心。寇平"权知淮康军"④。他遇到了一起疑难案件。"始至淮阳，会狱有系囚当死，平（寇平）疑其未得实，更讯之，果为吏所诬，囚且释，吏仅得减死。"⑤因寇平富有慈爱之心，故其断案之时，能敏锐地发现

---

① （明）薛瑄：《薛瑄全集》（全三册）第三册，三晋出版社2015年版，第1070页。

② 倪其心：《二十四史全译：宋史》（全十六册）第十四册，汉语大词典出版社2004年版，第8893页。

③ 倪其心：《二十四史全译：宋史》（全十六册）第十四册，汉语大词典出版社2004年版，第8893页。

④ （清）陆心源：《宋史翼》（全三册）中册，浙江古籍出版社2016年版，第385页。

⑤ （清）陆心源：《宋史翼》（全三册）中册，浙江古籍出版社2016年版，第385页。

犯罪嫌疑人是否是被冤枉的。他在淮阳，重新审判本该执行死刑的囚犯，发现该囚犯是被冤枉的，最终无罪释放了该囚犯，体现出他慈宽执法的一面。

明代的周新，是一个善于断案治狱的官员。他用心很细，善于从微小的事物中去推断案件的走向。他在担任浙江按察使期间，多次通过所关注的细节，查明了案件真相。他刚入境浙江的时候，走在途中，发现了诸多蚋蚊。沿着蚋蚊群飞的踪迹，他在丛林深处，发现了一个死者。周新经过认真察看，发现死者身上有一个木印。通过对木印的分析，周新判定死者是一个布商。周新于是锁定断案对象为买布者。他下令购买市场上的布，详细审问与死去的布商所卖之布印文一致的买者，终于抓到了杀人凶手，对其绳之以法。周新在府衙办公的时候，突然有一树叶飘落到案前。周新认真察看，发现这片树叶与其他树叶不同，是远处僧寺才有的。周新带人来到僧寺，发现飘落在自己案前的树叶，是长在一棵大树之上的。大树上的树叶为何能飘落那么远到官府案前呢？周新认为，此树必有蹊跷。于是派人挖开大树，看见一个妇人的尸体。僧寺和尚杀害妇人的命案由此告破。周新断案，通过细小的事物，来明晰断案的思路，为案件告破打下扎实的基础。

明代的廖庄以敢于直言而闻名。当时，名臣杨士奇的家人犯了法，在社会中掀起了较大波澜，能否将其绳之以法，关系法律的公平与否。廖庄按照法律，惩罚了犯法的杨士奇的家人。廖庄好友提醒他："独不为杨公（杨士奇）地乎？"[1] 廖庄不是不为杨士奇的地位着想，而是恰恰为了杨士奇的地位着想，故依法审判。这反映出廖庄在审判案件中刚毅的一面，是与其性格特征相吻合的。廖庄"性刚，喜面折人过，而实坦怀无芥蒂"[2]。他的刚毅之性，又助力其在审判案件中，能做到不为外界干扰因素所左右，维护法律的权威和公正。

① 章培恒、喻遂生：《二十四史全译：明史》（全十册）第五册，汉语大词典出版社 2004 年版，第 3192 页。
② 章培恒、喻遂生：《二十四史全译：明史》（全十册）第五册，汉语大词典出版社 2004 年版，第 3193 页。

70. 守坚正之官

在仕宦生涯中，无论是面对个人沉浮，还是人情压力，抑或是政务中的疑难杂症，均能以负责的态度、宽广的胸怀、正直的操守待之，这就是守坚正之官。无论外界如何纷繁变化，抑或是难题如何层出不穷，守坚正之官总能以不懈怠的精神，积极地投入具体工作中，以实绩赢得百姓信赖。薛瑄说："处事当沉重、详细、坚正，不可轻浮忽略。故《易》多言'利艰贞'。盖艰贞则不敢轻忽，而必以其正，所以吉也。"[①] 薛瑄道出了守坚正之官所具备的特征，正因有此特征，故能受人尊敬和礼遇。

明代官员周广，就是这样的官员。他既富学识，又有能力，无论将其放在什么岗位上，均能兢兢业业、认真履职，圆满地完成自己的工作任务。他的仕宦生活是起落兼有、十分丰富的，既有基层为官的经历，又有朝中任职的经历，还有被贬被陷害的经历和被起用的升迁经历。他无论在哪种境遇中，没有因为下基层为官而放不下身段，也没有因为被朝廷重用、回朝任职而沾沾自喜，更没有在被冤枉甚至被打击陷害的时候，选择自暴自弃或与恶势力同流合污。他一生官声颇著，这在于其"坚"；操守始终未移，这在于其"正"。

他仕途的初始站是在莆田当知县，后又在吉水当知县，因颇有政声，被朝廷所赏识，提拔他为御史，而纠弹违制之事，既能直指问题要害，又能做到无所顾忌。他在上疏中，对明武宗谏言："义子钱宁本宦竖苍头，滥宠已极，乃复攘夺货贿，轻蔑王章。甚至投刺于人，自称皇庶子，僭逾之罪所不忍言。"[②] 周广谏言中提到的钱宁，是朝廷奸佞，本为宦官之仆，因其善于投机逢迎明武宗，得到明武宗

---

① （明）薛瑄：《薛瑄全集》（全三册）第三册，三晋出版社 2015 年版，第 1073 页。

② 章培恒、喻遂生：《二十四史全译：明史》（全十册）第六册，汉语大词典出版社 2004 年版，第 3734 页。

赏识和重用，被赐朱姓，收为义子。"钱宁有背景、有人脉，再加上为人聪明、有本事、口才好、善于逢迎拍马，而武宗正好又极爱嬉戏热闹。"[1] 这里的"有本事"当然不是指钱宁的为政才华，而是专指其会走逢迎皇帝的路线。钱宁在引诱明武宗沉迷于纸醉金迷方面颇为出力，甚得皇帝欢心，自身权力亦越来越大，逐渐开始培植死党、贪污敛财、排斥异己，将朝堂秩序打乱了、败坏了。周广对钱宁所做之事十分熟悉，对其危害认识得十分深刻，故能在钱宁颇受明武宗极度信赖的情况下，上疏明武宗，希望明武宗能够从打击钱宁等奸佞入手，近贤良、罢小人，恢复较为正常的朝堂秩序。周广之言，惹怒了钱宁和明武宗。钱宁看了周广的上疏后，"大怒，留之不下，传旨谪广东怀远驿丞"[2]。周广的谏言深深地刺激了钱宁。恼羞成怒的钱宁派杀手追踪南下的周广，打算半路将其刺杀。得知这个消息后的周广没有畏惧，而是机智地想了一个办法，改掉名字、乔装南下，终于摆脱了钱宁所派的杀手，也躲过了一次被杀的劫难。

来到广东任职的周广又遇到了武定侯郭勋，波澜再起。郭勋虽是功勋之后，却骄横放纵、为非作歹，最终落了一个无人相救、死于狱中的下场。"自明兴以来，勋臣不与政事。惟勋以挟恩宠、擅朝权、恣为奸慝致败。"[3] 对上谄媚、对下苛刻的郭勋接到钱宁陷害周广的口信后，通过给周广送白金，企图陷害周广，没有成功。不甘心的郭勋，"伺广（周广）谒御史，摄致军门，棰击几死，御史救之始解"[4]。从中，可见钱宁对周广的痛恨程度之深、郭勋对周广的痛恨程度之深。本来就有很大委屈，被贬到广东任职，结果又在广东遭受更大的人生挫折。周广身体的疼痛和思想的煎熬，必定给他留下终生难忘的印象。周广经历了诸多苦痛后，应该选择什么样的道路，成为他考虑的首要问题。是走消极、无为、懒政的路子，还是走积极、乐观、勤政的路子，成为判别其是否是坚正之官的重要标准。周广调整心态后，全身心地投入地方工作中。两年后，他被提拔到建昌县当知县，干

---

① 易强：《锦衣卫》，中国友谊出版公司 2020 年版，第 279 页。

② 章培恒、喻遂生：《二十四史全译·明史》（全十册）第六册，汉语大词典出版社 2004 年版，第 3734 页。

③ 章培恒、喻遂生：《二十四史全译·明史》（全十册）第四册，汉语大词典出版社 2004 年版，第 2681 页。

④ 章培恒、喻遂生：《二十四史全译·明史》（全十册）第六册，汉语大词典出版社 2004 年版，第 3734—3735 页。

得非常好，"有惠政"①。在基层为官，能够做出实绩，得到基层百姓认可，是一件十分不容易的事情。周广已经做得很好了，这本来是好事，却遭受到了朝中钱宁的仇恨。钱宁矫旨，将周广从建昌贬到竹寨当驿丞。明世宗即位后，周广迎来了仕途的春天。周广在担任江西副使期间，"举治行卓异"②，被提拔为福建按察使。周广在福建为官期间，镇守福建的宦官为了讨好他，送100两黄金给他，被贮之于府库，准备弹劾该宦官，促使该宦官请罪而去。随后，他被再次提拔，以右佥都御史巡抚江西，"墨吏望风去"③。随后，他担任了南京刑部右侍郎，两年后因病而卒。

周广为官廉洁，敢于任事，"居官秉公强干，士类畏惮"④。与周广的孩子是同辈的明朝散文家归有光对周广的仕宦生涯十分熟悉，且对其品行操守十分钦佩，理解得十分透彻。归有光写过一篇题为《杏花书屋记》的文章，文中说："公（周广）以言事忤天子，间关岭海十余年，所谓铁心石肠，于富贵之念灰灭尽矣，乃复以科名望其子孙。盖古昔君子爱其国家不独尽瘁其躬而已，至于其后，犹冀其世世享德而宣力于无穷也，夫公之所以为心者如此。"⑤归有光对周广的理解是深刻的。归有光认为，周广在仕宦中备尝艰辛，对于权力和地位追求之念可谓"尽矣"，为何其要让自己的孩子修建书屋、奋力功名呢？这就是周广的伟大之处，即自己虽遭百难，仍然不悔，仍然教育孩子认真读书，日后若走上仕途，定要报效国家。这就是守坚正的精髓所在、底蕴所在。

---

① 章培恒、喻遂生：《二十四史全译：明史》（全十册）第六册，汉语大词典出版社2004年版，3735页。

② 章培恒、喻遂生：《二十四史全译：明史》（全十册）第六册，汉语大词典出版社2004年版，3735页。

③ 章培恒、喻遂生：《二十四史全译：明史》（全十册）第六册，汉语大词典出版社2004年版，3735页。

④ 李峰、汤钰林：《苏州历代人物大辞典》，上海辞书出版社2016年版，第576页。

⑤ 杨峰、张伟辑：《振川先生集汇评》，凤凰出版社2021年版，第361页。

71. 奉敬勤之官

官员在政治网络中，总会与上官和下官打交道。作为官员，如何与上官打交道，至关重要。从某种程度来看，上官对下属的评判，甚至决定了该下属的前程。作为下属，如何与上官处理关系呢？应该以敬、勤为基本原则，去积极地应对。之所以强调"敬"，在于对上官要尊敬，这是一种态度，是做事的基础；之所以强调"勤"，在于向上官要多汇报自身的履职情况，这是一种能力，是做事的支撑。"属吏之所以事上官，惟在敬与勤而已。敬则傲慢不敢生，而参见之必恭必慎，仪节之必时必周；勤则怠忽不敢萌，而奉行之必详必速，谘请之必婉必诚。"① 对上官以"敬"，可以禁"傲慢"之气，谋划事情必定周密严谨；对上官以"勤"，可以禁"怠忽"之气，提出建议必定中肯可行。

明代的沈汉，就是这样的官员。他的仕宦生涯，可以说是与其上官、当时的明世宗关联在一起的。沈汉对明世宗的"敬"，在于他敢于谏言，针对当时出现的各种弊政，提出自己的宝贵建议。沈汉如果不"敬"朝廷和明世宗，持有事不关己的心理，就不会发出得罪人的谏言之音。他的谏言，有的被采纳，有的未被采纳。当时，明世宗下诏减免各地拖欠的租税。沈汉向明世宗谏言道："逋（拖欠）税半出渔，若例免之，则猾者生心，请差别其等，以惠良民。"② 沈汉的用心很深。他认为，如果贸然减免百姓赋税，看似为百姓谋利益，实则不然。因为，地方官早已经把百姓的赋税中饱私囊了。如果减免这些赋税，不正是间接地为中饱私囊的地方官提供方便了吗？沈汉谏言明世宗的意思在于将中饱私囊的地方官所征收百姓之钱作为第二年的赋税交上来，这样做，真正地减免了百姓一年的赋税，又

---

① （清）黄六鸿：《福惠全书》，广陵书社 2018 年版，第 70—71 页。

② 杨阳：《吴江学者碑传集》，广陵书社 2017 年版，第 100 页。

打击了乘机鱼肉百姓的地方官。沈汉乘此次谏言之机，又给明世宗追加了一个建议："近日籍没之赀，不下数千万，请悉发以补岁入之不足。"①沈汉认为，近来朝廷没收了奸党的资产，有几千万之多，还没有对这笔钱进行处置，不妨把这笔钱充入国库，以补不足。明世宗认为其言有理，皆采纳。当然，明世宗也有不采纳沈汉谏言的时候。嘉靖二年，沈汉借出现的灾异之事，"乃援汉五行志，反覆数千言，指切时弊"②，来告诫明世宗要进行德政。显然，明世宗没有采纳此言。

不管明世宗态度如何，只要沈汉认为需要谏言皇帝，就会毫无保留地向皇帝提出自己的看法，真正做到了勤于谏言。他不光有谏言实践，而且还进行理论思考和分析。他写有《水西谏疏》，收录了他谏言皇帝的疏。因其"敬"于上官，故能赤城地进行谏言；因其"勤"待上官，故能在涉及大政方针时，总能看到他出主意、提建议的身影。他最终也因触怒权贵集团利益而被罢官，彰显出他的铮铮铁骨。当时，状告武定侯郭勋的官员，不仅没告倒郭勋，自己反而深陷牢狱。沈汉为这位深陷牢狱之人伸出援助之手，向明世宗发出正义的声音："祖宗之法不可坏，权倖之渐不可长，大臣不可辱，妖贼不可赦。"③明世宗是怎么想的呢？明世宗或许认为，你沈汉平常提点谏言就罢了，还要牵涉于利益纠纷中，太不像话了。郭勋及其一党当时势力非常大，且正得明世宗信赖。沈汉的正义之言，触怒了郭勋一党的利益，受到了郭勋一党和明世宗的打击。明世宗于是将沈汉打入监狱，后罢官为民。沈汉于是归乡，居家 20 年而卒。正义会迟到，但不会缺席。明神宗去世后，隆庆初年，沈汉被追赠为太常少卿。

---

①　杨阳:《吴江学者碑传集》，广陵书社 2017 年版，第 100 页。

②　杨阳:《吴江学者碑传集》，广陵书社 2017 年版，第 100 页。

③　章培恒、喻遂生:《二十四史全译：明史》（全十册）第六册，汉语大词典出版社 2004 年版，第 4122 页。

72. 善自修之官

作为官员，在工作中遇到难题，尤其是遇到分歧的情况下，是选择与其他人辩论，一较高低，还是深刻地对自身存在的弊病进行检视，进行反省、改正、提升，最终成为别人学习的榜样呢？明代的薛瑄说："处人之难处者，正不必厉声色与之辩是非、较长短，惟谨于自修，愈谦愈约，彼将自服。不服者，妄人也，又何校焉？"[①]越是善于自修，越能提升自己的能力，越能感染周围各个群体，越能散发出巨大的魅力。

明代的高仪就是这样的官员。明穆宗临终前，召见顾命大臣，嘱托身后之事。高仪有幸成为顾命大臣之一。高仪自幼聪明好学，长大后考中进士，走上了仕途。他以编修的职位开启为官生涯。在他任职于南京翰林院时，虽工作认真努力，但岗位一直未调整过。与他同一时间走上仕途的官员，有许多人已经提拔到了重要岗位。高仪身边的好友亦劝他想想办法，在结交权臣方面下点功夫，或许能早日高升。高仪慷慨地回绝道："大丈夫顾道义何如耳，亡论名位崇卑。彼借喻积薪兴慨封侯者，吾犹窃窃然非之，又安能俯首贵倨求显庸哉？"[②]从高仪的言语中，能看到他自修的程度很高，已经能够对不公平甚至委屈之事予以承受，且仍然能够执于心中所念之业。若不是才学之高，历练之深，自修之勤，焉能如此坚持道义而置个人发展于不顾？

过了许久，他被提拔为太常卿，走上了仕途快车道，一路高升后，成为礼部尚书。中国是一个重视礼的国度。礼部的重要性是显而易见的。他担任礼部尚书期间，虚心学习，广泛听取大臣的意见和建议，群策群力，为维护当时礼仪

---

① （明）薛瑄：《薛瑄全集》（全三册）第三册，三晋出版社 2015 年版，第 1066 页。

② 山右历史文化研究院：《山右丛书三编》（全十二册）第八册，上海古籍出版社 2021 年版，第 334 页。

秩序，做出了贡献。高仪不仅是学有所长的理论派，而且还是长于验证的实践派。他虽坚持礼仪之念，但会根据具体情况，调整礼仪活动，做到既开展礼仪活动，维护封建秩序，又不至于劳民伤财，出现民怨沸腾的景象。对于不专业的批评和干涉，高仪皆能予以解释和回应，而没有丝毫个人情绪。这是他长年自修的结果。高仪工作十分称职，"掌礼部四年，每岁暮类奏四方灾异，遇事秉礼循法，居职甚称"[1]。

他善于自修的另一个方面还在于以俭自持。高仪"性简静，寡嗜欲，室无妾媵。旧庐毁于火，终身假馆于人。及没，几无以殓"[2]。他虽位居高职，但生活简单，借宿于他舍，没有过多的欲望需求。等到他离世后，仍然保持着一贯的简朴风貌："卒之日，属其僚友、门人治丧具，启箧仅得赍金若干，苦不足办，亦足以占其清操矣。"[3] 以他的地位和贡献，在其去世后，葬礼办得风光一些，是很容易做到的。但是，对高仪来说，他的俭朴廉洁之风，让其家里没有多余的财力来办理丧事。即使他的门人僚属想要为其葬礼大操大办，也被他高尚的情操所感染而不去操办。

他自修所形成的高尚人格，成为为官者的一座丰碑。"余窃谓公气不激昂而自奋，守不龌龊而自贞，尤古大臣所难，虽其天性然哉！实有养盛之功焉。"[4] 高仪的"自奋""自贞"，既是"天性"流露，又是"养盛之功"使然，但终归离不开他不断自修研习之功。

---

① 章培恒、喻遂生：《二十四史全译：明史》（全十册）第六册，汉语大词典出版社 2004 年版，第 3845 页。
② 章培恒、喻遂生：《二十四史全译：明史》（全十册）第六册，汉语大词典出版社 2004 年版，第 3846 页。
③ 山右历史文化研究院：《山右丛书三编》（全十二册）第八册，上海古籍出版社 2021 年版，第 336 页。
④ 山右历史文化研究院：《山右丛书三编》（全十二册）第八册，上海古籍出版社 2021 年版，第 336 页。

73. 重始终之官

　　为官做事讲究有始有终，才能做出政绩，方能赢得民心。明代薛瑄讲："凡作事谨其始，乃所以虑其终，所谓'永终知敝'是也。不能谨始虑终，乘快作事，后或难收拾，则必有悔矣。"[1] 作为官员，如果能从大局或全局出发谋划事情，推动工作，持之以恒，必将有所成效；如果一时兴起，只做开始部分的工作，很快就放弃了坚持，就会出现半途而废的现象。

　　清初名臣张英，富有学问，处事周祥，待人成熟稳重。作为文臣，他为皇帝和朝廷提供深厚的儒家治国思想资源，终其一生，均是如此。张英自幼勤奋好学，有过目不忘之本领。经过个人努力，他考上了进士，迈进仕途之门。"康熙十二年，（张英）以编修充日讲起居注官，累迁侍读学士。康熙十六年，清廷颁诏，开始选拔一些作风朴实、学问精深的人，每日侍从皇帝左右，以备顾问或征诏；同时设立南书房，张英奉命被诏选入内，并赐居西安门内。"[2] 张英成为康熙身边的亲近之人，成为康熙重要的思想智囊，为康熙治政提供智力支持。他熟读儒家经典，为康熙传授儒家学说，用于致世，颇有其功。

　　张英之子回忆其父在懋勤殿的讲学过程："每日上御乾清门听政后，则召至懋勤殿，辰巳前讲经书，午后论史。皇上以天纵神圣，虚怀向学，披览典籍，殚究义理，日有程课，不自暇逸。"[3] 讲学日程安排十分紧凑，既可以看出康熙重视读书学习的用心，又可以看到张英为讲学所做的功课之足。张英作用的发挥，对康

---

① （明）薛瑄：《薛瑄全集》（全三册）第三册，三晋出版社 2015 年版，第 1066 页。

② （清）张英：《张英全书》（全三册）上册，安徽大学出版社 2013 年版，第 2 页。

③ （清）张英：《张英全书》（全三册）下册，安徽大学出版社 2013 年版，第 480 页。

熙了解民情、深入思考、作出决策，产生了极为重要的影响。三藩作乱时，康熙虽忙于处理平叛事宜，却还要抽出时间，聆听张英关于儒家思想的讲解，以备他随时作决策而用。虽然张英的主要任务是给康熙讲解儒家思想，但因其知识渊博、操守甚高、识见超前，深得康熙赏识，朝廷典诰文章，皆出其手；康熙询各类事宜，随时备答，成为令人尊敬的朝廷栋梁。故方苞说："公（张英）自翰林历卿贰，践政府，虽任他职，未尝一日去上（康熙）左右。"①康熙作重大决策，都离不开他，可见他的重要性。

康熙十五年，张英迁翰林院侍讲学士，与其他讲官一起为康熙讲解《通鉴纲目》，康熙听后，十分受益，夸赞其"所进讲章甚为精详，实于学问政事大有裨益"②。康熙对张英十分欣赏，且提出了更高的要求，希望张英能够在讲授中多阐释自己的心得体会，便于交流和为皇帝治政提供镜鉴和参考。康熙十六年十二月十七日，康熙召见张英于懋勤殿，进行讲学。康熙谕曰："朕于书经、四书讲读已久，常于宫中复诵，大义皆能晓畅。但圣贤义理无穷，今更欲细加讨论。"③张英奏曰："皇上圣学高深，经书义理贯彻精熟，犹孜孜讲论不已，真古帝王逊志典学之盛心也。"④康熙的好学之状与张英的讲授之勤相得益彰，互相成就了对方，促使康熙在学习方面有了更高的追求，也促使张英在准备方面有了更高的要求。

在张英为康熙讲学的过程中，既能看出康熙的独立思考和深入分析，又能看到张英的循循善诱；既能看出康熙将所学内容用于治世的用心，又能看到张英纵论古今的学术造诣。康熙十六年十二月十九日，康熙召见张英于懋勤殿，进行讲学。康熙谕曰："《大学》一书，言明德新民，诚修己治人之要道也。千古君道之隆，莫过于尧、舜。观克明峻德，以亲九族，平章百姓，协和万邦，此正大学修身教家、由家及国、由国及天下之理。然必己德既明，而后可推以及人，故大学

---

① （清）张英:《张英全书》（全三册）上册，安徽大学出版社 2013 年版，第 2 页。

② 王思治:《清代人物传稿》（上编）第五卷，中华书局 1988 年版，第 245—246 页。

③ （清）张英:《张英全书》（全三册）下册，安徽大学出版社 2013 年版，第 343 页。

④ （清）张英:《张英全书》（全三册）下册，安徽大学出版社 2013 年版，第 343 页。

以慎德为本。"① 康熙深刻地指出《大学》的核心要义在于"明德",这是治家修身治国平天下的基础,可谓找到了他所施德政的理论依据,从而说明康熙对这个问题的理解是很透彻的。

此时的张英听了康熙的高论后,进一步阐释自己的看法:"诚如圣论。所以先儒有言大学者,治天下之律令格式也。内圣外王不出于此。又细观全书中,大约归重好恶,如恶恶臭,如好好色,是诚意莫切于好恶也。好而知其恶,恶而知其美,是齐家莫切于好恶也;民之所好好之,民之所恶恶之,是治天下莫切于好恶也;惟仁者能爱人,能恶人,是好恶之得者也;好人之所恶,恶人之所好,是好恶之失者也。反复申明,皆是此意。"② 张英接续康熙之言,不仅强调《大学》对为政者来说,是基本的入门读物,掌握和学习《大学》是为政者的基本要求;而且以"好恶"作为学习和掌握《大学》的一把钥匙,贯穿于全书当中,也贯穿于齐家治国平天下当中。张英的深入剖析得到了康熙的赞同:"好恶所系诚重,宜乎谆切言之也。"③ 不仅是停留在谈论儒家思想这个层面,而且还能实现互相切磋、对对方均有启发的目标,实属难得。张英的讲学工作,不是短期的兴来之为,而是长期要坚持做的工作。康熙也在这种长期的讲学氛围中,不断提升着自己的智慧和能力。

张英工作干得好,受到康熙欣赏,最终做了工部尚书、礼部尚书和文华殿大学士等。当然,其间因偶犯小错,被康熙责罚,但是不久之后就恢复原职,且对他越来越倚重。康熙三十八年,当了文华殿大学士后,康熙仍让其担任经筵讲官。清初制度规定,阁臣不能兼经筵。在雍正之前,只有四人以大学士之职做过经筵兼职,张英就是其中一个。讲学工作仍然是他的一项重要职责。康熙四十年十月,张英以衰老为由乞休,得到康熙批准。他从康熙六年考中进士,走上仕途,到康熙四十年乞休,34 年的仕宦生涯,成就极大,可谓辉煌矣。34 年为官期间,张英在讲学立论、筹谋划策、撰写文书、奖掖后进等方面,皆有巨大成绩。其中,他

---

① （清）张英:《张英全书》（全三册）下册,安徽大学出版社 2013 年版,第 344—345 页。

② （清）张英:《张英全书》（全三册）下册,安徽大学出版社 2013 年版,第 345 页。

③ （清）张英:《张英全书》（全三册）下册,安徽大学出版社 2013 年版,第 345 页。

在为康熙讲学立论方面，亦有持续时间最长、效果最为明显的特征。张英在为官期间，以讲学始，以讲学终，在讲学方面，做到了善始善终，其始终不懈怠的精神，让人印象深刻。"公立朝数十年，上委心始终无间，恪居官次，无顷刻懈惰。"[①]张英从大局的角度，因康熙爱学，自身笃学，故能长期在讲学方面做出贡献。他不以讲学为虚事，尽职讲解；不以被责罚而心生别意，仍专心于讲学工作。他在讲学方面，能做到善始善终，殊为不易。他在这方面的贡献，成为康熙治世的重要组成部分。

---

① （清）张英：《张英全书》（全三册）下册，安徽大学出版社 2013 年版，第 503 页。

74. 先正己之官

　　宋代李元弼在《作邑自箴》"正己"篇中写道："凡欲治人，先须正己。"① 要求别人做到，自己首先要做到。这种认识来源于古代中国的儒家思想，在官员队伍素养提升方面，能够发挥十分重要的作用。作为官员，尤其是领导者，如果能够以身作则，就会更好地推动工作顺利开展。在实际工作中，官员的示范效应比单纯地下达工作指令往往起到更为明显的作用。

　　明代名臣沈鲤就是这样的官员。为官期间，他在做任何事情的时候，都会想想自己是否应该首先做到。他非常有才华，品行又很高尚。他刚考上进士，被授任检讨一职，就能够做到不逢迎权贵。大学士高拱是他考试时的主事官，又是他的同乡，对他十分有好感。这是多少人想主动结交却又没有机缘去结交的大人物。沈鲤除了与别人一起因公事去拜谒高拱外，"未尝以私谒"②。他不仅刻意与上层权贵保持一定距离，与如日中天的宦官也保持一定距离。他在翰林院为官时，宦官黄锦因与沈鲤是同乡的关系，看好沈鲤的发展前途，故用礼品来结交他，沈鲤"拒不纳"③。他为皇帝讲学，与大宦官接触的机会更多了，但他"未尝与交"④。他在职位不显之时，部分高官与宦官欲结交于他，被他拒绝。他廉洁自律自持的态度和风范，让多少人为之倾倒和钦服。后来，他被提拔得很快，很短的时间内，就官拜礼部尚书一职，成为政坛明星，但他不徇私情的为官之态让皇帝和朝廷都对他肃然起敬。

　　他在礼部任职，在熟悉王朝的礼仪制度、规范基础上，要为维护这个制度和

---

① （宋）李元弼等：《宋代官箴书五种》，中华书局 2019 年版，第 7 页。

② 章培恒、喻遂生：《二十四史全译：明史》（全十册）第七册，汉语大词典出版社 2004 年版，第 4395 页。

③ 章培恒、喻遂生：《二十四史全译：明史》（全十册）第七册，汉语大词典出版社 2004 年版，第 4395 页。

④ 章培恒、喻遂生：《二十四史全译：明史》（全十册）第七册，汉语大词典出版社 2004 年版，第 4395 页。

规范而发言，有时难免会得罪各种与制度、规范不合的势力集团。沈鲤用尽全力，在王朝礼仪方面健制度、全规范。然而，在维护礼仪制度的过程中，上至皇帝、皇亲国戚，下至百官群僚，皆有可能成为这种制度和规范的突破者。突破尺度不大，沈鲤还能成功维护；突破尺度过大，沈鲤亦会承受被整命运。试图冲破这种制度和规范，来谋取个人利益和实惠的权势人物，必定会对沈鲤怀恨在心，在皇帝面前进谗言诬陷他就成为必然。时间长了，皇帝也相信了谗言。"帝渐不能无疑，累加诘责，且夺其俸。"①

紧接着，沈鲤以生病为由辞职了。沈鲤的与众不同在于，如果朝廷需要他，他还是会以积极任事的态度，为朝廷排忧解难的。当他 71 岁的时候，内阁缺人，众臣推举他再次出山，入阁参政。当时，权臣沈一贯独揽大政，忌惮沈鲤，认为沈鲤归来，会对自己的权力使用和地位延续造成极大的影响甚至是威胁，于是想方设法地阻挠沈鲤归来。沈鲤不是闲于事外，也不是迷恋权力，而是希望尽自己所能，在朝廷中办点实事。基于这个想法，入朝后，沈鲤主抓的一件事是撤除矿税，保护矿山资源，几经发力，最终促使皇帝同意了他的请求。此时，沈一贯用尽各种方式方法，污蔑诋毁沈鲤。沈鲤不为所动，仍然积极地指摘时弊、处理政务，好多不合理的建议都被他否决，好多合理的想法经他努力后付诸实践。沈一贯要离开政坛，但是不能看着沈鲤仍然在位，于是积极地构陷沈鲤，逼迫沈鲤与自己一同离去。沈鲤再次以乞休的方式，离开了朝廷。他离开后，仍然坚持上疏，详尽阐释需要急迫解决的政事。沈鲤以 85 岁的高龄辞世，谥号"文端"。

从沈鲤走入仕途，到乞休归家，他始终以极高极严的要求对待自己。他作为先正己之官的代表和典范，没有将正心修身润德作为可秀之物，去要求别人，成为沽名钓誉的一种手段，而是突破地位诱惑、权力压迫、政治陷害等藩篱，成为一名富有自律精神、倡导实干精神的良吏。他的修身过程和治政经历，充分说明了他的言行是经得起历史考验的。沈鲤的正己言行，既不是一种作秀行为，也不是外力环境压迫下的被动作为，而是渗透在其骨子中的道德感驱使他去主动为之的产物。这种先正己之官，对于与其心性相同的下属和同僚来说，无疑是一种巨大的精神鼓舞。所以，尽管沈鲤因公得罪过许多人，经历过乞休回家的经历，但

---

① 章培恒、喻遂生：《二十四史全译：明史》（全十册）第七册，汉语大词典出版社 2004 年版，第 4397 页。

是，他在最难的时候，仍然有人支持他，为他说话，称赞他身上的精神。皇帝虽然不喜欢他执拗无私、不讲人情的一面，但是仍然认可他的为官之绩，这就是他在"正己"基础上所做业绩的持续影响。

75. 无喜怒之官

在官场中，官员不仅要面临许多复杂的关系，而且还要面对许多亟待解决的重要难题。如果身处在复杂关系中，经常被情绪所左右，势必会影响人的思维，作出不符合形势的决策，不利于良好政治秩序的构建。如果面对诸多复杂难题，经常被情绪所左右，势必会影响对难题的认知，进而影响对难题的解决。官员的一言一行，十分重要，不仅代表国家的形象，而且还会影响对具体事物的分析和难题的解决。面对复杂关系和诸多难题时，要宠辱不惊，要不喜不怒。正如明代理学家薛瑄所言："闻事不喜不惊，可以当大事。"[1] 当然，每个人包括官员都会有正常的情绪反应。只不过这种无喜怒的情绪反应是在对问题深思熟虑基础上的反应，是一种成熟应对的表现。

明朝官员王家屏遇事不喜不怒，按照事物发展规律来推动工作，颇有名臣风范。他年轻的时候，选翰林院庶吉士授编修，参与编撰《世宗实录》，能够做到秉笔直录，富有史家耿直精神。当时，高拱正值如日中天、掌握国柄之际，逢迎之人颇多。此时，王家屏遇到一个事情。高拱之兄高捷之前担任过操江都御史一职，将公款赠给过赵文华。这件事过去很长时间，王家屏在参与史书编写中，如实地记录了这件事。高拱得知了这件事后，"嘱稍讳"[2]，希望王家屏能将其兄贿赂赵文华之事删掉，不要记录在史书中，被王家屏拒绝。如果换作一个喜欢钻营的官员，看到高拱亲自嘱托，定会大喜，认为这是讨好权臣的大好机会，帮助高拱之兄隐匿丑事，就是筹码。但是，王家屏不然。他认为，这不符合道，不仅做到了"不喜"，而且还驳了高拱的面子，难能可贵。

---

① （明）薛瑄：《薛瑄全集》（全三册）第三册，三晋出版社 2015 年版，第 1066 页。

② 章培恒、喻遂生：《二十四史全译：明史》（全十册）第七册，汉语大词典出版社 2004 年版，第 4389 页。

当时万历皇帝迟迟不立太子，引发众臣疑虑和恐慌。多名臣僚纷纷上折子，奏请皇帝早立太子。皇帝不仅没有采纳，而且十分不高兴，指责他们是犯上作乱。身处内阁的王家屏见状，没有"怒"态，而是积极地谏言皇帝，希望皇帝早立太子。因王家屏地位尊贵，且代表了许多臣僚的心声，故皇帝假意答应，只要等到约定的那个时间，就会立太子。王家屏信以为真，在朝廷上宣布此事，被皇帝记恨在心。皇帝多次更改册立太子日期，使得百官更加惶恐。当时，已成为内阁首辅的王家屏以极高的责任感，再次谏言皇帝，希望他能够兑现早立太子的诺言，结果没有收到皇帝的答复。王家屏于是选择乞休，被皇帝批为沽名钓誉。王家屏也没有"怒"态，而是给皇帝上奏曰："若徒犯颜触忌，抗争偾（败坏）事，被谴罢归，何名之有！"①他入情入理地给皇帝解释，希望皇帝做一个明君，要多行德政，自己方可有名；如若不然，自己要名又有何用！王家屏的上疏，引发了皇帝的不满。皇帝派内侍赴王家屏官邸宣示皇帝很生气。王家屏心平气和地说："言涉至亲，不宜有怒。事关典礼，不宜有怒。臣与诸臣但知为宗社大计，尽言效忠而已，岂意激皇上之怒哉？"②王家屏受到责难，自己没有生气，反而还给皇帝进行深情解释。最终，王家屏如其所愿，终于乞休回家。

喜怒不形于色是王家屏的为官之态。支撑他这种为官之态的思想根源在于他正直的操守。这种操守体现在为官中，就是以事实为准绳，通过事实来说话，以事实来衡量一切、评判一切。张居正操持国柄的时候，众臣皆以其言行为准，很少有与其言行不同的声音。当张居正夺情起复时，"盈朝喑侯，独不得公（王家屏）寸楮"③。众臣皆惧张居正显赫权势，纷纷给张居正发来喑电，唯独没有王家屏的问候信。等到张居正病重的时候，"词林为建醮，公（王家屏）又不往"④。当众臣为张居正去祈福的时候，唯独王家屏没去。"至江陵（张居正）败，司寇往籍其家，始服公（王家屏）之高。"⑤常规的视角认为王家屏有长远眼光，有先见之明，很早就预料到张居正死后会出事。其实，王家屏没有过多在意张居正会不会出事，

---

① 章培恒、喻遂生：《二十四史全译：明史》（全十册）第七册，汉语大词典出版社 2004 年版，第 4392 页。

② 章培恒、喻遂生：《二十四史全译：明史》（全十册）第七册，汉语大词典出版社 2004 年版，第 4392 页。

③ 山右历史文化研究院：《山右丛书三编》（全十二册）第九册，上海古籍出版社 2021 年版，第 453 页。

④ 山右历史文化研究院：《山右丛书三编》（全十二册）第九册，上海古籍出版社 2021 年版，第 453 页。

⑤ 山右历史文化研究院：《山右丛书三编》（全十二册）第九册，上海古籍出版社 2021 年版，第 453 页。

而是认为在一个权臣威势下，众臣的趋服，显得盲目和可笑。至少，王家屏保持了官员的独立性。张居正去世后，在张家得到清算之时，众臣落井下石，王家屏却没有选择跟风。王家屏的同事傅新德在为王家屏写的墓志铭中写道："予密约公（王家屏）疏救，以故相功过相掩，乞稍从宽宥，存国体。公（王家屏）慨然属草，拟于经筵日面奏。会有旨，从未减，乃焚草。"① 王家屏还为张居正说话，虽然未被采纳，但其用心，可鉴日月。

① 山右历史文化研究院:《山右丛书三编》（全十二册）第九册，上海古籍出版社 2021 年版，第 453 页。

76. 除盗贼之官

古代社会中，盗贼占山为王，烧杀劫掠，给当地社会治安带来巨大危害。盗贼亦分类型。一种类型是饥饿难耐、走投无路，被逼上山当盗贼。另一种类型是尝到当盗贼带来的巨大甜头，不走仕途不当官，亦可以八面威风，享受着当盗贼带来的好处。清人苏廷玉在《治盗贼论》中说："盗贼之为患，由来久矣。杀越人于货，慭不畏死，其所为皆王法所不容。其事则不畏死也，其心未尝不畏死也。始则逼于饥寒，而为鼠窃狗偷之行；继则粗其心计，而为放火杀人之举。"[1] 王法不容的盗贼之患，始自迫于饥寒，继而走上盗贼之路且享受由此带来的好处。面对盗贼之患，古代官员是如何面对和处理的呢？

汉代有一个官员叫龚遂，为人忠厚，持守正道，为官有方略，办事讲策略。汉宣帝即位后，渤海郡因饥荒而现盗贼，太守都不能制服这些盗贼。当时，群臣一致推荐已经年过 70 的龚遂为渤海太守。汉宣帝召见龚遂，观其形貌，与己心中伟岸形象不吻合，心里颇有看不起龚遂的意思。汉宣帝询问龚遂，如果派他去渤海为官，如何消除盗贼之患。对这个问题有深入思考的龚遂随即答道："海濒遐远，不沾圣华，其民困于饥寒而吏不恤，故使陛下赤子盗弄陛下之兵于潢池中耳。今欲使臣胜之邪，将安之也？"[2] 龚遂认为，渤海的盗贼，大部分是饥饿百姓被逼上盗贼之路的，如稍加安抚，必定会除掉匪患。汉宣帝对他的回答很满意，就派他赴渤海做太守。去了渤海郡之后，龚遂"移书敕属县悉罢逐捕盗贼吏。诸持锄钩田器者皆为良民，吏无得问，持兵者乃为盗贼"[3]。龚遂深知百姓之不易，没有通

① （清）苏廷玉：《苏廷玉文集》，商务印书馆 2019 年版，第 128 页。

② 安平秋、张传玺：《二十四史全译：汉书》（全三册）第三册，汉语大词典出版社 2004 年版，第 1798—1799 页。

③ 安平秋、张传玺：《二十四史全译：汉书》（全三册）第三册，汉语大词典出版社 2004 年版，第 1799 页。

过出兵去镇压盗贼，而是先发出友好信号，撤回捉拿盗贼的官吏，给想返乡务农之盗贼以出路，且命令官府不得追究过往之事，只有继续手拿兵器之人方可鉴定为盗贼。盗贼皆是良民出身，又有内心道德感教化，加上有回乡务农之出路，且不追究过去的责任，故皆放下兵器，选择回乡务农，盗贼之患由此平息。龚遂对渤海群盗进行了深入分析，认为这些盗贼还不至于泯灭良知，只是不得已，才走上了偷盗之路，如果给他们一条活路，且不追究他们过去的责任，他们何乐而不为呢？

宋代有个官员叫沈衡，进士出身，在多个地方当过官，颇有政声。他在台州临海县任知县的时候，当地海盗众多，不仅危害社会秩序，而且还损害当地百姓利益。"群不逞之徒时或杀良民，夺其资货。"①面对海盗烧杀劫掠的恶行，沈衡"悉为究访，且知主名区处，募少壮千余人，一旦与渡海，以计擒之"②。沈衡是一个智慧型官员。他没有与海盗硬碰硬，而是在掌握对方详细信息的基础上，以计擒之。对于这些给百姓带来巨大危害的海盗，沈衡是要绳之以法的，没有商量的余地，体现出他对积害甚多的海盗的厌恶之感。

明代有一个官员叫高明，在处理盗贼问题时展示出成熟稳重的一面，即在处置盗贼的同时，还注重发展当地经济。当时，扬州盐寇兴起，朝廷派高明前去讨伐。高明建造大船，乘于江上督战，提振了官兵士气，很快平叛了盐寇。高明着手治理当地盐政，依法没收私盐，"盐政大治"③。随后，上杭盗贼兴起，朝廷派高明巡抚福建。高明率人马前去讨伐，将盗贼头目擒拿且将其处死，其余的按照法律，处以不同的刑罚。上杭之盗由此平息，当地经济发展由此走上正轨。

---

① （清）陆心源:《宋史翼》（全三册）中册，浙江古籍出版社 2016 年版，第 387 页。

② （清）陆心源:《宋史翼》（全三册）中册，浙江古籍出版社 2016 年版，第 387 页。

③ 章培恒、喻遂生:《二十四史全译:明史》（全十册）第五册，汉语大词典出版社 2004 年版，第 3135 页。

77. 心忧民之官

　　儒家思想对百姓价值的认识是深刻的。一个国家，治理得好坏，从根本上看就是百姓利益是否得到切实维护，而心忧百姓也成为官员的一大品格特征。儒官对百姓的忧虑，体现出他们的为民情结和情怀。明代理学家薛瑄说："吾居察院中，每念韦苏州'自惭居处崇，未睹斯民康'之句，惕然有警于心云。"①

　　南宋官员孙梦观就是这样的官员。他在知宁国府的时候，看到百姓交税，负担很重，于是，"蠲逋减赋"②。孙梦观看到府库财力不足，"不计缗石，凡有泛入，尽籍于公"③。他看到百姓陷入困境，于是利用权力，力所能及地做一些减轻百姓负担的事情，体现出他忧民为民的情怀。拥有这种情怀，需要极大的胆识来支撑。当时，户部派遣官员来宁国府责收赋税，当地百姓十分惶恐，不知如何应对。孙梦观慷慨陈词："吾宁委官以去，毋宁病民以留。"④因他有一颗忧民之心，看不得百姓为了交税而生活在水深火热之中，故能以辞官来表态。他将自己的知府印牒送给前来宁国府的上司。上司听闻他这个举动后，连夜逃走了。当地百姓闻之，为其流泪。

　　他被朝廷名臣董槐召回，以其为廉吏，推荐给皇帝。皇帝很高兴，提拔他当了司农少卿。他赴朝中任职，仍然不忘基层百姓的苦楚，特意借与皇帝谈话之机，将基层百姓之难作了反映，并特意谏言皇帝："郡国当为斯民计，朝廷当为郡国计。乞命大臣应自前主计之臣夺州县之利而归版曹者，复归所属，庶几郡国蒙一分之

① （明）薛瑄：《薛瑄全集》（全三册）第三册，三晋出版社 2015 年版，第 1065 页。

② 倪其心：《二十四史全译：宋史》（全十六册）第十四册，汉语大词典出版社 2004 年版，第 9221 页。

③ （宋）吴潜：《吴潜全集》（全二册）上册，安徽大学出版社 2020 年版，第 228 页。

④ 倪其心：《二十四史全译：宋史》（全十六册）第十四册，汉语大词典出版社 2004 年版，第 9221 页。

宽，则斯民亦受一分之赐。"①孙梦观有自己回话逻辑，那就是朝廷为郡国考虑，郡国为百姓考虑，如果朝廷能少向郡国收点税，郡国就会少向百姓收点税，最终受惠的还是百姓，这就是让利于民。他的话得到了皇帝认可。

他不习惯朝堂复杂紧张的氛围，申请外放，知建宁府。他片刻不歇地为民办好事："蠲丝穀之积逋不翅以万计，不遣一卒下属邑，两造在庭，决以公是，虽丽于罚者无怨言，布衣蔬食之操，视守宣有加焉。"②他在建宁府，蠲免了百姓许多赋税，实行与民方便的法律政策，营造公平的解决问题的社会氛围，被当地人推为有古循吏之风。他因操心于政务和民事，积劳成疾。他在临终之前，仍然不忘向皇帝谏言，如何服务好基层百姓。其忧恳之态，感人至深。当时，有一个叫吴潜的官员，为孙梦观写下赞语："以敬义为执持，以经史为该博。引君当道也，则天开日明；为国除暴也，若风驱电却。可托孤而寄命，诚先忧而后乐。"③孙梦观的确是"先忧而后乐"之官。

---

① 倪其心：《二十四史全译：宋史》（全十六册）第十四册，汉语大词典出版社 2004 年版，第 9221—9222 页。

② （宋）吴潜：《吴潜全集》（全二册）上册，安徽大学出版社 2020 年版，第 230 页。

③ （宋）吴潜：《吴潜全集》（全二册）上册，安徽大学出版社 2020 年版，第 233 页。

78. 持定力之官

有的人很辛苦地工作，结果没有坚持到底，在即将成功的时候，放弃了工作，可谓功亏一篑。有的人能够持有定力，比别人看得远一些、久一些、长一些，工作的时候，又比别人多付出一些，最终能够实现目标，走向成功。为官亦是如此，持有定力，多一分耐久力，就会有不一样的结果。"建竖之才，世亦不乏，但苦无定力耳。夫遇一难而辄沮，经一挫而遂颓，此皆不足以为有为者也。"① 作为官员，如果遇到困难和挫折，就不去坚持面对和解决，而是选择放弃，事功就不会建立。反之，如果能够克服困难，多想办法去解决，终将能实现目标。

北宋的种世衡，在为官期间，在别人打算放弃的时候，坚持推动工作，最终成功。他担任鄜州判官期间，为抵御西夏进攻，在延安东北200里的地方筑城防御。筑城之地因没有水，有人反对在这里守卫防御。种世衡决定从地下取水，遂"凿地百五十尺，始至于石"②。凿井的人说碰到的石头，很坚硬，凿不透。如果这时放弃取水工作，取水工作就会失败，就会对筑城乃至整个布防产生不利影响。种世衡"命屑石一畚酬百钱"③。在种世衡的重赏之下，工徒继续凿石，"复致力，过石数重，清泉沛然"④。种世衡有定力，坚持持续凿井，最终凿出了水，筑成了城。

种世衡因功被提拔。他担任洛苑副使、环州知州期间，讲究信义，赢得了少数民族的钦服。当时，蕃部中有一个少数民族首领叫奴讹，对种世衡有好感。二人见面后，种世衡与他约定第二天要来奴讹的帐幕慰劳其部落。回府后，当天夜

---

① （清）马时芳：《正续朴丽子校注》，上海古籍出版社2019年版，第106页。

② 倪其心：《二十四史全译：宋史》（全十六册）第十二册，汉语大词典出版社2004年版，第7489页。

③ 倪其心：《二十四史全译：宋史》（全十六册）第十二册，汉语大词典出版社2004年版，第7489页。

④ （清）马时芳：《正续朴丽子校注》，上海古籍出版社2019年版，第106页。

里，下了深三尺的大雪。种世衡的下属劝言道："地险不可往。"① 道路艰险，又下了雪，如果不去赴约，亦能说得通。种世衡回答说："吾方结诸羌以信，不可失期。"②有定力的种世衡力排众议，决定赴约，以信义结奴讹。第二天，种世衡如约来到奴讹之地。在帐中睡觉的奴讹大吃一惊，原以为种世衡不会来、不敢来，于是带着部族围着种世衡下拜。种世衡让奴讹钦服，有利于以后工作在此地的顺利开展。

---

① 倪其心:《二十四史全译:宋史》(全十六册)第十二册，汉语大词典出版社 2004 年版，第 7490 页。
② 倪其心:《二十四史全译:宋史》(全十六册)第十二册，汉语大词典出版社 2004 年版，第 7490 页。

79. 别轻重之官

事有轻重缓急。为官者，在处理政务过程中，要在施政重点和顺序上，按照工作的性质、轻重程度，进行统筹规划。清代官员汪辉祖说："事虽甚繁，先要平心定气，分别缓急轻重，次第应付，方能有条不紊。如事到著忙，必致忙中多误，名为诸事皆办，实且一事无成。环伺者窥其底蕴，因缘为弊，亦万万无暇检察矣。"[1]

北宋名臣韩亿在为官期间，无论处在什么职位，皆能准确地把握施政重点，较快地解决重点问题，得到了百姓和朝廷的认可。他在永城当知县的时候，重点解决百姓的诉讼官司，很快就平息了纷争，安定了社会秩序。在他通判陈州的时候，工作亦是千头万绪，如何施政，又应先解决哪个问题呢？他瞅准了影响百姓的水患问题，投入巨大精力和财力，修建堤坝，以防黄河决口，保护了当地百姓。他在知洋州的时候，有一个案件，社会影响很大，一直没有解决。韩亿决心先将解决此案作为工作的头等大事，以期回应百姓关切。他很快掌握了案情。原来，当地土豪李甲，在其兄去世后，逼迫其嫂改嫁，让其嫂之子改名，以此来霸占其兄家产。李甲之嫂不满李甲所为，向官府上诉。李甲通过贿赂官府中人，拷打李甲之嫂，让她屈从。李甲之嫂多年来一直没有放弃上诉，但均没有得到很好的解决和处理。

韩亿来到洋州后，李甲之嫂又来上诉。韩亿决心彻查此案，"察其冤，因取前后案牍视之，皆未尝引乳医为证"[2]。韩亿发现了李甲之嫂的冤屈，认真察看了此案卷宗，迅速找到了破案突破口，随即找到李甲之嫂儿子的接生医生，召众人于庭

① （清）汪辉祖：《汪辉祖集》（全三册）上册，浙江古籍出版社 2021 年版，第 241 页。
② 周勋初：《宋人轶事汇编》（全五册）第二册，上海古籍出版社 2014 年版，第 811 页。

前，还李甲之嫂清白，"众皆伏罪"①。洋州的社会风气由此改观。他担任大理寺丞后，以查办案件为急、为重；担任龙图阁待制时，被派出使契丹，又以外交事务处置为急、为重；知益州的时候，恰逢当地旱灾，又以出仓粮赈济百姓为急、为重；在枢密院任职时，又以军国大事处理为急、为重。不论他在什么岗位上，均能立足岗位，结合工作实际，以解决最急、最重之事为先，注重轻重缓急，工作颇有成效，值得学习和借鉴。

---

① 周勋初：《宋人轶事汇编》（全五册）第二册，上海古籍出版社 2014 年版，第 812 页。

80. 施仁政之官

仁政是儒家思想的重要内容。作为官员，施行仁政，播德惠民，其功甚伟。元代学人柳贯替人所作《御诗一首》，其中写道："然而仁义彰施，恩德和洽，则本之教化，成之礼乐，其效固亦可睹已。"[1] 作为官员，能够体悟仁政内涵，施行仁政，不仅会建立事功，且会芳名永传，百姓铭记。

明代有一个官员叫赵勋。他年少之时，就以勤学上进而闻名，"少聪敏，过目成诵"[2]，又在郡庠游学，积累了丰富的知识，沉淀了丰厚的德行，"博学有重名，德性凝厚，器宇轩昂，督学欧阳石岗甚器之"[3]。他在瑞金当县令，行仁政，有政声。他所施仁政体现在诸多领域。在解民忧方面，他了解到瑞金外来人口较多，皆编入当地户籍中，这些外来人口与当地土著人口在交纳赋税方面存在不公平现象，赵勋察之，"廉知其弊，立法均，编民疾苦乃释"[4]。他大力兴建学校，营造读书氛围；严格婚礼规范，重塑新乡风；重视丧礼操办，弘扬孝道文化。同时，他将工作重心放在了培养人才方面。他自身才华卓异，每日与诸生谈经论艺，开阔了当地读书人的眼界，培养了一大批有志向有才华的读书人。

他还赴别县完成代理工作，仍能体现其儒官行仁政色彩，"或赈饥，或均田赋，或复疑狱，处分无不妥服称效"[5]。若动动嘴，论论经，就能将工作做好，那是一种片面的认知。赵勋不只有讲经才华，而且还有解难之能。黄乡有盗贼颇多，其首领为曾氏，多次击败官军，行烧杀劫掠之实，给当地官府和百姓造成巨大困

---

① （元）柳贯：《柳贯集》（全二册）上册，浙江古籍出版社 2014 年版，第 206 页。

② 陈国仕：《丰州集稿》，商务印书馆 2018 年版，第 401 页。

③ 陈国仕：《丰州集稿》，商务印书馆 2018 年版，第 401 页。

④ 陈国仕：《丰州集稿》，商务印书馆 2018 年版，第 401 页。

⑤ 陈国仕：《丰州集稿》，商务印书馆 2018 年版，第 402 页。

扰。赵勋被黄乡官府邀请过去，帮助其出谋划策来消灭曾氏盗贼。深通经略的赵勋申请单骑前往曾氏盗贼之地，想要收服这些盗贼。赵勋去了贼穴后，"推诚抚慰，宣布威德"[①]。曾氏果然信服，缚首恶 12 人去黄乡官府请罪。赵勋邀请曾氏两个儿子来到黄乡官府，赦免二人罪过，送入郡学观礼。经过赵勋的努力，曾氏之盗归顺官府，其危险被解除。不是赵勋对曾氏之盗晓之以礼，动之以仁，难道会成功吗？

赵勋行仁政，得到百姓爱戴。"瑞金人思公德泽，久愈切，立去思碑名宦祠，春秋尸祝之，具载郡志。"[②] 赵勋在基层为官，能将仁政的理念付诸实践，落地生根，结成硕果，十分难得。他的声名及业绩将被百姓铭记。历史长河滚滚向前，多少豪门世家淹没其中，无声无息，然而赵勋及其事迹却被记载下来，成为百姓心中的好官。

---

① 陈国仕：《丰州集稿》，商务印书馆 2018 年版，第 402 页。
② 陈国仕：《丰州集稿》，商务印书馆 2018 年版，第 403 页。

81. 明爱憎之官

爱憎分明，是用来形容一个人有判断和辨别是非的能力。要想做一个爱憎分明之官，必定会体现出对良善力量和良善现象的颂赞，对丑恶势力和丑恶现象的痛恨。爱与憎如一个硬币的两面。官员如果能有效地将爱憎的两面性统一到具体的为官过程中，保持爱而有度，憎而有界，就会得到百姓的认可。清代一个官员叫魏象枢，在《答刘辑五书》中有言："惟望执事执法如山，守身如玉，爱民如子，去蠹如仇。"① 魏象枢的这段话，让我们明白他心中理想官员的样子。"爱民如子，去蠹如仇"就是官员身上的爱憎色彩，是官员优秀品质的重要组成部分。

明代官员夏埙，就是一个爱憎分明之官。他颇有治政能力。从爱的角度看，他对基层百姓是关怀备至的。他在担任广东按察使期间，为百姓发声和说话，得到百姓认可。广东守城之兵不足，官府以百姓力量充入。这样的做法是对百姓的不负责任。夏埙说："谁独无父母妻子，而使人舍其亲以扞（捍）人之亲，奚罪哉？"② 夏埙敢于替百姓考虑，"悉遣之"③。老百姓很感动，"皆感泣而去，曰：'公活我也。'"④

夏埙在爱民的同时，对奸佞及其恶势力十分痛恨。他也在与这些恶势力进行斗争的过程中，升华了自己的人格。他一开始走上仕途，以御史身份，出按广西，"首除奸贪、息盗贼、通钱币"⑤。此后，他无论在哪个地方为官，皆能做到铲除丑

---

① （清）陈宏谋：《五种遗规——从政遗规》，团结出版社 2019 年版，第 319 页。

② （明）谢铎：《桃溪类稿》（全二册）下册，上海古籍出版社 2020 年版，第 623 页。

③ 章培恒、喻遂生：《二十四史全译：明史》（全十册）第五册，汉语大词典出版社 2004 年版，第 3133 页。

④ （明）谢铎：《桃溪类稿》（全二册）下册，上海古籍出版社 2020 年版，第 623 页。

⑤ （明）谢铎：《桃溪类稿》（全二册）下册，上海古籍出版社 2020 年版，第 623 页。

恶势力。"寻历福建，兴革黜陟，一如广西时。而其于江西也，风裁益甚。"① 他在江西为官的时候，看到镇守宦官叶达肆意骄横，为所欲为，而人莫敢抑之。夏埙"卒劾之，落其权"②。

---

① （明）谢铎：《桃溪类稿》（全二册）下册，上海古籍出版社 2020 年版，第 623 页。
② （明）谢铎：《桃溪类稿》（全二册）下册，上海古籍出版社 2020 年版，第 623 页。

82. 勤思变之官

官员做事要有头脑、有智慧，要充分发挥主观能动性。勤思变之官就是这样的官员。他们在细微处能敏锐地觉察出事情发展的趋势和变化，颇具今人对立统一的辩证眼光。清代的张廷玉说："凡事当极不好处，宜向好处想；当极好处，宜向不好处想。"①张廷玉讲得更为透彻，那就是要注重细节，从细节中判断事物发展规律，更要具有逆向思维，另辟蹊径，找到打开工作局面的新钥匙。

明代的黄孔昭，就是这样的官员。"公（黄孔昭）自幼颖拔，屹然如成人。"②他在很小的时候，思想就很成熟，宛若成人一样。他担任工部屯田主事期间，为官讲公义，"稍持以正，顾为其僚所怨，嗾恶吏诬毁之"③。他不仅看不惯污浊之事，还试图矫正这些现象，受到僚属的排挤和诬陷。一般而言，遇到这种情况，官员定会精神懈怠，不知何去何从；或者反击这些僚属，与他们争一下高低。黄孔昭却没有这么去想去做，而是采取了不与之论长短的态度，意外的情况却发生了："公（黄孔昭）虽不之较，然彼竟坐是落职，而公之誉亦因以起。"④

随后，他被提拔为吏部文选郎中。一般而言，文选郎中会闭门谢客，以绝私进人才之风。黄孔昭打破常规看法，发挥其逆向思维突出的优势，提出了新的看法："国家用才，犹富家积粟。粟不素积，岂足赡饥；才不预储，安能济用？苟以深居绝客为高，何由知天下才俊？"⑤黄孔昭的识见很高。他认为，如果闭门绝客，固然会将怀有私心、以私谋官者拒之门外，同时，也会将真正的人才拒之门外。

---

① （清）张廷玉：《张廷玉全集》（全二册）上册，安徽大学出版社 2015 年版，第 322 页。

② （明）谢铎：《桃溪类稿》（全二册）下册，上海古籍出版社 2020 年版，第 655 页。

③ （明）谢铎：《桃溪类稿》（全二册）下册，上海古籍出版社 2020 年版，第 655 页。

④ （明）谢铎：《桃溪类稿》（全二册）下册，上海古籍出版社 2020 年版，第 655 页。

⑤ 章培恒、喻遂生：《二十四史全译：明史》（全十册）第五册，汉语大词典出版社 2004 年版，第 3114 页。

吏部作为考察和选拔官员的重要部门，就是要同各类人才打交道，进而从中进行鉴别，择优黜劣，营造人才济济的良好氛围。黄孔昭敞开人才大门，全方位地了解各类人才，并将优秀人才登记在册，予以上报，按照才能高低，匹配其相应职位；而心术不正之人，一律予以谢绝。黄孔昭在吏部为官时，做到了清廉公正。"在职守法据例，不示恩，不卖直，凡所举错（通'措'），不独人莫之敢干，虽上之人，亦或以公为辞而若有所惮。"① 他对人才看得很准，即使是皇帝或上司，亦要对其敬重三分。当时的吏部尚书尹旻想要推荐其旧友当巡抚，黄孔昭却持反对意见。尹旻旧友进京城亲自拜访黄孔昭，甚至还给黄孔昭跪下来，却没有得到黄孔昭的认可。尹旻以上司身份命令黄孔昭推荐其旧友，被黄孔昭回绝："彼所少者，大臣体耳。"② 尹旻最终认可了黄孔昭的看人眼光，对其旧友说："黄君（黄孔昭）不离铨曹，汝不能迁也。"③ 后来，他离开了吏部，却仍然受到人们的尊敬。

---

① （明）谢铎：《桃溪类稿》（全二册）下册，上海古籍出版社 2020 年版，第 656 页。

② 章培恒、喻遂生：《二十四史全译：明史》（全十册）第五册，汉语大词典出版社 2004 年版，第 3114 页。

③ 章培恒、喻遂生：《二十四史全译：明史》（全十册）第五册，汉语大词典出版社 2004 年版，第 3114 页。

83. 善去弊之官

清代官员汪辉祖说:"论治者佥曰兴利除弊。方今久道化成,闾阎乐业,更无可兴之利,惟积弊相仍,未能尽绝。在官者如采卖折收、徵漕浮掯及官价民贴等事,在民者如地棍滋扰、讼师教唆及盗贼恶丐等事,皆为民害。各处情形不同,须就所官地方,相其缓急,次第整顿,去得一分,即民受一分之福矣。"① 官员在治政中,会遇到各种弊政。这些弊政不仅会阻碍正常政治秩序的构建,而且还会给民众带来巨大伤害。消除弊政,恢复正道,给民众带来福音,成为官员的重要职责。

宋代的洪咨夔就是这样的官员。洪咨夔既通文墨,又有治政能力,在政坛颇有声闻。他担任龙州知州时,发现当地每年上贡的麸金,均是通过征收矿户来完成任务的。且不说麸金上贡有没有必要,如果说有必要上贡,也应该均摊,而不应只加重矿户的负担。洪咨夔深刻地指出:"将奉上乃厉民乎?"② 洪咨夔认为,为了上贡,难道就要损害矿户的利益吗?于是,洪咨夔拿出官府的钱,来收购矿户的麸金,再上贡给朝廷。他这样做,既完成了任务,又保障了矿户的利益。他担任监察御史后,针对机构设置尤其是中书省运行的弊端上书陈词。中书省是中枢部门的首脑官署和正副宰相分析和处理政事的最高行政机构。洪咨夔指出了中书省的弊端:"一曰自用,二曰自专,三曰自私,四曰自固。"③ 中书省通过处理政事,将权力集中起来,如果失去监督,就会走向专权。如果任凭专权发展,就会伴随

---

① (清)汪辉祖:《汪辉祖集》(全三册)上册,浙江古籍出版社 2021 年版,第 239—240 页。

② 倪其心:《二十四史全译:宋史》(全十六册)第十四册,汉语大词典出版社 2004 年版,第 8868 页。

③ 倪其心:《二十四史全译:宋史》(全十六册)第十四册,汉语大词典出版社 2004 年版,第 8869—8870 页。

着自以为是、多虑己利、墨守成规等现象的出现，会危害到正常的政治秩序。皇帝采纳了他的建议，改革了中书省的弊端，减少了宰相专权带来的危害。

洪咨夔善于发现弊政，又善于解决弊政。他去世的时候，皇帝对他十分怀念，给了他很高的奖赏："洪咨夔鲠亮忠愨，有助亲政，与执政恩例，特赠两官。"[①]

---

① 倪其心：《二十四史全译：宋史》（全十六册）第十四册，汉语大词典出版社 2004 年版，第 8871 页。

84. 顺人心之官

人心很重要，虽然看不见、摸不着，但是却能感受到它的极端重要。如果失去民心，政权就会不稳；如果赢得民心，政权就会牢固。明代的杨维桢在《人心论》中强调"人心"的重要性："夫人心者，天命之所系，国脉之所关也。"① 有见识的官员，会倾听民心，尊重民心，回应民心，最终就会得到民心。

清代名臣汤斌就是这样的官员。他饱读诗书，知晓贪官污吏之恶行，阅尽民间苦难。顺治九年，他考取进士，走上仕途。他担任潼关道副使期间，以争取民心为工作之首责，得到了当地百姓的认可。潼关，自古是兵家必争之地，是重要的军事要塞。经战乱洗礼后，潼关已经面目全非。潼关城内居民外逃者颇多，留下的不过十数家，过着担惊受怕的生活。汤斌来了之后，看到满目疮痍、民不聊生的潼关，下定决心，要为改变这种面貌而努力。首先，他以治吏为先，整顿了吏治。他对属吏强调："毋科取民财，毋妄用驿夫，兵来吾自应之。"② 为什么要对属吏强调毋取民财？潼关在战乱中，不仅承受了战争带来的冲击，而且受到地方官的盘剥，百姓负担加重。对属吏的嘱托和整治，给当地百姓营造了一个良好的吏治环境。其次，他很好地处理了来自部队的压力。当时，清军要经过潼关来完成剩余的平叛工作，军需供应就成为关键。汤斌担心过往清军，乘机巧取豪夺，更会加重百姓负担。于是，他与过往潼关各清军主将约定规则，承诺自己可以为部队提供军需，但是不能额外打百姓的主意。

当时，总兵陈德率部经潼关赴湖南，向汤斌提出想在潼关暂住被拒绝后，又向汤斌提出苛刻要求，强行索要行军所需 5000 辆车。汤斌经过认真分析和调查

---

① （元）杨维桢：《杨维桢集》（全四册）第四册，浙江古籍出版社 2017 年版，第 1118 页。

② 王思治：《清代人物传稿》（上编）第五卷，中华书局 1988 年版，第 210 页。

后，发现陈德用车需求在 2000 辆左右，其余要求都是无理之需。针对这个情况，汤斌想了一个办法，就是以人计车，即以兵士一家人坐满一车来衡量。汤斌邀请陈德来城门饮酒，提议让陈德所率众兵及其家眷现场乘车，来统计所需车辆，最终测算，还不足 2000 辆。陈德虽不满，但亦没有办法，只能快快上路。此后，清军要经过潼关，皆肃然不敢冒犯。他在潼关任职期间，当地发生了饥荒，所种小麦还没熟，兵饷空缺，士兵骚动。"先生（汤斌）欲发仓储秋粮以贷。俟来年麦收，仍以两季麦粮拨发。"① 汤斌想了一个办法，先用仓库所储之粮以充兵饷，等到来年，用熟了的麦子还致仓库。当时主管军务的督阵不同意，认为这个办法太冒险，但最终被汤斌说服。按照汤斌的要求，兵饷终于被筹足，官兵均十分高兴且表示感谢。督阵也十分感激汤斌，经常对下属说："作事如汤公（汤斌），真可谓尽职无遗憾。有能仿而行之者，即善类也。"② 汤斌通过此办法，既满足了军需，又减轻了百姓的担子。最后，他在潼关推行德政，让当地百姓收获实惠。清廷考察各地官员，关中地区的汤斌治下百姓安居乐业，业绩为著，被人称道。当人们问其原因，他回答曰："吾惟以保甲、乡约、义学、社仓四者加之意而已。"③ 他致力于民生问题的解决，故能治理好潼关。

汤斌后来居家读书 20 年，潜心研究程朱理学。等到康熙十七年时，朝廷诏举博学鸿儒，汤斌被名臣举荐，再次出山为官。经康熙考察后，他在殿试上被钦点为甲等，授翰林院侍讲，成为皇帝身边的人。他的理学思想，对康熙产生了很大影响。等到时机成熟，康熙派他出任江苏巡抚。江苏虽属富庶之地，但困扰民生的难题颇多。康熙派汤斌赴江苏，是想用他来改变一下江苏乱象不治的局面。来到江苏后，他采取了积极的措施。首先，汤斌仍以治吏为重。江苏属富裕之地，部分官吏通过各种办法敛财。他恩威并施，一方面嘱托下属要以廉自持，如果干得好，会有较为丰厚的回报，就没必要去敛财，鼓励官员去干事；另一方面严厉禁止下属的敛财行为，一旦发现下属有接受馈赠钱财之行为，定严惩不贷。其次，他敢于推进移风易俗工作，促使江苏风貌发生巨大变化。江苏因富，故有奢侈之

---

① （清）陈宏谋：《五种遗规——从政遗规》，团结出版社 2019 年版，第 302 页。

② （清）陈宏谋：《五种遗规——从政遗规》，团结出版社 2019 年版，第 303 页。

③ 王思治：《清代人物传稿》（上编）第五卷，中华书局 1988 年版，第 211 页。

习。此外，当地打架斗殴、拐卖人口、嗜赌恶学、迷信成风等影响了江苏的稳定与发展。汤斌倡理学、兴义学、严法令，陋习得以灭迹，民众大服。汤斌善于通过对典型事件的集中处置，达到以儆效尤的目的。"苏之巨室有优，恃容仪，每闯入民宅。多见貌相悦而与之私。或结党行强，所犯累累，有司不敢诘。"[1] 在江苏，有一个豪族家的俳优，经常闯入民宅，看到貌美者，就要行苟且之事。该俳优做这样的事，已经很多次了，有司因惧其豪族家之背景，故不敢过问。汤斌听闻此事，十分生气，命吏将其逮捕，进行仗责，震慑了一批如俳优这样的人。"由是奇邪浮淫者心悸，相劝改前行。"[2] 江苏的不良习气和作风，由此有了大的改观。

最后，他为民请命，还利于民。江苏虽富，但赋税亦重，百姓不堪。汤斌给康熙谏言："岁祲免租，民困少苏而已；必屡举于丰年，富乃可藏于民。免当年之租，半中饱于有司胥吏，故每遇国有大庆或水旱形见，不肖者转急徵以待赐除。必豫免次年，然后民不可欺，吏难巧法。"[3] 汤斌富有长远的战略眼光，想得长远；能够洞悉事物背后隐藏的本质内容，想得深刻。他认为，如果仅仅是偶尔单纯免租，只不过是稍微减轻了百姓压力而已，不解决实质性问题。如果在每次丰收之年，免去赋税，让百姓享受硕果，真正做到藏富于民，那是最好的办法。汤斌阐释，如果免当年之租，有司会征税，所征税被免，受益的是有司，百姓受不了益。如果免次年之租，提前昭告天下，百姓能受益，有司又做不了手脚，岂不是件利民之事？康熙接受了他的建议，最终让利于民、藏富于民。他在江苏的政绩，被当地民众所熟悉和感念。"其（汤斌）治绩，吴淞十郡儿童女妇皆耳熟焉。"[4] 他离任江苏时，百姓罢市，赴辕门外请留。"睢州汤公（汤斌）内召时，吴人已建生祠，刻石纪德政；其殁也，巷哭里奠，荐绅学士争为诔表传记。"[5]

---

① （清）方苞:《方苞集》（全二册）下册，上海古籍出版社 2009 年版，第 685 页。

② （清）方苞:《方苞集》（全二册）下册，上海古籍出版社 2009 年版，第 685 页。

③ （清）方苞:《方苞集》（全二册）下册，上海古籍出版社 2009 年版，第 683 页。

④ （清）方苞:《方苞集》（全二册）下册，上海古籍出版社 2009 年版，第 681 页。

⑤ （清）方苞:《方苞集》（全二册）下册，上海古籍出版社 2009 年版，第 683 页。

85. 制不满之官

从政者，心态很重要。如果出了点成绩，受人赞誉之时，忘记了自身职责，有放纵之迹象，则非幸事；稍遇掣肘，又生不满之气，时间长了，就会举措失宜。这类官员"且任性，则火性愈起。久且以为固然，不问是非矣"①。作为官员，"不问是非"的时候，其行为必然会对自己为政带来巨大危害。

唐代的侯君集就是这样的官员。侯君集的履历十分丰富，如若只看其功勋建立之时，给他再高评价也不为过。他以武勇闻名，入李世民幕府，因其能征善战，被李世民所信赖和重用，并且建立了军功。李世民当了皇帝后，对侯君集不薄，"迁左卫将军，以功进封潞国公，赐邑千户，寻拜右卫大将军"②。贞观四年，侯君集被提拔为兵部尚书，参与到朝政当中，后又被授予吏部尚书，"典选举，定考课"③。同时，他还有杰出的军事才华，在征讨吐谷浑、高昌过程中，建立巨大军功。为文，掌管全国官员选拔；为武，直接参与重大军事行动，侯君集的威望达到了一个高点。

侯君集此时被唐太宗委以重任，更应该修身隆德，提高自身素养，成为名臣，亦是可待。然而，他鬼迷心窍，"初破高昌，曾未奏请，辄配没无罪人，又私取宝物。将士知之，亦竞来盗窃，君集恐发其事，不敢制"④。是什么冲昏他的头脑，做出不法之事呢？就是他自认为功高，有权力支配无罪之人的命运，有资格贪敛高昌宝物。"君集（侯君集）之破高昌，得金簺二甚精，御府所无，亦隐而不献，至

---

① （清）陈宏谋：《五种遗规——从政遗规》，团结出版社 2019 年版，第 246 页。

② 黄永年：《二十四史全译：旧唐书》（全六册）第三册，汉语大词典出版社 2004 年版，第 2011 页。

③ 黄永年：《二十四史全译：旧唐书》（全六册）第三册，汉语大词典出版社 2004 年版，第 2012 页。

④ 黄永年：《二十四史全译：旧唐书》（全六册）第三册，汉语大词典出版社 2004 年版，第 2013 页。

时并得焉。"① 私心过重，贪欲过重，为他最后失败埋下了伏笔。

等到侯君集回朝之后，其丑事被人告发，按照法律规定，被下狱。此时，他若能幡然悔悟，洗心革面，定会得到唐太宗的谅解。当时，侯君集很幸运，因为还有人替他说话求情。此人是岑文本，专门上疏唐太宗，入情入理地为侯君集说情，认为是小过不掩其大功，应该给他再次效力朝廷的机会。唐太宗于是赦免了侯君集。此时，侯君集若能忘掉过去，以积极的态度，投身于朝政之事，亦能够有翻身的机会。但是，他没有这样做。"君集（侯君集）自以有功于西域，而以贪冒被囚，志殊怏怏。"② 侯君集开始生不满之气，认为自己功劳这么大，因小过被囚关进监狱，心中不高兴，开始怨恨朝廷和唐太宗。当时太子詹事张亮被外放洛州。侯君集质问张亮为何被排挤，被张亮回道："是公见排，更欲谁冤！"③ 张亮问侯君集，你也遭到排挤，还要说谁冤枉。侯君集开始诉说自己的不满，认为自己平定一国归来，却遭受偌大的指责，还受到如此大的排挤，不甘心。侯君集开始说胡话了："郁郁不可活，公能反乎？当与公反耳。"④ 他认为自己受了天大的委屈，不开心，想拉张亮一起谋反。张亮随后将此事秘密汇报给了唐太宗，被唐太宗按下此事。不久之后，侯君集因过去之功，上了凌烟阁画像，可见唐太宗对他的认可。如果此时，侯君集能消除不满之气，收敛自己的行为，享一个太平结局是没问题的。

但是，他的不满之气越来越大，最终到了"不问是非"的地步。他与时任太子李承乾勾结，图谋谋反之事。侯君集常常担心自己与李承乾的阴谋被泄露，在半夜之时，猛然坐起，慨叹很长时间。他的妻子对他说："公，国之大臣，何为乃尔？必当有故。若有不善事，孤负国家，宜自归罪，首领可全。"⑤ 知夫莫若妻。他的妻子看得很透彻，对他进行了真言相劝，他却听不进去。等到李承乾的事情败

---

① 周勋初：《唐人轶事汇编》（全四册）第一册，上海古籍出版社 2016 年版，第 261 页。

② 黄永年：《二十四史全译：旧唐书》（全六册）第三册，汉语大词典出版社 2004 年版，第 2015 页。

③ 黄永年：《二十四史全译：旧唐书》（全六册）第三册，汉语大词典出版社 2004 年版，第 2015 页。

④ 黄永年：《二十四史全译：旧唐书》（全六册）第三册，汉语大词典出版社 2004 年版，第 2015 页。

⑤ 黄永年：《二十四史全译：旧唐书》（全六册）第三册，汉语大词典出版社 2004 年版，第 2015 页。

露，侯君集被牵连收捕。唐太宗亲自审问他，他竟无言以对。唐太宗对百官说："往者家国未安，君集（侯君集）实展其力，不忍置之于法。我将乞其性命，公卿其许我乎？"① 百官没有同意唐太宗的请求。于是，唐太宗挥泪斩侯君集。一代英豪至此落下帷幕。侯君集在落幕前，有多次机会，可以挽回自己的生命甚至官运，但是均因其不满之气难制，累积起来，生怨恨之想，行谋反之事，终被诛杀，可叹矣！

与侯君集在同一时期为官的杜如晦，为一时之名臣，不仅才华出众，而且坚持以德自修，做到了恩宠至终。当初，房玄龄向李世民推荐杜如晦，随后被李世民重用。杜如晦随李世民征战期间，"时军国多事，剖断如流，深为时辈所服"②。李世民对他也不吝赏赐，给予其高官厚禄，且将其画像置于凌烟阁，赞词曰："建平（杜如晦）文雅，休有烈光。怀忠履义，身立名扬。"③ 越是对杜如晦尊敬，礼遇规格愈高，杜如晦愈是谦虚敬业，全身心地扑在工作上。贞观初年，房玄龄为左仆射，杜如晦为右仆射，二人配合十分默契，时论以房杜为贤相之代表。唐太宗不忘谆谆告诫杜如晦："公为仆射，当须大开耳目，求访贤哲，此乃宰相之弘益。比闻德受词诉，日不暇给，安能为朕求贤哉！"④ 唐太宗对他很信任，不忘传授其治国之技巧和方法。杜如晦没有辜负唐太宗的期待，与房玄龄一起，为开创贞观之治打下了扎实的基础。杜如晦被委以重任，地位很高，权力很大。如果他被地位和权力所裹挟，心生贪欲之想，定会落一个身败名裂的下场。杜如晦的岗位是极容易被围猎和腐蚀的。但是，他洁身自好，一心许国，没有时间考虑个人利益，最终做到了鞠躬尽瘁。杜如晦用勤政和敬业制住了贪欲，用情操和品性制住了不满之气，赢得了唐太宗对他的敬重。杜如晦病重的时候，唐太宗十分挂念，多次派使者去问候，派名医去治疗，送好药去救治，自己还亲自赴杜宅看望他，抚慰着他流下了眼泪。杜如晦去世后，唐太宗十分悲恸，停朝三日，追赠他为司空，

---

① 黄永年：《二十四史全译：旧唐书》（全六册）第三册，汉语大词典出版社 2004 年版，第 2016 页。

② 黄永年：《二十四史全译：旧唐书》（全六册）第三册，汉语大词典出版社 2004 年版，第 1974 页。

③ 黄永年：《二十四史全译：旧唐书》（全六册）第三册，汉语大词典出版社 2004 年版，第 1974 页。

④ 周勋初：《唐人轶事汇编》（全四册）第一册，上海古籍出版社 2016 年版，第 246 页。

改封莱国公。唐太宗悲怆地对时任著作郎的虞世南说："朕与如晦，君臣义重。不幸奄从物化，追念勋旧，痛悼于怀。卿体吾此意，为制碑文也。"[1] 唐太宗为何自始至终对杜如晦十分器重和偏爱呢？固然是杜如晦的才华和能力让唐太宗佩服，这是基本的一点。但是，杜如晦的谦逊守德，不居功自傲，敬职敬业，也是他受到唐太宗信赖的重要原因。

---

① 黄永年：《二十四史全译：旧唐书》（全六册）第三册，汉语大词典出版社 2004 年版，第 1975 页。

86. 行宽容之官

　　人在一生中，会遇到各种激流险滩，难免会出现各种差错，只要这种差错还处于可原谅、能改正、影响不大的范围，采取宽容之态待之，完全是一种值得倡导的做法。为官亦是如此。官场关系十分复杂，稍不注意，就会得罪同僚。只要没有触碰底线，对误解甚至伤害过自己的同僚，应持宽容之心待之。清代官员唐甄在《取善》一文中指出："孔孟之教人也严，其与人也宽。唯圣人乃能无阙。若与之不宽，则天下无人，无可与之共学，无可与之居位矣。"[①]

　　明代有一个官员叫应恩，为官的特征之一就是有宽容之心，能容别人不能容之人和事。"君（应恩）为人襟宇夷旷，虽遇仇雠，亦与欢洽。"[②] 即使他遇到仇人，亦能谦虚地与对方交流，相处十分融洽。他在高安县当知县，勤政爱民，颇有政声。他的上司，是一个太守，以严酷治政著称，因应恩常常与其争论民事，故怀恨在心，打算伺机报复。当时，县库被盗，应恩被抓，太守让其承担丢物责任。此时，应恩在城隍进行祈祷。好在不长时间，盗贼被抓住，被盗之物又回归县库。应恩方洗白自己。

　　应恩遇到上司责难和打压，没有睚眦必报，而是选择宽容处之。

　　"后太守入寿宁濠，陷不得出，君（应恩）多方求之。"[③] 当太守被宁王朱宸濠扣留，应恩托各种关系，积极营救太守。应恩容人之心，在不记旧隙基础上，得以升华。应恩的上司，即报复应恩的太守，与应恩在工作上没有根本的分歧。当应恩以宽容之心对待这个太守，势必会感化这个太守，工作局面亦会随之打开。

---

① 　来新夏：《清代经世文选编》（全三册）上册，黄山书社 2019 年版，第 156 页。

② 　（明）黄绾：《石龙集》，上海古籍出版社 2021 年版，第 356 页。

③ 　（明）黄绾：《石龙集》，上海古籍出版社 2021 年版，第 356 页。

"与君（应恩）手劄，有不合理，辄掩不示人，其厚如此。"[1] 同僚给他致信，有不合理的地方，他也不会拿出来给别人看，以显示自己的高明。这些都是他为官宽厚的具体体现。

---

[1] （明）黄绾:《石龙集》，上海古籍出版社 2021 年版，第 356—357 页。

87. 有儒风之官

习得儒家思想，然后走上仕途，以儒家思想为治政遵循和为人之本。这样的官员，为官以民为本，处世以谦示众，且始终给人一种如沐春风之感，这就是有儒风之官。元代文人柳贯说："儒者事业，蕴之则为德行，发之则为政迹辞章。"[①] 有儒风之官，内蕴操守，外彰政绩，政声在民间，口碑在友朋，不亦乐乎？

明代有一个官员叫鲍恩。"公（鲍恩）幼敏绝人，七岁能诗对句，出语惊人。"[②] 他在担任夷陵知州期间，"为政仁恕"[③]。自幼受儒家思想熏陶，等他为官后，自觉不自觉地将儒家实行仁政的理念付诸实践，哪怕阻力极大，也要坚持去做。他心中忧民，做事必以虑民为先。当时，流民被逼为盗贼，上司严令他驱逐这些盗贼，他拒绝了。他通过想办法，让他们回归到正常的百姓生活状态。荆襄多富贾，是当时的新社会阶层，虽属流动人口，但凭本事致富，理应受到尊重。但是，上司未经详察，要对这些富贾进行驱逐，结果出现了"号哭振野，诸州望风奔令"[④] 的现象。

富贾伤心，地方官置之不理，且执行上司的要求，对富贾进行驱逐。只有鲍恩没有这样做。他慷慨言道："我民牧，忍置民如此极也？"[⑤] 作为百姓的父母官，鲍恩不忍自己辖区的富贾居无定所、被官府驱赶。虽然上司威胁鲍恩，如果他不执行，就要承担责任。鲍恩不惧威胁，仍不执行，富贾赖以安居。他离开夷陵的时候，当地百姓流着眼泪挽留他，且为他建立生祠。后来，他又在颍州为官，没

---

① （元）柳贯：《柳贯集》（全二册）上册，浙江古籍出版社 2014 年版，第 207 页。

② （明）黄绾：《石龙集》，上海古籍出版社 2021 年版，第 362 页。

③ （明）黄绾：《石龙集》，上海古籍出版社 2021 年版，第 362 页。

④ （明）黄绾：《石龙集》，上海古籍出版社 2021 年版，第 362 页。

⑤ （明）黄绾：《石龙集》，上海古籍出版社 2021 年版，第 362 页。

多长时间，以病乞归。支撑他为官爱民的是儒家思想，因深入其骨髓，故信而笃之。他将司马光、赵抃之律己之言书于官舍以自警。有人以金帛贿赂他，希望他在公事上能够通融一下，被他皱着眉头拒绝："若何陷我于罪，人祸不加，天殃尚及也。"[1] 他为官就是如此的自律。

他虽容貌庄严，但待人友善和煦，以诚处世，受友朋尊敬。他会与三五好友，小聚当中，吟古诗，颇有节奏感。其友亦被其文化风貌所打动，且沉浸其中而不能自拔。他去世后，黄绾为其撰写铭文。铭文中写道："逐物媚俗，人弗以愆。矫利巧宦，时誉其贤。曷晦才德，乃不远骞。"[2] 鲍恩之"才德"是其儒风之态的重要组成部分，受到人们高度认可。

---

① （明）黄绾：《石龙集》，上海古籍出版社 2021 年版，第 363 页。
② （明）黄绾：《石龙集》，上海古籍出版社 2021 年版，第 363 页。

88. 尚踏实之官

清代官员汪辉祖说："然'守身'二字，是弟一生功力。出处不同，守之境界亦别。惟正路是由，脚踏实地，无论遭际，总可头头是道。弟阅事近五十年，所见仕路人不少，大概走此一路者，毕竟攧扑不破。"[1] 汪辉祖以自己的仕宦经历告诫友朋，在走仕途中，不论遭遇什么样的情况，都要脚踏实地地干活。只有这样做，方能让自己心安，方能有良好的政声口碑。

明代有一个官员叫杨君全。他很有才华和能力，受到周围人的赏识。后来，他走上仕途，仍然被上司所欣赏和重用。他主要为政经历在黄岩县，在那里当县丞，"修事举职，号为疏通；偶缺令，君署邑事"[2]。基层事务十分繁杂，作为黄岩县丞的杨君全，有的时候还要代替知县，负责全县的行政工作，从发展农业，到弘文兴学，从竭力除盗，到平息疑狱，都有他忙碌的身影。比如，他在除盗方面，既有智谋体现，又有胆识配之，最后为民除害。"民有任黻者数十人，与松海戍卒为无赖，潜入海中为盗，杀人无虑数百，莫测为谁，有司以幽远不问。有贾舶被害，知风密告，君悉为计，擒而戮之。"[3] 盗贼为害，已经给当地造成巨大的负面影响，"有司"任之不理，唯杨君全理之。经他精心策划，盗贼被擒，匪患被除，还当地百姓一个安居乐业的良好环境。杨君全是一个尚踏实的官员。他只低头专注于一县之民事，忙碌也好，筹谋也好，均是忧民与共。上司因听信谗言，打算让杨君全认罪。当地百姓不干了，皆为杨君全说话，最后真相大白，还杨君全一个清白。杨君全在黄岩县干了多年，做出了实绩，遭受过冤枉，不过最终以乞休的方式，实现圆满退场。从黄岩的历史看，在杨君全之前，有许多官员，在黄岩主

---

① （清）汪辉祖：《汪辉祖集》（全三册）上册，浙江古籍出版社 2021 年版，第 152 页。

② （明）黄绾：《石龙集》，上海古籍出版社 2021 年版，第 368 页。

③ （明）黄绾：《石龙集》，上海古籍出版社 2021 年版，第 368 页。

政，大部分官员没有做出实绩，得到当地百姓认可，也有少数官员治政还可以，但是因谗言被调往他地。"凿凿如君（杨君全）而又得善其终者，盖未之见也。"[1]杨君全为何能够善始善终地在黄岩县为政，主要原因在于他踏实肯干，走正道，不走邪道，将全部身心都用在如何改善民生上。所以，他能够抵挡住谗言，闯过各种仕途羁绊，在实现为民的同时，做到了善终。

① （明）黄绾：《石龙集》，上海古籍出版社 2021 年版，第 368 页。

89. 有铮骨之官

　　个体在社会秩序中要扮演诸多角色。官员又是特殊的职业，需要有特殊的方式去分析和看待。在官员队伍中，有一类人十分讲究。他们的讲究不在于吃穿，而在于思维方式的独立性。这种独立性的保持，让官员身上的铮铮铁骨精神更显突出。古人喜欢写有关竹子的诗文，来寄托自己的理想，表达对正直刚毅高洁精神的赞美之情。元末的王冕写有一首题为《竹图》的诗，诗中写道："楚地秋风劲，湘江夜雨深。不看双凤舞，恰听老龙吟。正直崇高节，岁寒同我心。悠悠向京国，转转忆山阴。"① 竹子的铮铮之品与官员的铮铮之节，从精神层面来看，是一致的。

　　宋朝有一个官员叫杨亿。他很有才华，年幼的时候就以文而名。他为官后，仍然保持勤奋著述的良好习惯，培养了他清醒的思想意识，在待人接物方面，具有刚正不阿的铮骨气概。杨亿"重交游，性耿介，尚名节"②。他重视交友，所交之友，皆有品厚德，但他不滥交朋友。怀有私心的奸佞之人，他是不与之交往的，甚至是鄙视的。杨亿在翰林院期间，有一位受皇帝赏识的佞臣，试图拉拢他，希望他能够加入佞臣一伙。该佞臣说："君子知微知章，知柔知刚。"③ 杨亿很生气地回道："小人不耻不仁，不畏不义。"④ 面对拉拢，他看清奸佞本质后选择不盲从，这是其铮铮铁骨的表现。

　　后来，杨亿与王钦若负责编撰《册府元龟》。二人仅限于工作关系，没有私交。虽然王钦若的地位上升很快，但是杨亿瞧不起他，认为他是一个奸邪小人。

---

①　（元）王冕：《王冕集》浙江古籍出版社 2012 年版，第 142 页。

②　倪其心：《二十四史全译：宋史》（全十六册）第十一册，汉语大词典出版社 2004 年版，第 6897 页。

③　周勋初：《宋人轶事汇编》（全五册）第二册，上海古籍出版社 2014 年版，第 604 页。

④　周勋初：《宋人轶事汇编》（全五册）第二册，上海古籍出版社 2014 年版，第 604 页。

"文公（杨亿）尝与钦若同修《册府元龟》，每至馆中，未尝接席而坐。"①王钦若虽地位较高，但为人心术不正，受到杨亿的鄙视。二人虽在同馆修书，但杨亿甚至不愿意与他比邻而坐，以之为耻。"钦若去朝，百官皆以诗送，文公（杨亿）独无有。"②杨亿才思敏捷，诗文片刻而成，为何不给王钦若送诗呢？主要是他瞧不上王钦若的为人。王钦若当然也做过好事实事，但是逢迎皇帝，将钻营之性扩大化，让正直之人看不惯。清初学人陈轼写有《王钦若论》，在这篇文章中，作者对王钦若为官之邪进行了深刻剖析和批判："盖小人之智，巧于尝试，而工于附会。始伺其主之所欲，而因端以投之，及其有隙可乘，则任其荒诞不经、旁岐揉曲，而其计无所不行，说无所不入。是故弄其主如婴儿，视其主如土木，而后其术可以百发而百中。"③这就能理解杨亿为什么瞧不上王钦若的为人，且不愿与其交往。好多臣僚担心王钦若打击报复，故能每每屈从，而杨亿不然，显示出他不惧权贵的风骨。

清代学者全祖望在《杨文公论》中说："盖宋初词臣，前之如王学士元之，同时如刘学士子仪，皆以风节自见，而文公（杨亿）尤为铮铮。"④杨亿以铮铮铁骨之精神而得以进入当时名臣行列，受到寇准的赏识。寇准虽功高位显，却将杨亿作为可共事之臣，钦服之意显矣。寇准为何钦服杨亿呢？主要在于杨亿身上的这种风骨。"及反覆其遗事，而后知文公（杨亿）之劲节，鲜有其伦。"⑤

---

① （清）全祖望：《全祖望集汇校集注》（全三册）上册，上海古籍出版社 2018 年版，第 562—563 页。

② （清）全祖望：《全祖望集汇校集注》（全三册）上册，上海古籍出版社 2018 年版，第 563 页。

③ （清）陈轼：《道山堂集》，广陵书社 2016 年版，第 23 页。

④ （清）全祖望：《全祖望集汇校集注》（全三册）上册，上海古籍出版社 2018 年版，第 563 页。

⑤ （清）全祖望：《全祖望集汇校集注》（全三册）上册，上海古籍出版社 2018 年版，第 562 页。

90. 善直言之官

对存在的问题有深刻的认识，秉持一种负责任的态度，对上司或者决策者直言相告，有助于问题的解决。直言之官，不仅需要对所提问题有深刻的了解，而且还需要过人的胆识和勇气，方能直言。因一些官员顾虑太多，明知问题症结所在，而不敢、不善直言，错过了解决问题的最佳时机，遗恨终生。对于倾听直言的一方，更需要胸襟和智慧。有胸襟，可以容直言；有智慧，可以纳直言。所谓"忠鲠不可不从，乱亡不可不戒"①是也。

宋代名臣鲁宗道就是敢于、善于直言之官的代表。从他的出身和经历来看，必是敢言善言之人。鲁宗道在很小的时候，就成为孤儿，他被寄养在外公家，受到族人的轻视和慢待。这反而能促使他勤奋学习，通过读书来改变自己的命运。他没有辜负自己的努力，考上了进士，走上了仕途。在担任海盐令期间，发动乡丁，疏通河道，造福于民。贫寒的出身塑造了他疾恶如仇的品性，使他在看到不良现象时，敢于针砭时弊。基层的历练塑造了他干事创业的能力，使他在遇到难题时，善于提出解决问题的思路。

他到朝中担任谏官，以敢于直言立于朝堂。"鲁肃简公（鲁宗道）立朝刚正，嫉恶少容，小人恶之，私目为'鱼头'。"②虽然受到小人的责难和诽谤，但是他仍然坚持己见，一心为公，积极地向朝廷建言献策。他看到当时的考核体系出现弊端，及时地指出要大胆使用亲近民众、服务民众的好官，而不是一味地使用就会唯上的官员。他说："守宰（地方官）去民近，而无以区别能否。今除一守令，虽资材低下，而考任应格，则左司无摈斥，故天下亲民者黩货害政，十常二三，欲

① （宋）李元弼等：《宋代官箴书五种》，中华书局 2019 年版，第 251 页。

② 周勋初：《宋人轶事汇编》（全五册）第二册，上海古籍出版社 2014 年版，第 789 页。

裕民而美化，不可得矣。"① 鲁宗道认为，如果地方官不亲近、接触百姓，就无法区分其能力大小；任命一名地方官，尽管他资质不高、才华不大，只要能够应付上司的考核，定会升迁而不会被弃绝，故天下所谓亲民之官却贪财害政，这样的地方官十人中常有二三，想让这样的官员去引导教化百姓向善，那是不可能的。鲁宗道的认识是深刻的，他要求官员要主动深入基层、接触群众、了解民情、解决民忧；要求统治者在选拔官员的时候，不能只注重官员对答的一面之词，还要了解官员的能力和业绩，而这种了解，需要以实操作业以考察之，方能做到深入准确。宋真宗认可他的直言，采纳了他的直言。他因直言，受知于皇帝；又因直言，让皇帝认为他不顾礼节，有时候给人一种啰唆之感。好在日子长了，皇帝逐渐明白了鲁宗道直言的益处，故题"鲁直"二字于殿壁，以思其人其言。"宗道为人刚正，疾恶少容，遇事敢言，不为小谨。"② 他因直言而被皇帝和大臣铭记，体现出他敢担当的一面。

---

① 倪其心：《二十四史全译：宋史》（全十六册）第十册，汉语大词典出版社 2004 年版，第 6495 页。

② 倪其心：《二十四史全译：宋史》（全十六册）第十册，汉语大词典出版社 2004 年版，第 6497 页。

91. 明慎动之官

　　官员掌握重要的权力，时刻有被围猎的风险。面对各种有形无形的风险，如何避险，将各种风险消灭在苗头时期，是一项大本领。明代薛瑄说："慎动，当先慎其几于心，次当慎言、慎行、慎作事，皆慎动也。"[①] 作为官员，能将慎动理念付诸实践，就是一个了不起的人。

　　清初名臣赵殿最在慎动方面，颇有心得，且卓有成效。他因勤于政事，朴诚待人，循规守职，受到清初几代皇帝的信赖和重用。薛瑄所言慎动首先在于心。赵殿最从内心开始自修，这种自修不是刻意为之，而是自觉为之，境界更为高深。他"在班行中粥粥断断，不求赫赫名"[②]。走上仕途之人，均希望通过自己的努力工作，获得上司的认可，进而受到提拔。这种职位奖励对于从政者来说，是一种有效的机制，进而能够促使为政者更加勤勉工作，做出更大业绩。在这个过程中，难免有少数官员，忽略奋斗的过程，直奔高位职务，试图享受其背后所形成的各种物质丰厚感和地位优越感。这些人颠倒了为官认知逻辑，势必会造成为官初衷的扭曲。对于赵殿最来说，久经仕宦，阅尽其中的高低起伏和各种状貌。他职位越高，越是能够小心谨慎地抵御升迁后的各种风险。从他内心而言，不求"赫赫名"，这是自修的最高境界。他能够抛开名利和地位，且能不受其影响，始终如一地去做好工作，这是其人格魅力最为打动人的地方。

　　当时，雍正对他的品格和才华十分欣赏，在与其谈禅的过程中，看到了赵殿最的综合实力。雍正问其是否接触过禅，他以"臣未之学也"[③] 来回答。这时，就能看出赵殿最慎言的功夫。雍正是希望赵殿最能在禅的知识方面，提供某种启发。

---

①　（明）薛瑄：《薛瑄全集》（全三册）第三册，三晋出版社 2015 年版，第 1066 页。

②　（清）全祖望：《全祖望集汇校集注》（全三册）上册，上海古籍出版社 2018 年版，第 323 页。

③　（清）全祖望：《全祖望集汇校集注》（全三册）上册，上海古籍出版社 2018 年版，第 323 页。

但赵殿最以未学之由回答了雍正。他的回答与一些官员自吹自擂，形成了鲜明对照。他不仅没有自夸，反而以自谦的态度予以回答。随后，雍正让其尝试着说说禅。他以自己的理解，谈了对禅的认识，受到了雍正的高度评价。关于慎行，他亦是以严的精神和标准要求自己，在行的方面，颇有古大臣之风。在他日益受到统治者信赖和重用的情况下，名利之徒竭尽全力来接近他，却都没有接近他的机会。因为，他不喜欢热闹和交际，"退食杜门委蛇，时对一尊自斟酌，虽有附热之徒，不得至前"①。在工作中，他又能以廉自持，还能以廉束人，以严的要求对待下属，做到了慎于做事。当他来到工部工作的时候，"内务府有营造，率资经费于工部，然府员滥支冒销，以为习惯，工部莫敢谁何也，公（赵殿最）独正色裁抑之"②。工部官员不敢得罪内务府，故对内务府超出正常部分的开支，随之任之，不去管理和过问，只有赵殿最敢于碰硬，按照工部职责，裁减内务府的过度开支。

赵殿最在慎动方面，堪称人臣典范，故有"三朝之完人，历试之劳臣"③之誉。他勤于政事，勉于自修，上能为朝廷分忧，下能替百姓解难。他因对自己要求严格，故能做到慎动，成为一代名臣，可谓至矣。

---

① （清）全祖望:《全祖望集汇校集注》（全三册）上册，上海古籍出版社 2018 年版，第 323 页。

② （清）全祖望:《全祖望集汇校集注》（全三册）上册，上海古籍出版社 2018 年版，第 324 页。

③ （清）全祖望:《全祖望集汇校集注》（全三册）上册，上海古籍出版社 2018 年版，第 325 页。

92. 简告示之官

古代社会，作为官员，要向百姓发告示。撰写告示的质量，直接决定了官府意图的传达效果。什么样的告示，老百姓更能接受，也更能起到宣传的效果呢？那就是通俗易懂、阐释充分、简单明了。清代官员汪辉祖说："告示一端，谕绅士者少，谕百姓者多。百姓类不省文义，长篇累牍，不终诵而倦矣。要在词简意明，方可人人入目。"① 汪辉祖谈到了所发告示，对象多数为老百姓。老百姓不习惯更不喜欢长篇累牍的告示，这就需要发告示者调整思路，在撰写告示方面下足功夫，多写适合百姓阅读习惯的好告示。

清代名臣陆陇其，既有学问，又居官多年，富有治政实践经历。他在基层为官，深知百姓状貌，故能在发告示方面，颇有心得，且有很大的成效。他在《禁赌博示》中指出："为严查赌博事。照得赌博之禁，屡经各宪申饬。本县谆谆出示晓谕，良善之人，无不改弦易辙。近访关厢内生员之家，竟有公然开场赌博者，聚集无赖，深藏密室之中。地方保长，既不敢问，昼夜呼卢，罔顾法纪。独不思既列宫墙之内，何甘为不肖至此。纵然侥幸不露，为乡党所鄙薄，虽忝列衣冠，实与盗贼无异。清夜自思，何以自安？况本县严行访拏，断不令此败行之徒，汙（污）玷黉序。除一面访确申究外，合行晓谕，为此示仰保甲人等知悉：如甲内有前项劣生开场赌博者，甲内人即据实呈报。本县审实，立刻申宪黜革惩究。如甲内人畏势隐匿不报，本县自行查出，地方甲长，一并治罪。法在必行，各宜凛遵。"② 陆陇其的这份告示，堪称官场公示模板，既通俗晓畅易懂，又说理透彻，层层递进，使人服气。在这份告示中，陆陇其首先亮明观点，赌博之事要严查、严

---

① （清）汪辉祖：《汪辉祖集》（全三册）上册，浙江古籍出版社 2021 年版，第 239 页。

② （清）陆陇其：《陆陇其集》，浙江古籍出版社 2018 年版，第 352 页。

禁。在表明态度的基础上，陆陇其还要做到言之有物，故通过例举县中有暗行赌博之事者，行赌之人既敢赌，又被纵容之。紧接着，陆陇其从道德的高度，对行赌之人、纵赌之事进行严厉谴责，占据了舆论制高点。然后，陆陇其明确官府加大查赌惩赌力度，同时，鼓励保长尽其反映、揭露所知赌博之事的责任，如若隐瞒、包庇行赌之人和事，定将严惩不贷。陆陇其这个告示内容，篇幅不是很长，但是集中地将治赌惩赌之事说清楚了，起到了很好的宣传效果。

陆陇其写有《禁止夜行示》，该文主题集中，叙事清晰，说理充分，亦是一篇典范的告示。他在该告示中说："为禁止夜行以免截劫事。照得保甲若清，则居民之盗可以无虞。至于道路之间，猝然相遇，殊难防范。然白昼截劫，苟非积年贼寇，不敢轻发。每见道路失事，非早即暮，或赶集夜归，或攒程早起，宵行旷野，孤踪踽踽，贼遂乘间肆劫。此实自取。而盗案贻害地方，若皆日出而行，未晚而息，虽有强徒，从何下手？合无仰请宪台严饬阖属州县文武各官，晓谕沿途汛兵，日将落无许人行，水路无许舟行，乡地歇店日未出从容客走。驰驿差员，不在此例。栅门辰开酉闭，遵行勿失，自无后患。倘有行客昏夜被截，必须根究于开栅之人，治以通贼之罪，断不宽假。则夜行无人，而截劫文患可除矣。此本县条陈弭盗安民几款之一。蒙抚院宪批，通行各属，饬遵在案。除转行外，合再出示晓谕，为此示仰军民人等知悉。务期恪遵，共享粺宁，勿视泛常，自贻后悔。"①在这篇告示中，陆陇其娓娓道来、循循善诱，以与百姓唠家常的方式，将禁夜行的理由和意义进行充分的阐释。他认为，白天出现抢劫之事，实为少数，关键在晚上。所以，他治理抢劫之盗的重点放在晚上。一方面，县中各类人等均要遵循朝九晚五的工作和出行规律，到晚上，一律禁止在干道行走，不给盗贼抢劫的机会。另一方面，他十分重视守门之人的作用，要求其担起责任，守好栅门，不给盗贼在夜间进入县城行盗的机会。因夜间总有行盗之事出现。出现之后，县衙去抓捕，或许会成功，或许不会成功，但总归是事后补救。为了能够做到事前预防，不给盗贼丝毫机会，陆陇其发了这份告示，充分彰显出他对百姓安全的深切挂念和关注。

---

① （清）陆陇其：《陆陇其集》，浙江古籍出版社 2018 年版，第 362—363 页。

93. 取大义之官

　　个体的社会价值，不仅在于维持生命存续，更在于彰显其精神内蕴。精神内蕴的重要指标之一就是大义。这种大义事关国家发展、社会进步、个体尊严。故孟子言："生，亦我所欲也；义，亦我所欲也。二者不可兼得，舍生而取义者也。"[①]为官者，要彰显孟子所强调的"义"，也就是要持有大义，方能展示人类不屈的精神和意志品质，有利于提升官员队伍整体素质，激励更多从政者，发挥其独特的重大的作用。

　　明朝有一个官员叫万燝，自幼爱好学习，善于磨炼个人品行。他因做事认真，与当时的魏忠贤发生冲突。他担任工部营缮主事，负责铸造钱币。当时，铸造钱币所需之铜十分短缺。他得知内府堆积了如山的废铜，这些废铜可以用来铸造钱币。于是，他发公文，告诉内官监，希望利用内府废铜。当时，权势熏天的宦官魏忠贤，得知万燝的意图后，十分生气，拒绝了万燝的要求。万燝为此专门给皇帝写奏疏，说明具体情况。魏忠贤得知这个情况后，更加生气，"假中旨诘责"[②]。

　　魏忠贤斥责完万燝后，二人冲突再起，是在名臣杨涟集中批评魏忠贤事件中。魏忠贤专权擅权、祸害朝堂、打击贤良等恶行引起了有良知的朝臣的不满。杨涟作为其中的代表，上疏皇帝，直言魏忠贤犯有24大罪，陈词道："积威所劫，致掖廷之中，但知有忠贤，不知有陛下。"[③]杨涟希望皇帝能够警醒，及时除掉魏忠贤，恢复正常的朝政运转秩序。魏忠贤十分害怕，在皇帝面前哭泣。皇帝想听一下杨涟奏疏的内容，结果该奏疏被读的时候，其中要害之处皆被掩饰，促使皇帝认为该奏疏小题大做，没有什么实质性内容。加上魏忠贤私通皇帝奶妈客氏。客氏此

---

① 刘兆伟：《孟子译评》，中华书局2011年版，第333页。

② 章培恒、喻遂生：《二十四史全译：明史》（全十册）第八册，汉语大词典出版社2004年版，第4983页。

③ 章培恒、喻遂生：《二十四史全译：明史》（全十册）第八册，汉语大词典出版社2004年版，第4947页。

时在皇帝面前，也为魏忠贤说话。这就促使皇帝相信魏忠贤，认为杨涟所上奏疏不实，发旨申斥杨涟。

万燝闻知此事后，十分愤怒，他上疏皇帝，义正词严地批评魏忠贤的丑恶之行："忠贤性狡而贪，胆粗而大。口衔天宪，手握王爵，所好生羽毛，所恶成疮痏。荫子弟，则一世再世；赍厮养，则千金万金。毒痛士庶，毙百余人；威加搢绅，空十数署。一切生杀予夺之权尽为忠贤所窃，陛下犹不觉悟乎？"①万燝越说越激动，将魏忠贤奢华的生活予以揭露："陛下之宠忠贤，亦以忠贤曾供事先帝也。乃于先帝陵工，略不厝念。臣尝屡请铜，靳不肯予。间过香山碧云寺，见忠贤自营坟墓，其规制弘敞，拟于陵寝。前列生祠，又前建佛宇，璇题耀日，珠网悬星，费金钱几百万。为己坟墓则如此，为先帝陵寝则如彼，可胜诛哉！今忠贤已尽窃陛下权，致内廷外朝止知有忠贤，不知有陛下，尚可一日留左右耶？"②

万燝仗义执言，彻底激怒了魏忠贤。魏忠贤假借皇帝圣旨，将万燝廷杖一百，罢其为民。"魏忠贤的爪牙接奉圣旨后，蜂拥来到万燝邸宅，先是一顿拳打脚踢，然后将气息奄奄的万燝拖至阙廷受杖。万燝昏死过去，醒来又是一顿踢打，数十名宦官还手拿锥子往他身上乱戳。"③万燝被暴打且深受其辱。人们在思考，魏忠贤权势如此显赫，难道当时就没有对他进行制裁的力量吗？当时能够对魏忠贤进行制裁的力量在皇权，而皇权仍然倾向于信赖魏忠贤，且魏忠贤有被进一步重用的趋势。明史专家吴晗指出："魏忠贤不大识字，智力也极平常。他之所以能弄权，第一私通熹宗的奶妈客氏，宫中有内线。熹宗听客氏的话，忠贤就可以为所欲为。第二是熹宗庸騃，十足的阿斗，凡事听凭忠贤作主张。"④

万燝代表一股力量，这股力量是正义的呼声，形成了对魏忠贤的压制。魏忠贤厌恶甚至要推翻这种压制，故借皇权打压正义力量。魏忠贤为了宣泄自身情绪，为了杀鸡儆猴，形成强大震慑效应，故往死里整万燝。万燝被摧残，最后被折磨而死，但他至死都没有屈服。当时，有正义力量仍在为万燝说情，这就惹怒了魏

---

① 章培恒、喻遂生：《二十四史全译：明史》（全十册）第八册，汉语大词典出版社 2004 年版，第 4983 页。
② 章培恒、喻遂生：《二十四史全译：明史》（全十册）第八册，汉语大词典出版社 2004 年版，第 4984 页。
③ 王天有、高寿仙：《明史：多重性格的时代》，中信出版社 2017 年版，第 443 页。
④ 吴晗：《吴晗讲历史：中国人的生存法则》，江苏凤凰文艺出版社 2021 年版，第 104 页。

忠贤。魏忠贤"罗织爆（万爆）罪，诬以赃贿三百。"① 但是，万爆是一个廉吏，生前没有余钱。万爆心中持有大义，不惜舍身去维护大义，与魏忠贤进行较量，彰显出其不屈的英雄情怀。他在临终前，写有一诗，诗中表达了他对魏忠贤一党的痛恶之情及与之势不两立的愤恨之意："自古忠臣冷铁肠，寒生六月可飞霜。漫言沥胆多台谏，自许批鳞一部郎。欲为朝堂扶日月，先从君侧逐豺狼。愿将一缕苌弘血，直上天门诉玉皇。"②

明末学人吴应箕专门为万爆写了一首题为《万公爆》的诗，诗中写道："郎中（万爆）抗疏时，圣朝惊一鹗。谁知鸱吻张，白日沸鼎镬？解衣趋就烹，谈笑若绰约。男儿既读书，志在辨沟壑。得从龙比游，岂不贤圭爵？长安大道傍，千载怜孟博。节甫安在哉？嗟彼空狐貉。"③ 该诗生动地再现了万爆为补救时弊而慷慨上疏，虽遭遇大难，亦要坚持去做的场景。这种持大义的精神，成为宝贵的精神资产，留给了后人。

---

① 孟森：《明史讲义》，中国华侨出版社 2020 年版，第 202 页。

② 王天有、高寿仙：《明史：多重性格的时代》，中信出版社 2017 年版，第 443 页。

③ （明）吴应箕：《吴应箕文集》，黄山书社 2017 年版，第 383 页。

94. 拒私恩之官

为官者，讲究公器不能私用。有的人对为官者施以各种利惠，试图进行拉拢和腐蚀。面对拉拢和腐蚀，为官者要以凛然正气抵御之，通过提升自身修养，壮大浩然正气，夯实抵御之基。"夫致治之道，自治为上，治人次之。"[①] 只有自身意志强大，才能不被各种利惠所干扰和侵蚀，方能公正地做出自己的判断，最大限度地推动工作良性运转。

唐代名臣宋璟"少耿介有大节，博学，工于文翰"[②]。他为官严肃公正，受到武则天的器重。当时，张易之兄弟受武则天溺宠，位在九卿，官居三品。宋璟官居六品。在一次朝堂宴会中，张易之看到宋璟坐在下座，想取悦宋璟，于是起身空出席位，对其言道："公第一人，何乃下座？"[③] 宋璟立即回道："才劣品卑，张卿以为第一人，何也？"[④] 宋璟自谦，说自己才能低下，反问了张易之一句，巧妙地拒绝了张易之套近乎的举止。因宋璟能拒张易之私恩，故能在张易之相关问题上，做到秉公分析和处置，这就是他的高明之处。

宋璟升任吏部侍郎后，受到权臣武三思的拉拢。武三思私下拉拢宋璟，并且表现出有求于他的意思，不仅被宋璟拒绝，而且还被点悟一番："当今复子明辟，王宜以侯就第，何得尚干朝政？王独不见产（吕产）、禄（吕禄）之事乎？"[⑤] 宋璟以汉朝吕氏干政，最终没有落一个好下场来警告武三思。宋璟没有投靠武三思，而是以公正的姿态，回应了武三思，实属难得。唐睿宗刚即位的时候，宋璟被提

---

① 张进德、田同旭：《郝经集编年校笺：全2册》上册，人民文学出版社2018年版，第507页。

② 黄永年：《二十四史全译：旧唐书》（全六册）第四册，汉语大词典出版社2004年版第2491页。

③ 黄永年：《二十四史全译：旧唐书》（全六册）第四册，汉语大词典出版社2004年版第2492页。

④ 黄永年：《二十四史全译：旧唐书》（全六册）第四册，汉语大词典出版社2004年版第2492页。

⑤ 黄永年：《二十四史全译：旧唐书》（全六册）第四册，汉语大词典出版社2004年版，第2492页。

拔为吏部尚书。当时，外戚和诸公主干预朝政，尤其是干涉朝廷选官用人，深为士子庶人哀叹。作为吏部尚书，选人用人权力很大，势必会受到外戚和诸公主的拉拢。但是，他不为所动，坚持以公选人，"大革前弊，取舍平允，铨综有叙"①。

唐玄宗即位后，对宋璟更是信赖有加，尤其看重其正直的操守。"宋璟为广府都督，玄宗思之，使内侍杨思勖驰马往追。璟（宋璟）拜恩就马，在路竟不与思勖交一言。思勖以将军贵倖殿庭，因诉于玄宗。上嗟叹良久，即拜刑部尚书。"②唐玄宗是何等聪明之君主。唐玄宗看到宋璟不迎合皇帝亲侍杨思勖，这是多么难能可贵的品德，故拜其为刑部尚书。宋璟不负众望，不仅成就了自己，而且还成就了唐玄宗。故唐玄宗说："朕每事常欲正身以成纲纪，至于妻子，情岂有私？然人所难言，亦在于此。卿等乃能再三坚执，成朕美事，足使万代之后，光扬我史策。"③开元十七年时，唐玄宗提拔宋璟为尚书右丞相，以示对其工作的奖励。元初的郝经专门拟写了宋璟当上右丞相的制词。该制词充分展示了宋璟的贡献和操守："黄门监、同平章事、开府仪同三司致仕、广平郡公宋璟，弘毅而明，静肃而勇。坚如铁石，凛若冰霜。不阿不挠，而行以方；至大至刚，而养以直。尽心强谏，独配魏征之忠良；正色立朝，复见汲黯之风采。夷险一节，寅亮三朝。共倚赖于袁安，匪中庸之胡广。"④宋璟之"方"之"直"的品性，铸就了他拒私恩的为官之品，受到时人的称赞。

---

① 黄永年：《二十四史全译：旧唐书》（全六册）第四册，汉语大词典出版社 2004 年版第 2493 页。

② 周勋初：《唐人轶事汇编》（全四册）第二册，上海古籍出版社 2016 年版，第 520 页。

③ 黄永年：《二十四史全译：旧唐书》（全六册）第四册，汉语大词典出版社 2004 年版第 2495 页。

④ 张进德、田同旭：《郝经集编年校笺：全 2 册》下册，人民文学出版社 2018 年版，第 807 页。

95. 危转安之官

　　历史上，每天都发生着大事小事，其中有许多危难之事。危难之事考验着官员的能力。面对危难，官员如何处理？他们是选择逃避还是迎难而上，决定了危难最终能否解决。迎难而上的官员，具备危转安的能力。他们心忧国事，面对危难，能挺身而出，最终做到化解危难。"心正意诚，知至物格，忠俊公明。"① 这虽是择相的标准，亦是官员具备危转安能力的条件。如果官员心正意诚，精心分析危之所在，认真做好准备工作，定能克服危机，走向成功。

　　明代有一个官员叫杨一清，富有治国才华，在不同岗位上，皆以名绩闻名。杨一清以善修边务而积累起巨大声望。然其不依附于当时的大太监刘瑾，被刘瑾记恨于心，诬陷其冒领边防费用，将其逮捕入狱。杨一清后经人营救，得以释放，在家休养。随后，安化王朱寘鐇以除刘瑾、清君侧为名，发动叛乱。杨一清被朝廷再次起用，统管军务，负责西征讨伐事宜，中官张永负责监军。

　　杨一清和张永的结合，为除掉刘瑾提供了时机。张永曾经是刘瑾一伙的重要成员，是宦官集团"八虎"之一，因受到刘瑾的打压，而心生怨愤之气。"瑾（刘瑾）于八党（"八虎"）中尤狡猾，为七人所推，及专政，七人有所请，瑾俱不应，咸怨之。又常欲逐张永南京，永（张永）于帝前殴瑾，帝令谷大用等置酒为解，由是二人益不合。"② 张永与刘瑾由此出现隔阂。杨一清抓住与张永亲近的机会，晓之以理，动之以情，希望他能够为除掉刘瑾出一份力。张永几经犹豫后，最终同意了。如果没有杨一清的心正意诚与认真准备，除掉刘瑾之事可能要推后好久。

　　按照二人定下的计策，西征胜利后，张永返回京城，向皇帝汇报西征捷报。

---

① （宋）李元弼等：《宋代官箴书五种》，中华书局 2019 年版，第 244 页。

② 孟森：《明史讲义》，中国华侨出版社 2020 年版，第 130 页。

张永乘机向明武宗言说刘瑾的罪状，且拿出安化王讨伐檄文，其中有许多内容也在说刘瑾之罪。该檄文内容是："瑾（刘瑾）蛊惑朝廷，变乱祖法，屏弃忠良，收集凶狡，阻塞言路，括敛民财，籍没公卿，封拜侯伯，数兴大狱，罗织无辜，散遣官校，胁持远近。张綵、刘玑、曹雄、毛伦文臣武将，内外交结，意谋不轨。今特举义兵，清除君侧。凡我同心，并宜响应。"① 该檄文之前报送给朝廷，由于被刘瑾扣下，明武宗一直没有看到。明武宗有些许生气，言说刘瑾负君。张永担心皇帝迟疑，对明武宗说，必须尽快解决此事，得到了周围反刘瑾之人的附和。明武宗于是下令将刘瑾关押，并封锁其住宅。刘瑾毕竟兴风作浪多年，其政治手段亦是多样。刘瑾见状，给明武宗上帖子，诉说自己赤身被绑，希望皇帝赐赏蔽体衣服。这一下，击中了明武宗的感情软肋。明武宗于是赏赐给刘瑾百件旧衣服。张永看到情况不妙，引导明武宗去察看被抄的刘瑾之家。明武宗赴刘瑾之家，看到被搜查出的金银珠宝，以及皇宫违禁品如龙袍、锋利匕首等，下达重处之诏。随后，刘瑾被凌迟处死。刘瑾家产被抄，其项目亦令人震惊："籍其家，黄金一万金，银二千万斤，玉带四千一百余束，衮袍八，金爪龙四，蟒衣四百余袭，牙牌二柜，穿宫牌五百，金牌三十，盔甲三千，宝玉器皿不可胜纪。"②

除掉刘瑾，大快人心，杨一清得以回朝，被委以重任。他是名副其实的化危转安之官。虽然，他通过联合张永，实现了除掉刘瑾的目标，方式可能不太光彩，但是从效果上来讲，是十分显著的。刘瑾权势熏天，为恶颇多，破坏了正常的政治秩序和安定的社会局面，这是明危的征兆之一。多少贤良被刘瑾迫害和打击，多少奸佞被刘瑾提拔和重用，造成了不正常的十分昏聩的朝政局面。"当时刘瑾在朝内外势焰甚盛，屡屡更改法制，摧残不归附自己的朝臣，鱼肉百姓，有'立的皇帝'之称，中外士大夫侧目垂足，噤不敢作声。"③ 杨一清计除刘瑾，将这个危害明朝政治秩序安定的祸患清除，这个贡献是被人所铭记的。

---

① 山右历史文化研究院：《山右丛书二编》（全十二册）第十册，上海古籍出版社 2017 年版，第 604 页。
② 山右历史文化研究院：《山右丛书二编》（全十二册）第十册，上海古籍出版社 2017 年版，第 606 页。
③ 王春瑜、杜婉言：《明朝宦官》，商务印书馆 2016 年版，第 174 页。

96. **事上练**之官

作为官员，面对各种考验，应从容淡定，有序组织，稳妥推进，着力解决难题。言者容易，行者较难。衡量官员实绩和能力，不能停留于表面，而是要将其置于急难险重环境中去考察，即事上考察，方能见真效。从官员角度看，只有坚持事上练的原则，方能展示自己的能力和修养，才能更好地检验自己的本领。明代大学士费宏说："不有狂澜，何以见中流之砥柱？不有寒冱，何以知晚翠之贞松？"① 只有经波澜洗礼，方能成中流砥柱；只有经寒冷淬炼，方能成为耐寒受冷之松树。官员从政，亦是如此。只有在事上历练，方能见其状貌和风采。

明代的韩文，是北宋名臣韩琦的后代。他在担任南京兵部尚书期间，看到百姓收成不好，就请求提前发放3个月军饷来帮助百姓，被拒绝。此时，他坚持如故："救荒如救焚，有罪，吾自当之。"② 于是，韩文打开仓库，发放粮食，百姓由此得救，物价由此恢复正常。从这件事中，能看出他在难境中，仍然有以民为先的勇气，殊为难得。他也因担当能干，被提拔到朝中任职，出任户部尚书，管理国家财政。

他在户部工作期间，因兢兢业业，为国家护本，势必会触碰到权贵尤其是宦官的经济利益。管理国家经济，与宦官伸手经济事务发生冲突。这种冲突，又因宦官引诱皇帝、胡作非为、扰乱朝政而加剧。当时，以刘瑾为首的"八虎"，"日导帝狗马、鹰兔、歌舞、角抵，不亲万几"③ 韩文不只是管理财政的大臣，更是忧心国事的大臣。看到皇帝和宦官日益将这个国家引向不可知的未来，引起了韩文的重视。此时，是选择逃避，采取明哲保身的做法；还是迎难而上，犯难而直指

---

① 山右历史文化研究院：《山右丛书三编》（全十二册）第一册，上海古籍出版社2021年版，第192页。

② 章培恒、喻遂生：《二十四史全译：明史》（全十册）第六册，汉语大词典出版社2004年版第3653页。

③ 章培恒、喻遂生：《二十四史全译：明史》（全十册）第六册，汉语大词典出版社2004年版，第3655页。

其弊呢？实际上，当时的朝臣，也大致分为几派：有的选择迎合宦官甚至投靠宦官；有的采取忍耐的方式，间接地纵容了宦官的嚣张；有的在积蓄力量，等待时机采取行动。谁去点燃触碰宦官的第一炮，显得十分重要。因为它关系朝政之风的走向。

韩文此时站了出来，慷慨言道："纵事勿济，吾年足死矣，不死不足报国。"①他不是没有想过，如果自己上疏皇帝，铲除为恶宦官，不成的话，后果不堪设想。但是，他在明知后果的情况下，仍然选择这条路，这就是在事上练的最好说明。韩文"遂抗章而伏阙，敢首犯其危锋"②。韩文率诸大臣上疏皇帝，"遂纠率公卿、台谏合辞抗疏，暴其罪恶数十事，请置之法以谢天下"③。在上疏中，韩文深言刘瑾等太监"惟知蛊惑君上以便己私，而不思赫赫天命"④。他希望皇帝除掉这些为恶之太监："伏望陛下奋乾刚，割私爱，上告两宫，下谕百僚，明正典刑，以回天地之变，泄神人之愤，潜削祸乱之阶，永保灵长之业。"⑤皇帝看了奏疏后，十分震惊，泣不能食。当时，宫中有正直的宦官如王岳等人，亦憎恨刘瑾等"八虎"的为恶行为，故赞同阁臣对刘瑾等人严惩的处理意见。正当朝议达成共识之时，处理刘瑾等人的机密被提前泄露给了刘瑾。刘瑾等"八虎"决定去找皇帝，痛哭流涕地向皇帝求饶。刘瑾乘机向皇帝进行挑拨，攻击正直的宦官王岳等人勾结阁臣，不把皇帝的建议放在眼里。皇帝十分震怒，命令刘瑾掌管司礼监，连夜逮捕王岳，并将王岳发配南京，于路途中将王岳杀害。形势由此大变。内阁中的刘健等名臣被迫辞官。户部尚书韩文被罢官，削除官籍。韩文出京都城门时，乘坐一辆蓝车，十分萧然。刘瑾仍不解恨，找了一个借口，将韩文逮捕入狱，后虽释放，但罚米加压。韩文家业荡然无存。刘瑾权势更加显赫，朝堂危机更加凸显。

韩文遭多难，遇酸辛，面临一生当中最为至暗的时刻，"寻致诏狱，勒籍编氓。一塞千里，载路酸辛"⑥。他虽不在朝，但仍关心朝事，"守道养晦而卧龙自

---

① 章培恒、喻遂生：《二十四史全译：明史》（全十册）第六册，汉语大词典出版社 2004 年版，第 3655 页。
② 山右历史文化研究院：《山右丛书三编》（全十二册）第一册，上海古籍出版社 2021 年版，第 192 页。
③ 山右历史文化研究院：《山右丛书三编》（全十二册）第一册，上海古籍出版社 2021 年版，第 18 页。
④ 章培恒、喻遂生：《二十四史全译：明史》（全十册）第六册，汉语大词典出版社 2004 年版，第 3655 页。
⑤ 章培恒、喻遂生：《二十四史全译：明史》（全十册）第六册，汉语大词典出版社 2004 年版，第 3656 页。
⑥ 山右历史文化研究院：《山右丛书三编》（全十二册）第一册，上海古籍出版社 2021 年版，第 194 页。

吟"①。他因在除刘瑾过程中发挥了关键作用，虽然当时没有实现目标，但俨然成为正义力量的化身和象征，成为士大夫争相仰慕和传颂的对象。他以正义之身，形成巨大感召力，在诛刘行动中，积累了巨大声望。这种声望，在之后的刘瑾等宦官被诛过程中，起到了激励反刘人士完成大业的作用。"天定胜人，事迄以白。晚岁遭际，恩宠赫奕。"②好在刘瑾最终被明武宗除掉，韩文官复原职，后平安退休，恩遇隆隆。他一直活到 86 岁才谢世，被追赠为太傅，谥号"忠定"。"锡以美谥，宠以宠章。岂待百年？公论昭彰。"③他被朝廷隆重祭祀，被后人铭记。

---

① 山右历史文化研究院：《山右丛书三编》（全十二册）第一册，上海古籍出版社 2021 年版，第 200 页。

② 山右历史文化研究院：《山右丛书三编》（全十二册）第一册，上海古籍出版社 2021 年版，第 195 页。

③ 山右历史文化研究院：《山右丛书三编》（全十二册）第一册，上海古籍出版社 2021 年版，第 195 页。

97. 善守成之官

　　创业虽难，守成亦不易。清代官员查慎行在《答铅山令施淳如书》中说："然愚窃谓天下事创始固难，善后亦复不易。"① 这里的"善后"即守成之意。前任官员打好基业，继任官员要在前任打好的基业基础上，持之以恒地去开展工作，久久为功，终将获大功。为官之人，最怕新官推翻旧政，甚至不理旧账。为官者，要善创业，也要善守成。当然，守成不是墨守成规，一成不变，而是遵循前任之官的为官理念和施政方针，适时地推动工作。

　　汉初的曹参，就是善守成的代表。"萧规曹随"这个成语，就能充分说明曹参的守成，是得到了大家认可的。曹参与刘邦是老乡，有乡党之谊。当时，曹参担任过秦朝沛县的狱掾，势必对秦朝的严刑峻法有过切身的体悟和了解。后来，他随刘邦起义，成为一名征战沙场的名将。在征战各地过程中，他骁勇善战，却也多见战火给黎民带来的极大危害。汉朝稳定后，曹参被任命为齐国相国，后又被封为平阳侯。他在军务和政务中，思考自己如何转型。朝廷废除了诸侯国分封旧令，曹参改封为齐国丞相，负责治理齐国这个地方。对于曹参来说，马上得天下易，但马上治天下难。如何治理齐国，成为困扰他的一个大问题。他将齐国的长老和读书人全部召集在一起，向他们寻求治理百姓的办法。这些智囊各说各话，众说纷纭，让曹参很难定夺。

　　后来，他得知胶西有一个高人，名字叫盖公，善研黄老之说，于是用重礼将其聘请过来，请教治理办法。盖公对曹参毫不隐瞒，详细地阐释了清静无为的治理之道。曹参认为言之有理，让盖公居住在正堂，以示尊重，以便自己随时请教盖公。在齐国，曹参做了9年丞相，按照盖公的治国理念，"齐国安集，大称贤

---

① （清）查慎行：《查慎行集》（全七册）第七册，浙江古籍出版社2018年版，第49页。

相"①。为什么曹参要选择黄老之说作为治政的主要依据呢？主要原因在于他看到秦末战乱、苛政、严刑峻法给百姓带来巨大伤害，百姓急需安定的环境来恢复被损耗的内力。主张清静无为的黄老之说，正好适应了当时社会的需要。这也为曹参随后入朝为相，在更大平台上推行黄老之说，奠定了一个扎实的基础。

汉朝丞相萧何去世后，朝中缺少一个主政的丞相。萧何在临终前，推荐了曹参作为其继任者。"参（曹参）代何（萧何）为汉相国，举事无所变更，一遵萧何约束。"②曹参遵照萧何定下的治政方略，很好地完成了继承和延续，使得汉朝迅速恢复元气，为后来治世的出现打下了基础。萧何治政的内容是什么样的呢？"养民致贤，约定法律，镇国家、抚百姓，汉之为汉，往往皆何（萧何）之功。"③萧何在休养民生、培育贤良、制定法律、镇抚国民等方面做出了独特贡献。他的独特贡献与黄老之说是一脉相承的。曹参是信奉黄老之说的，故能接受萧何的政治遗产和遵照。曹参当了汉朝丞相后，第一件事就是选拔能够执行他黄老学说政策的人才，"择郡国吏木讷于文辞，重厚长者，即召除为丞相史。吏之言文刻深，欲务声名者，辄斥去之"④。曹参抓住了为政的重点，确定遵照萧何的政略后，果断地选拔能够执行萧何政略的人才。政略有了，人才有了，天下大治不就水到渠成了吗？当皇帝质疑曹参的不理朝政、过度饮酒，实际上是只看到了事情的表面，没有深刻探寻曹参背后所隐藏的真实政治用心。一切苛政皆源于烦琐，如果能够推广简政的方略，且配之以合适的人才去执行，休养生息的过程终将会完成。当然，人们会想萧规曹随是不是会陷入一种保守的陈规，因一成不变而成为教条。实际上，谁又能否定曹参没有根据当时的实际情况，做了适时的调整呢？虽然遵守萧何定下的方略，但史书记载，曹参急于将信奉黄老之说的人才安排到重要岗位上。仅此一项，就能明白曹参不仅是创业之将，更是善守成之人。他懂得守成不是一成不变，而是要了解大的时代发展趋势，并适时地充当助力的角色，这可谓是不变中有"变"吧。

明代文人官员谢铎对曹参有很深的研究，在史论中写道："天下之治惟其时，

---

① 安平秋：《二十四史全译：史记》（全二册）第二册，汉语大词典出版社2004年版，第818页。

② 安平秋：《二十四史全译：史记》（全二册）第二册，汉语大词典出版社2004年版，第818页。

③ （明）谢铎：《桃溪类稿》，（全二册）下册，上海古籍出版社2020年版，第705页。

④ 安平秋：《二十四史全译：史记》（全二册）第二册，汉语大词典出版社2004年版，第818页。

识其时而酌其事之当以否，斯善治天下矣。方秦民之吞并诸侯也，阡陌井田，郡邑封建，坑焚学校，举先王之法而尽变之。当是时，天下之民涂炭已极，继其后者又从而纷扰之几何，不为垓下之项乎？参（曹参）之相汉有见于此，遂访诸盖公求黄老之说，一以清净无为为治。彼以其猛，我以其宽；彼以其扰，我以其静。一矫而反之。以苦于多事之民，一旦得见无事之治，是犹出烈炽之中而沃以清冷之水，故民安其治而歌之。所以转二世之秦为四百年之汉者，参亦不为无公焉。参之治固可谓识时矣。"[①] 谢铎高屋建瓴地评价了曹参在汉初治政中的贡献，分析了其为什么要选择黄老之说作为治政依据的原因及遵守萧何定下的方略。曹参是善守成之官。他的守成是基于对时代发展规律的洞悉而梳理出的为政之道。当然，曹参也具有某种历史局限性。但是，评价历史人物，不能以今人的视角和眼光去苛求古人。

---

① （明）谢铎：《桃溪类稿》，（全二册）下册，上海古籍出版社 2020 年版，第 705—706 页。

98. 无官威之官

　　心中无民，就会抖官威。抖官威之人，倚仗权势，欺压下官和百姓，造成了恶劣的社会影响。北宋的王令在《上县令书》中说："今多见今之士人，中无所存，外不能自高，以媚胜倨，出入公卿大夫之门，与奴隶俱，视其面则喜若得志者，而未尝有愧。"① 王令指出当时政坛存在的一种现象，笔端直指没有太大能力、架子却不小的官员。这种有官威无能力之官对人的侵害是很大的。正如清代官员汪辉祖所言："官衙习气，最足坏人子弟。"② 作为一个有品行的官员，就要将"官衙习气"戒掉，以谦逊的态度与和善的方式对待下属和群众，方能赢得民众的好评。

　　百姓喜欢没有官威的官员，只因其简朴、平静。在地方为官的人，要经常深入基层，深入群众。深入的方式，不是浩浩荡荡，以威风令百姓回避，而是扑下身子、放下身段去做事。康熙时期，有一个官员叫黄秉中，为官清要，颇有官声，很注重自己与基层相处的方式，能放下身段深入基层，了解实际情况，解决实际问题。他在知黔西州的时候，不惧辛劳，不怕艰险，风尘仆仆地去基层调研，是他的工作常态。他"尝单骑入黎平瑶洞，折其酋，使受约束"③。从中不仅可以看出他的胆识，更可以看出他俭朴踏实的工作作风。

　　轻车简从，是俭朴官风的一种表现形态，应倡导之。更为关键的是，没有官威的官员既不怒视百姓，也不欺凌百姓，还会设身处地为百姓着想，多办有利于百姓的好事实事。黄秉中巡抚浙江时，杭、湖二州发生饥荒，民心不稳。当时，朝廷派重臣前去解决，却因众声噪杂，忧心忡忡，得患病疾。黄秉中独抗大任，直入浙江。当时，浙江温、台二郡粮食获得大丰收，但苦于商运不通，解不了杭、

① （宋）王令:《王令集》，上海古籍出版社 2011 年版，第 302 页。

② （清）汪辉祖:《汪辉祖集》（全三册）上册，浙江古籍出版社 2021 年版，第 256 页。

③ （清）方苞:《方苞集》（全二册）上册，上海古籍出版社 2009 年版，第 257 页。

湖二州粮食短缺的燃眉之急。黄秉中"复奏开内洋，远商总至"①。黄秉中奏请朝廷，开内河商运，让温、台二郡的粮食得以运到杭、湖二州，以纾其困。当地百姓曰："吾父母妻子得保聚矣。"②

康熙时期，有一个叫姜橚的官员，性沉毅，少有大志，在其50余岁的时候，才走上仕途，被授麻城县令。他轻车简从地去麻城赴任。"公（姜橚）始之官，以车一乘，仆二人。"③可能是他太俭朴了，以至于会被人误认为没有官员的样子。当他到两浙，主持大考。他乘船过北新关口，被守关口之吏责难，不让他过去。为何不让他过去呢？该守门小吏想勒索点过关费用。该小吏为什么会有这种想法呢？主要还是看到姜橚没有官威，不像一个当官的人。姜橚十分生气地说："吾行装具在，果有私财，速揭报！不者，吾奉天子命，按试诸生；而若以贿要，商民困可知矣。吾止此，今拜疏入告。"④守关口小吏大窘，躬身来到船上谢罪请行。

姜橚来到麻城任职后，遇到头等难题就是当地诉讼纷多，争端不解。姜橚与众人商量后，想了一个办法，那就是规定在统一的时间，即5日之内收百姓之告，然后令讼者立堂下，次第传讯。姜橚剖决如流，让人信服，诉讼之纠，由此大减，由日数十百人诉讼者减少为日数人。当地百姓不以姜橚为高不可及，视之为可亲可近可倾诉之平民之官。

康熙时期，有一个官员叫蒋兆龙，堪称循吏之典范。蒋兆龙对自己要求很严格，"刻意厉行，非礼不言，非礼不履"⑤。信奉儒家思想的他，考中进士后，走上仕途，做到了与民同呼吸。"其（蒋兆龙）为政也，以学道爱人为先务。民有以争讼至者，呼来阁前，谕之以礼，劝之以情，絮语若家人之相戒。"⑥因其深通儒学，浸润其身，出外以礼示人，尤其是对待百姓。他在对待百姓方面，解决纠纷的时候，愿意"以礼""以情"，而且还如家人般待百姓，这就是没有官威，与民交流相处无隔阂的至高境界了。这是他自在的一种为官之态。因为，他在基层为

① （清）方苞：《方苞集》（全二册）上册，上海古籍出版社2009年版，第256页。

② （清）方苞：《方苞集》（全二册）上册，上海古籍出版社2009年版，第256页。

③ （清）方苞：《方苞集》（全二册）上册，上海古籍出版社2009年版，第340页。

④ （清）方苞：《方苞集》（全二册）上册，上海古籍出版社2009年版，第341页。

⑤ （清）全祖望：《全祖望集汇校集注》（全三册）上册，上海古籍出版社2018年版，第383页。

⑥ （清）全祖望：《全祖望集汇校集注》（全三册）上册，上海古籍出版社2018年版，第383页。

官，不用做给任何人去看，而是在治政中，因其所想，施其政略。这种状态，最让百姓舒服。当然，如果下属以为他和煦可欺，那就又错了。他在直隶保安州为官的时候，下属中的奸吏看到他和善，就挑衅于他，被他所重罚。"于是胥吏辈惊相语：以为使君（蒋兆龙）煦煦与耳，不料其难犯若此。"[1]

① （清）全祖望:《全祖望集汇校集注》（全三册）上册，上海古籍出版社 2018 年版，第 383 页。

99. 问风俗之官

　　了解一个地方的风土人情，最有效的方法就是深入群众，与其交流，当地情形就会逐渐清晰，从而有利于作出正确的决策。清代官员汪辉祖说："人情俗尚，各处不同，入国问禁，为吏亦然。初到官时，不可师心判事，盖所判不协舆情，即滋议论，持之于后，用力较难。每听一事，须于堂下稠人广众中，择传老成数人，体问风俗，然后折中剖断，自然情法兼到。一日解一事，百日可解百事，不数月，诸事了然。不惟理事中肯，亦令下如流水矣。"①汪辉祖这段话，强调要尊重舆论、深入群众、长期坚持，最终必然会有收获。

　　明朝名臣陈于廷，之所以能够做到治政有方，很重要的原因在于其善于问俗，在问俗基础上，作出科学决策。他在光山任县令的时候，没有闭门造车去决策政务，而是深入基层，了解当地风俗和民情，发现当地豪族经常依仗财多找借口结交县令。了解这个情况后，陈于廷很快就对此行为作出了回应。"光（光山）故多大豪，行钱缙绅闲为先容以交令，民有乘公父疾献人参者，公婉却之，候闲即绳以法，人于是股栗，而私交之风绝。"②当地豪族通过贿赂缙绅，借慰问县令及其家人的机会，进一步结交县令，达到其个人的目的。这样的行为败坏了当地的风气，民亦跟之。恰逢陈于廷之父有疾，有人送人参给陈于廷，被婉拒，随后按照法律去处置。从此，以钱结交之风息矣。

　　陈于廷后来赴秀水当知县，亦是以了解和调查当地风俗和区位优势为施政之先。"公（陈于廷）至，听政之余，专务作人，后所得士皆以文章科第显，政成俗化犹光山焉，以治最授福建道监察御史。"③这里的"听政"，就是"问风俗"的过

① （清）汪辉祖：《汪辉祖集》（全三册）上册，浙江古籍出版社 2021 年版，第 229 页。

② （明）吴应箕：《吴应箕文集》，黄山书社 2017 年版，第 299 页。

③ （明）吴应箕：《吴应箕文集》，黄山书社 2017 年版，第 299 页。

程。他了解到当地人杰地灵，遂因地而制策，集中精力培养士子，成绩斐然。他在秀水的政绩犹如在光山一样卓越，也因此被提拔。

此时，他的父亲陈一经对他讲："若起家寒素，通籍至近侍，国恩渥矣，毋沽名，毋阿徇，方克乃职。"① 这段话是精辟之论，意思是没有背景的官者，地位越高，越要有感恩之心，不要沽名钓誉，不要阿谀奉承，不要徇私枉法，尽职尽心地履职，方为正道。陈于廷的职位不断上升，但铭记其父告诫，善于发现弊政，进而畅言于上，即使面对巨大压力和打击也不足惜。

清代名臣陈潢，不仅读经世致用之书，而且善于在农事方面进行调查研究。他虽科第不名，但有幸被时任安徽巡抚靳辅所知，将其延为幕宾。陈潢为靳辅出谋划策，贡献颇大，让靳辅受益良多。等到靳辅调任河道总督后，专门委河务于陈潢，对其寄予了很高的期待。当时，黄、淮水患极大，让靳辅头疼不已。陈潢不仅鼓励靳辅大胆治理，而且自己还深入一线，沿黄河考察，经各种险阻而不惧，"疾风时潢（陈潢）独驾轻舠（小船），深冒不测，测水之深浅，时之盈然若指掌"②，掌握了第一手河患治理资料。他还积极地向黄河沿边百姓进行咨询，"毋论绅士兵民以及工匠夫役人等，凡有一言可取，一事可行者"③，皆虚心选择。他经过问俗调查，兼深入思考分析，总结了科学的治理水患的方案，为最终治河成功，打下了扎实的基础。

---

① （明）吴应箕：《吴应箕文集》，黄山书社 2017 年版，第 299 页。

② 王思治、李鸿彬：《清代人物传稿》（上编）第八卷，中华书局 1995 年版，第 291 页。

③ 王思治、李鸿彬：《清代人物传稿》（上编）第八卷，中华书局 1995 年版，第 291 页。

100. 循张弛之官

　　古代官员信奉中庸之道。遵循张弛有道是古代官员应用中庸之道的具体表现。明代薛瑄说："为政当有张弛，张而不弛，则过于严；弛而不张，则流于废；一张一弛，为政之中道也。"[①] 为官之人，遵循张弛有度的规律，定会取得很好的治政效能。

　　北宋名臣范纯仁就是这样的官员。他出身名门，继承了其父优秀的品行。他为官的一个特征就是有张有弛、张弛有道。张，是指面对政务，以严谨的态度、执拗的性格、勤恳的作风，处之；弛，是指面对政务，以宽容的心态、理解的方式、海涵的气度，处之。为官者，讲究张弛有道，既不过分强调张，也不过分强调弛，而是根据政务内容的不同，融合张弛两种不同施政风格，达到最佳的施政效果。

　　综观范纯仁为政生涯，印象颇深的就是他为政以张的为官态度和施政过程。他在其父去世后，方才出来为官，以著作佐郎知襄城县。此时，他得知其兄范纯祐心脏有病，像对待父亲一样服侍范纯祐，照顾起居，不辞辛苦。欣赏他的从政者，给他提供了很好的为政平台，被他所回绝。贾昌朝镇守北都，邀请范纯仁加入其幕府，被他以照顾其兄为由推辞了。宋庠推荐他赴京师馆职谋一差事，被他所辞谢："辇毂之下，非兄养疾地也。"[②] 他心中坚持道义，即使美好前程丧失也不会吝惜。

　　他在襄邑当知县，为官敢于为民说话，坚持原则不轻易动摇。当时，在襄邑有一块牧地，是朝廷卫士牧马的地方。卫士所牧之马经常践踏百姓庄稼，民不胜

---

① （明）薛瑄：《薛瑄全集》（全三册）第三册，三晋出版社 2015 年版，第 1073 页。

② 倪其心：《二十四史全译：宋史》（全十六册）第十一册，汉语大词典出版社 2004 年版，第 7073 页。

其害。范纯仁了解这个情况后，将其中一个卫士抓捕，象征性地予以杖打，以示警告。他也因此得到警告："天子宿卫，令敢尔邪？"① 此事被朝廷知晓。范纯仁很有可能会因此而被治罪。因为，在古代，敢于对天子宿卫士兵进行杖打，哪怕这种杖打具有某种公义性，也会被认为是大逆不道。范纯仁上疏道："养兵出于税亩，若使暴民田而不得问，税安所出？"② 范纯仁不反对天子宿卫士兵，反对的是这些士兵纵马毁田的现象。智慧的范纯仁没有停留在解释层面，而是选取了一个令统治者不得不接受的回答视角，那就是包括天子宿卫在内的士兵，赖以生存和运转的基础，就在于征收百姓之税，而百姓之税就要赖其田地。如果把民田毁坏了，赋税之源就没了，士兵就养不起了。皇帝认为他的话有道理，不仅释放了范纯仁，而且还将天子宿卫士兵所牧之马所在的牧地归于所在县，表面上是一种权力下放，实际上让天子宿卫士兵听命于地方政府管理，打消其依仗朝廷之威而干出不法之事的念头。

范纯仁被提拔到侍御史，能够持正立论，朝堂为之所钦服。当时，朝堂争论濮王所享礼仪。宰相韩琦认为应加尊号，翰林学士王珪认为应按照前朝规定追赠服丧一年的旧制。范纯仁上疏，认可王珪的建议，没有被皇帝采纳，退而还家等待治罪。当时，皇太后亲笔下书尊濮王为皇，夫人为后。范纯仁因此提出不同意见："陛下以长君临御，奈何使命出房闱，异日或为权臣矫托之地，非人主自安计。"③ 范纯仁的分析是精准的，如果皇帝听命于后宫，致使君权旁落，就会产生严重的祸乱和后果。朝廷最终采纳了范纯仁的建议，废除了对濮王所追加的尊号。范纯仁能够抵住压力，坚持原则，确保朝政秩序安稳。

宋哲宗即位后，范纯仁担任天章阁待制兼侍讲，针对当政的司马光尽废王安石变法举措，提出了不同意见："去其泰甚者可也。差役一事，尤当熟讲而缓行，不然，滋为民病。愿公（司马光）虚心以延众论，不必谋自己出；谋自己出，则谄谀得乘间迎合矣。役议或难回，则可先行之一路，以观其究竟。"④ 范纯仁比较客观和冷静地审视王安石变法，虽然他过去反对王安石变法，但是在政治实践中，

① 倪其心：《二十四史全译：宋史》（全十六册）第十一册，汉语大词典出版社2004年版，第7073页。

② 倪其心：《二十四史全译：宋史》（全十六册）第十一册，汉语大词典出版社2004年版，第7073页。

③ 倪其心：《二十四史全译：宋史》（全十六册）第十一册，汉语大词典出版社2004年版，第7074页。

④ 倪其心：《二十四史全译：宋史》（全十六册）第十一册，汉语大词典出版社2004年版，第7077页。

也看到了王安石变法中能够继续坚持和推广的内容。所以，作为司马光的铁杆好友，范纯仁不赞成司马光尽废王安石变法内容，且诚恳地告诫司马光，不要搞一言堂，否则就会有许多阿谀之论及由此所产生的严重后果。司马光听了范纯仁的告诫后，没有采纳他的建议。"范仲淹之子范纯仁，被任命为给事中，辅助司马光推行改革。他劝说司马光三思而行，即便是废除新法也要循序渐进。司马光却不听。范纯仁不禁感慨，这又来了一个王安石。"① 范纯仁虽然与司马光关系十分好，且司马光尽废王安石变法内容时亦是位高权重，但他能够从友谊中剥离出来，从地位压力中剥离出来，从公的角度，提出符合实际的建议，亦是其张的具体体现。

当然，范纯仁为政之道还讲究弛，即平和、宽容、理解。他在知庆州期间，面对百姓灾荒，擅自决定发仓库之粮食赈济、借贷于民。当时，有人诋毁他所发之粮，保全存活的百姓，与实际不相符合。朝廷派使者来视察。视察之时，恰逢秋收。百姓十分高兴且感激范纯仁的赈济借贷，于是说："公（范纯仁）实活我，忍累公邪？"② 当地百姓，日夜不停地运秋收之粮来归还范纯仁管辖的粮仓。朝廷所派使者到达的时候，当地百姓已经归还完粮食，没有查找到范纯仁的失政之罪。恰在此时，邠、宁之间发现墓群。朝廷所派使者不找点证据，誓不罢休，赴邠、宁墓群，挖墓而登记尸体数，认为这就是名实不符的证据。朝廷认为，范纯仁开仓赈济，为何还会有人饿死。经调查后，发现邠、宁墓群是前帅楚建中所辖区内，朝廷打算严惩楚建中。范纯仁上疏，讲述楚建中遵守法令，为赈灾上奏过朝廷，在等待朝廷答复期间，有饥民饿死之事，况楚建中已获罪离职，此次事件，因审查他而罪及楚建中，让楚建中因一事而受两次惩罚，属实不该。情况虽说明，但楚建中仍然受了第二次惩罚。他对百姓疾苦的理解，对同僚楚建中的理解，又显示出他在弛的方面的努力。

他主政齐州时，遭彪悍民风，遇密集匪患。不同的从政者，对待匪患，会采取不同的对策。区别于施政于猛，范纯仁施政于宽。他为此还言道："宽出于性，若强以猛，则不能持久；猛而不久，以治凶民，取玩之道也。"③ 他认为，宽松政策

---

① 艾公子:《文治帝国：大宋 300 年的世运与人物》，北京联合出版公司 2021 年版，第 209 页。

② 倪其心:《二十四史全译：宋史》（全十六册）第十一册，汉语大词典出版社 2004 年版，第 7076 页。

③ 倪其心:《二十四史全译：宋史》（全十六册）第十一册，汉语大词典出版社 2004 年版，第 7076 页。

是出于本性，能够感化为匪之人，放下盗贼身份，从事正当行业；严猛之策，不能长时间地存在，如果长时间地施行，会招致轻慢之待，不利于问题的解决。实际上，匪患形成，大部分是迫不得已，因生计维持不下，走上歧途。如果采取严猛之策，使得这些盗匪没有退路，必定会加剧矛盾，增加剿匪成本和阻力。作为一个典型的儒官，范纯仁必定会采取宽松之策，给盗匪以放下其身份、回归本业的机会，辅以发展生产，促进经济，改善民生，匪患定会息矣。在西司理院，所囚犯人，常常致满，都是屠夫商贩盗窃之徒因欠债而偿罪的。范纯仁提出了解决之道。他认为，应该释放这些人，搞监外执行，且交纳赎金。范纯仁的理由没有得到通判的认可。通判认为，如果将这些人释放，就会危害社会秩序；如果这些人还不起钱，就一直会被关押到底，最终因疾病而死在狱中。范纯仁说："法不至死，以情杀之，岂理也邪？"[1] 按照法令要求，这些被关押之人罪不至死，难道以情杀害了他们，就合理吗？于是，范纯仁将所有犯人召集起来，教育他们要自我改造和提升，并全部释放。因他对盗匪和犯人采取了宽松之策，让这些人有了自我改造的机会，一年后，当地盗窃之人比往年减少了一大半。

他当了宰相后，"忠笃革士风"[2]。他的宰相气度更是让人敬佩。

章惇因获罪离任，朝廷因其父年老，打算给他一个离家近、事务简的郡县职务，但不久之后就搁浅了。范纯仁请求朝廷能够抛开过去的过错而照顾章惇的私情。实际上，范纯仁与章惇政治观点不同，关系不是那么紧密，甚至有时还是对立的。但范纯仁仍愿意为其说话，展示出他宽广的胸怀。等到后来，章惇回朝被任为宰相，在范纯仁被贬过程中起了推波助澜的作用。被贬的范纯仁，时已 70，双目失明，还要奔波，但心中没有怨恨章惇之意。他也告诫家人，不要对章惇心怀恨意。他的胸怀可见一斑。"公（范纯仁）夫人在患难中，每遇不如意事，则骂章子厚（章惇）曰：'枉陷正人，使我至此。'公每为一笑，且以语宽之，未尝有几微见于色词也。舟行过橘洲，大风雨中船破，仅得及岸。公乘急令正平（范纯仁之子）持盖，负夫人以登，燎衣民舍。稍苏，公顾曰：'船破，岂章惇所为邪？'"[3]

---

① 倪其心：《二十四史全译：宋史》（全十六册）第十一册，汉语大词典出版社 2004 年版，第 7076 页。

② 倪其心：《二十四史全译：宋史》（全十六册）第十一册，汉语大词典出版社 2004 年版，第 7078 页。

③ 周勋初：《宋人轶事汇编》（全五册）第三册，上海古籍出版社 2014 年版，第 1486 页。

范纯仁 75 岁时离世。范纯仁的晚辈毕仲游在《又祭范忠宣公大祭文》中高度评价范纯仁："惟公名德，百世所师。天子所敬，庶民所宜。"[1] 范纯仁为政之品，受天子敬佩，受百姓认可，殊为难得。当时，皇帝亲笔为其题碑额"世济忠直之碑"[2]。其中，"直"是其为官之张，"忠"是其为官之弛。他为官已经到了很高的境界，能够做到张弛有道。《宋史》中评价他："纯仁性夷易宽简，不以声色加人，谊之所在，则挺然不少屈。"[3] 这段话抓住了范纯仁为官的特征，即有张有弛。范纯仁"挺然不少屈"不正是在说他的张吗，"夷易宽简"不正是在说他的弛吗？当然，什么时候该张，什么时候该弛，这就需要他以极大的政治智慧去思考和应对。一般而言，涉及国家根本、为官规范的大事要事，处置的时候，皆要张；涉及民生、同僚的命题话题，处置的时候，则需弛。范纯仁为官张弛皆得，既坚持了为官的原则性，又体现了一定程度的灵活性。毕仲游在《祭范忠宣公文》中评价范纯仁："闻其风者，以为如高山乔岳，峰竦壁立，凌厉而不可犯。而造乎前者，乃温恭自下，雍容恺乐，清谈娓娓而不休。至于接朋旧以终始，怀宗族而绸缪，力施乎外者已尽而更勉，心忘于内者有怨而不修。"[4] 面对大是大非，他敢于坚持原则，"凌厉而不可犯"，彰显其张之威；面对人情交际，他又以宽容理解为思想指导，给人一种"雍容恺乐"之感。

---

[1] 山右历史文化研究院:《山右丛书初编》（全十二册）第七册，上海古籍出版社 2014 年版，第 265 页。

[2] 倪其心:《二十四史全译：宋史》（全十六册）第十一册，汉语大词典出版社 2004 年版，第 7083 页。

[3] 倪其心:《二十四史全译：宋史》（全十六册）第十一册，汉语大词典出版社 2004 年版，第 7083 页。

[4] 山右历史文化研究院:《山右丛书初编》（全十二册）第七册，上海古籍出版社 2014 年版，第 264 页。

后　记

作为"新时代为政修身系列"的第二本书,《为政鉴古百坛》就要出版了。我谈一下这本书的创作初衷和心得体会。

中国历史文化是一座巨大宝库,里面有丰富的养料,供今天的人们学习与借鉴。古代为官为政思想又是历史文化宝库中十分重要的内容。深入学习和理解这些内容,对于拓宽党员干部的视野、丰富党员干部的认知、提高党员干部的能力,具有十分重要的意义。

本书动笔之初,还仅仅是想写几个具有崇高品质和过人能力的古代官员,秉持以史为鉴的原则,试图对今天的党员干部有一定的启迪。随着感悟理解的加深以及写作的深入展开,我的脑海中突然闪过一个念头:如果能够写出一百种不同类型的古代官员,里面涵盖为官为政的艺术、方法、智慧、能力、经验、体悟等,能够反映出古代官员身上具备的各种素养,再现古代官员从容镇定地思考问题、处理关系、化解纠纷和解决难题的过程及成效,岂不是在写作上的一个更大突破吗?

所以,从体例上来讲,本书由一百篇文章组成。每篇文章反映一种类型的古代官员。每篇文章的小题目均是五个字,后面"之官"是一样的,前面三个字根据所表达的观点和主题不同而呈现出不同的样态。这些题目的设定,颇花费了一些心思,既要聚焦文章中心内容,又要在规定字数内尽可能说清楚主旨。其中的一些题目,是受古代书籍中相关内容的启迪而去命名的。

每篇文章,按照主题 + 史料的结构,让读者既可以了解所呈现出来的观点、思想,又可以对论证观点和思想的史料史实进行深入思考。

本书在撰写过程中,查阅了大量历史、文化典籍,包括二十四史、古人文集、近人研究成果等。写作过程十分艰辛,有时会出现思路中断的情况。但是,时隔几日，在深思之下，在新的文史资料启迪下，又会产生新的创作思路，从而能及时地补充完善到写作内容中。

《为政鉴古百坛》从大量的史料中精选、挖掘、提炼出的内容，能够在一定程度上反映中国古代官员身上的优秀品质、杰出才华、过人智慧以及惨痛的教训。这些历史人物、历史事实、历史事件等之所以能够流传下来，一定是经受住了时间和历史的检验，好的内容化为宝贵的精神资产，深刻的教训成为人们引以为戒的对象。今天，我们国家正在朝着中国式现代化、中华民族伟大复兴中国梦的宏伟目标奋勇前进，堪当此任的高素质党员干部队伍是中坚力量，他们需要从中华优秀传统文化、灿烂文明历史中汲取宝贵的精神财富，不断提升自己的执政本领和能力，做出无愧于人民的伟大业绩。

在撰写、修改书稿的过程中，得到了中国民主法制出版社领导和老师的指导、帮助和支持，十分感谢他们为本书能够顺利出版付出的努力。

石志刚

2024 年 5 月